dtv

Was tun, wenn plötzlich eine afrikanische Wildkatze im Schlafzimmer auftaucht oder eine Nixe aus dem Badesee steigt? Was passiert, wenn man in den Schrebergarten umzieht? Wie esse ich Spaghetti, warum kann Fotografieren gefährlich werden, und wie rettet man das Urlaubsfeeling in den Alltag hinüber? Das alles und noch viel mehr erfährt man bei der Lektüre unseres neuen Urlaubslesebuchs: spannende, kurzweilige, nachdenkliche und amüsante Unterhaltung für alle Urlaubsreisenden und Daheimgebliebenen.

Zweiundzwanzig Geschichten von Armin Ayren, Samuel Beckett, Eva Berberich, Dietmar Bittrich, T. C. Boyle, Katinka Buddenkotte, Alex Capus, Julio Cortázar, Irene Dische, Moritz Fichtner, Anna Gavalda, Arno Geiger, Elke Heidenreich, Dora Heldt, Gabriela Jaskulla, Wladimir Kaminer, Christopher Kloeble, Siegfried Lenz, Primo Levi, Jutta Profijt, Asta Scheib und Uwe Timm.

Urlaubslesebuch

Herausgegeben von
Karoline Adler

Deutscher Taschenbuch Verlag

Ausführliche Informationen über
unsere Autoren und Bücher
finden Sie auf unserer Website
www.dtv.de

Originalausgabe 2010

(siehe Quellenhinweise S. 284 ff.)
Umschlagkonzept: Balk & Brumshagen
Umschlagbild: gettyimages
Gesetzt aus der Garamond 10/11,75·
Gesamtherstellung: Druckerei C. H. Beck, Nördlingen
Gedruckt auf säurefreiem, chlorfrei gebleichtem Papier
Printed in Germany · ISBN 978-3-423-21207-6

Inhaltsverzeichnis

T. C. Boyle

Zähne und Klauen

Das Wetter hatte absolut nichts damit zu tun – obwohl es den ganzen Tag immer wieder geregnet hatte und ich aufgrund der Art und Weise, wie es aus den Dachrinnen lief, Verzweiflung noch für den harmlosesten Ausdruck im Wörterbuch hielt –, denn ich wäre an diesem Nachmittag auch zu Daggett's gefahren, wenn die Sonne geschienen und die Palmwedel in Gold getaucht hätte. Das Problem war Arbeit. Oder vielmehr der Mangel daran. Der Chef hatte mich um halb sieben Uhr morgens angerufen und gesagt, ich solle nicht kommen, weil der Typ, für den ich eingesprungen war, sich ausreichend von seinem verrenkten Rücken erholt hatte, um wieder zu arbeiten, und nein, ich sei nicht gefeuert, weil sie nächste Woche einen neuen Job hätten und er alle Kräfte, die er kriegen könnte, brauchen würde. »Mach dir ein paar schöne Tage und genieß das Leben«, polterte er ins Telefon mit seiner leisen, heiseren, ungleichmäßigen Stimme, die immer kurz davor schien, in etwas anderes umzuschlagen – in Kreischen oder Blöken oder statisches Rauschen. »Du bist doch noch jung, oder? Zieh los und such dir eine Freundin. Betrink dich. Geh in die Bibliothek. Hilf alten Frauen über die Straße. Hast du verstanden, was ich meine?«

Es war ein langer Tag: Frühstück aus einer Pappschachtel, während Zeichentrickbilder über den Fernsehschirm flimmerten, verblassten und sich wieder zusammensetzten, dann planloses Lesen, zuerst die Tageszeitung und anschließend ein paar Ausgaben von *National Geographic,* die ich auf einem Flohmarkt erstanden hatte, Mittagessen im Deli, wo ich einen Tortilla-Wrap mit Schinken und Käse aß und genau zehn Worte mit dem Mädchen hinter der Theke wechselte *(Nummer 7, bitte, ohne Mayo; Einen schönen Tag noch; Ebenfalls)*, und ein Spaziergang zum Strand, nach dem meine Sneakers patschnass waren. Und trotzdem war es erst drei Uhr nachmittags, und ich musste mich zwingen, bis fünf nicht in die Bar zu gehen, auf keinen Fall vor fünf.

Ich war nicht dumm. Und ich hatte nicht die Absicht, ein Trinker zu werden wie die hartgesottenen alten Männer in der mit Einkaufszentren gepflasterten Kleinstadt, in der ich aufgewachsen war, schweigsame Männer mit Hass im Blick und Unzufriedenheit im Bauch – wie mein eigener toter Vater übrigens –, aber ich war neu hier oder relativ neu (neun Wochen, Tendenz steigend), und Daggett's war der einzige Ort, an dem ich mich wohl fühlte. Und warum? Weil er voll alter Männer war, die tranken, bis sie alles vergaßen. Es erinnerte mich an zu Hause. Oder ich fühlte mich dort zu Hause.

Die Ironie der Geschichte entging mir nicht. Der einzige Grund, warum ich an die Westküste gezogen war, wo ich zuerst bei meiner Tante Kim und ihrem Mann Waverley lebte und dann in meiner eigenen Zweizimmerwohnung mit Kochnische und einem ein mal zwei Meter großen Balkon mit teilweise verbautem Blick auf den achthundert Meter entfernten Pazifik, war, dass ich ein wenig Aufregung in mein Leben bringen und mich unter die College-Studenten in den Bars mischen wollte, die eine neben der anderen die State Street säumten, aber hier war ich, hing in einer Altmännerkneipe herum, die nach Tod und Kotze roch und in der man sich eingeschlossen fühlte wie in einem U-Boot, obwohl draußen vor der Tür alle exotischen sonnenversengten Herrlichkeiten Kaliforniens warteten. Wo es niemals regnete. Außer im Winter. Und jetzt war Winter.

Ich nickte unsicher den sechs oder sieben Stammgästen zu, die an der Bar saßen, bestellte einen Jack-mit-Coke, abgesehen von Bier das einzige Getränk, dessen Geschmack ich mochte, und den Geschmack von Bier mochte ich nicht wirklich. In den drei Fernsehern, die von der Decke hingen, liefen Sportsendungen – es war eine Sportbar –, aber der Ton war abgedreht, und aus den Lautsprechern dröhnten genau die alten Hits aus den Sechzigern, die ich auch zu Hause hätte hören können. Ad nauseam. Als der Barkeeper – er zumindest war jung, ebenso wie, Gott sei Dank, die Kellnerinnen – meinen Drink hinstellte, machte ich eine Bemerkung über das Wetter, »Toller Tag zum Sonnenbaden, was?«, und die beiden Stammgäste in meiner Nähe schauten mit etwas wie Interesse im Blick auf. »Oder zum Vögelbeobachten«, fügte ich hinzu, weil ich mich ermuntert fühlte, und sie wandten den Kopf wieder dem vertrauten Dreieck von abgelegten Unterarmen und Cocktailglas zu, und das war's.

Es muss ungefähr sieben gewesen sein, es regnete noch immer, und die Leute waren von dieser Neuheit kurzfristig belebt, wenn sie kamen und gingen und ihre Regenschirme öffneten und schlossen, als ein Typ meines Alters – oder nein, er muss an die Dreißig gewesen sein – hereinkam und sich neben mich setzte. Er trug eine Baseballkappe, eine Jeansjacke und ein T-Shirt mit der Aufschrift *Der Tod ist zwingend,* was ich für den Namen einer Band hielt, von der ich noch nie gehört hatte. Er hatte blondes, um die Ohren kurzgeschnittenes Haar und ein Ziegenbärtchen, das aussah wie ein blasser, von einer sehr zittrigen Hand unter das Kinn gemalter Streifen. Wir begrüßten uns auf die übliche Art – *Was gibt's Neues?* –, dann winkte er dem Barkeeper und bestellte ein Bier vom Fass, ein Schnapsglas mit Tomatensaft und zwei rohe Eier.

»Rohe Eier?«, wiederholte der Barkeeper, als hätte er nicht richtig verstanden.

»Ja. Zwei rohe Eier, in der Schale.«

Der Barkeeper – er hieß Chris oder vielleicht auch Matt – lächelte und kratzte sich am Hinterkopf. »Wir können sie glibbrig machen oder durchgebraten oder sogar pochiert, aber *roh,* ich weiß nicht. Ich meine, das hat noch nie jemand bestellt –«

»Fragen Sie den Koch, okay?«

Der Barkeeper zuckte die Achseln. »Klar«, sagte er, »kein Problem.« Er ging los in Richtung Küche und blieb plötzlich wieder stehen. »Wollen Sie Toast dazu oder Pommes oder was?«

»Nur die Eier.«

Alle sahen jetzt zu, jedes kleine Drama war den Eintrittspreis wert, vor allem an einem Abend wie diesem, aber der Barkeeper – Chris, er hieß definitiv Chris – ging einfach ans andere Ende der Bar und gab die Bestellung an die Kellnerin weiter, die sie auf ihrem Block notierte. Dann verschwand sie in der Küche. Einen Augenblick später wandte sich der Mann mir zu und sagte mit einer so lauten Stimme, dass alle ihn hörten: »Herrgott, die Musik ist beschissen. Sind wir hier in einer Zeitmaschine, oder was?«

Die alten Männer – Stammgäste – schauten von ihren Drinks auf und zu ihm hin, aber sie hatten graue Haare und schlaffe Bäuche und kannten ihre Grenzen. Einer sagte etwas über das Spiel im Fernsehen, ein anderer antwortete, und ihre exklusive Unterhaltung lebte wieder auf.

»Ja«, hörte ich mich sagen, »wirklich beschissen«, und bevor ich wusste, was ich tat, sprach ich voller Leidenschaft über meine Lieblingsbands, während der neue Typ Tomatensaft in sein Bier goss und den Schaum abnippte und die Musik trotzig weiterdröhnte und Leute mit nassen Schuhen und tropfenden Regenschirmen durch die Tür kamen und sich hinter uns drängten. Daria, eine Kellnerin, auf die ich ein Auge geworfen hatte, zu der ich allerdings mangels Mut noch nicht mehr als Hallo und Auf Wiedersehen gesagt hatte, servierte ihm zwei nackte braune Eier auf einem normalen großen Teller. »Ihre Eier, Sir«, sagte sie. »Wollen Sie etwas dazu? Ketchup? Tabasco?«

»Nein«, sagte er, »nein, ist schon okay«, und alle warteten darauf, dass er die Eier über dem Bier zerschlug, aber er sah sie nicht einmal an. Er sah Daria an, hielt sie mit seinem Blick fest. »Wie heißen Sie?«, fragte er grinsend.

Sie sagte es ihm, und auch sie grinste.

»Freut mich, Sie kennenzulernen«, sagte er und nahm ihre Hand. »Ich bin Ludwig.«

»Ludwig«, wiederholte sie und sprach es wie er mit einem harten *V* aus, obwohl er, soweit ich es beurteilen konnte – anhand seiner Kleidung und seines Akzents, reines Südkalifornien –, kein Deutscher war. Oder falls doch, dann sprach er perfektes Englisch.

»Sind Sie Deutscher?« Daria flirtete mit ihm, und diese Erkenntnis begann mich auf die rudimentärste Art gegen ihn einzunehmen.

»Nein«, sagte er, »ich bin aus Hermosa Beach, geboren und aufgewachsen. Es ist der Name, stimmt's?«

»Ich hatte letztes Jahr einen Deutschlehrer, der hieß Ludwig, deswegen.«

»Sie gehen aufs College?«

Sie bejahte, und das war mir neu. Sie arbeitete nebenher. Studierte Betriebswirtschaft. Sie wollte irgendwann ein eigenes Restaurant haben.

»Es war die Idee meiner Mutter«, sagte er, als hätte er darüber nachgedacht. »Sie hörte die ›Eroica‹ in der Nacht, als ich geboren wurde.« Er zuckte die Achseln. »Seitdem verfolgt er mich wie ein Fluch.«

»Ich weiß nicht«, sagte sie. »Ich finde ihn irgendwie süß. Es gibt nicht viele Ludwigs, wissen Sie?«

»Ja, erzählen Sie mir mehr«, sagte er und trank einen Schluck Bier.

Sie blieb da, obwohl sie anderes hätte tun können. Das Prasseln des Regens wurde lauter, übertönte sogar einen Augenblick das Dröhnen der Lautsprecher. »Was ist mit den Eiern«, sagte sie, »brauchen Sie Besteck oder –«

»Oder was? Soll ich sie einfach aus der Schale saugen?«

»Ja«, sagte sie, »irgend so etwas.«

Er streckte eine mit Silber bestückte Hand aus, um die Eier zu berühren und sie sanft auf dem glänzenden Teller vor und zurück zu rollen. »Nein, ich will sie nur liebkosen«, sagte er und erhielt die erwartete Reaktion: Sie lachte. »Macht hier noch jemand Würfelspiele?«, rief er die Bar entlang, und die Stammgäste richteten die Blicke auf uns und wandten sie wieder ab.

In jenen Tagen – und das war vor zehn oder mehr Jahren – war Horse ein beliebtes Spiel in gewissen kalifornischen Bars, ebenso wie Rauchen, ungeschützter Sex und diverse andere Vergnügen für Erwachsene, die die Gesundheit gefährdeten oder auch nicht. Fünf Würfel wurden in einem Becher geschüttelt, der Becher wurde auf den Tisch geknallt in dem Versuch, die höchstmögliche Punktezahl – dreißig – zu erreichen. Auf alles konnte gesetzt werden, die nächste Runde oder das nächste Lied in der Jukebox.

Der Regen trommelte gegen die Tür, und sie wurde kurz geöffnet, um ein stampfendes, regenschirmloses Paar einzulassen. Ludwigs Frage hing unbeantwortet in der Luft. »Nein? Wie wär's mit dir, Daria?«

»Ich muss arbeiten.«

Er wandte sich mir zu. Ich musste am nächsten Morgen nicht zur Arbeit und am übernächsten auch nicht –

vielleicht überhaupt nicht mehr. Meine Wohnung war nicht so, wie ich sie mir vorgestellt hatte, so ohne jemanden, mit dem ich sie teilen konnte, und ich hatte mir geschworen, lieber auf der Straße zu schlafen, als zu meiner Tante zurückzukehren, denn das wäre die schlimmste Niederlage gewesen. *Pass gut auf mein Baby auf, Kim,* hatte meine Mutter gesagt, als sie mich zu ihr brachte. *Ich habe nur ihn.*

»Klar«, sagte ich. »Ja. Worum spielen wir – um Drinks, oder?« Ich kramte in meinen Taschen, ungeschickt, mit hängenden Schultern – ich war betrunken, das spürte ich. »Weil ich nicht viel, vielleicht zehn Dollar –«

»Nein«, sagte er, »nein«, und stieg von seinem Hocker, »warte, bin gleich wieder da«, und dann war er durch die Tür und draußen im Regen.

Daria hatte sich nicht gerührt. Sie trug das Standardoutfit der Angestellten von Daggett's, Shorts, weiße Socken und ein T-Shirt mit dem Namen des Etablissements auf der Brust, ihre Beine blass und seidig im flackernden Licht des elektrischen Kamins in der Ecke. Sie warf mir einen mitfühlenden Blick zu, und ich zuckte die Achseln, um ihr zu verstehen zu geben, dass ich zu allem bereit war wie ein richtiger Mann von Welt.

An der Tür wurde es laut – ein Kratzen und Scharren –, und wir blickten alle auf und sahen Ludwig, der sich vor dem Hintergrund des Regens mit irgendetwas abmühte. Sein Hut saß schief, Wasser tropfte ihm von Nase und Kinn. Es dauerte einen Augenblick, mit einer Schulter drückte er die Tür auf, und dann hob er einen Käfig – einen großen Käfig, achtzig Zentimeter hoch und ungefähr einen Meter zwanzig breit – durch die Tür und stellte ihn an der Wand ab. Niemand rührte sich. Niemand sagte etwas. Im Käfig war etwas, die Furcht davor setzte so heftig und abrupt ein wie der Geruch, den es verströmte, etwas Wildes und Fremdes und definitiv Ungewöhnliches an diesem bislang so schmerzhaft gewöhnlichen Abend.

Ludwig wischte sich mit dem Hemdsärmel das Wasser aus dem Gesicht, rückte seinen Hut zurecht und kehrte an die Bar zurück, er wirkte munter und erfrischt. »Okay«, sagte er, »nur keine Schüchternheit vorschützen – schau's dir an. Es beißt nicht. Oder es beißt, es beißt ganz entschieden, bleib mit den Fingern weg, das ist alles ...«

Ich sah angezogene Gliedmaßen, Krallen, gelbe Augen. Was immer es war, das Ding hatte sich nicht bewegt, nicht einmal geblinzelt. Ich wollte gerade fragen, was es war, als Daria neben mir sagte: »Es ist eine Katze, eine Art Wildkatze. Stimmt's? Ein was – ein Luchs oder so?«

»Das Tier darf nicht hier drin sein«, sagte ein Stammgast, aber gleichzeitig stand er von seinem Hocker auf, um es sich anzusehen – alle standen jetzt auf, schoben Stühle zurück und Tische beiseite, scharten sich um den Käfig.

»Es ist ein Serval«, sagte Ludwig. »Aus Afrika. Fünfunddreißig Pfund Muskeln und schneller als eine Schlange.«

Und woher hatte er ihn? Er hatte ihn gewonnen, in einer Bar in Arizona, bei einem Würfelspiel.

Und seit wann hatte er ihn? Seit zwei Jahren.

Hatte er einen Namen? Kater. Einfach Kater. Und ja, es war ein Männchen, und nein, er wollte ihn nicht loswerden, aber er hatte einen neuen Job in Übersee und konnte ihn unmöglich mitnehmen, deswegen meinte er, es wäre korrespondierend – das war das Wort, das er benutzte, *korrespondierend* –, er wollte ihn abgeben, wie er ihn bekommen hatte.

Er wandte sich mir zu. »Wie heißt du gleich noch mal?«

»Junior«, sagte ich. »James Jr. Turner, ich meine James

Turner junior. Aber alle nennen mich Junior.« Ich wollte hinzufügen: »Wegen meinem Vater, damit die Leute uns nicht verwechseln«, aber ich beließ es dabei, weil es nur kompliziert geworden wäre angesichts der Tatsache, dass mein Vater seit einem halben Jahr tot war und ich sein konnte, wer immer ich sein wollte.

»Okay, Junior, hier ist der Deal«, sagte Ludwig. »Deine zehn Kröten gegen die Katze, einmal würfeln, was sagst du dazu?«

Ich wollte sagen, dass ich keinen Platz hatte für das Tier, dass ich keine Katze welcher Art auch immer wollte und auch kein Meerschweinchen oder einen Fisch in einer Glaskugel, dass die zehn Dollar unwichtig waren, aber alle sahen mich an, und ich konnte keinen Rückzieher machen, ohne dass mir die Schamesröte ins Gesicht gestiegen wäre – und Daria war ebenfalls zu berücksichtigen, weil auch sie mich ansah. »Ja«, sagte ich. »Ja, okay, klar.«

Sechzig Sekunden später war ich noch immer solvent und eine Katze und einen Käfig reicher. Ich hatte Glück gehabt – oder Pech, je nachdem, wie man es sehen wollte – und drei Fünfer und zwei Vierer gewürfelt; Ludwig würfelte insgesamt elf. Er trank sein Bier in einem Zug aus, schüttelte mir die Hand, um den Deal zu besiegeln und mich zu beglückwünschen, und dann ging er zur Tür. »Aber was soll ich ihm zu fressen geben?«, rief ich. »Ich meine, was frisst er?«

»Eier«, sagte er. »Er liebt Eier. Und Fleisch. Rohes Fleisch. Kein Trockenfutter, Trockenfutter kannst du vergessen. Es ist ein wildes Tier, und so solltest du es auch behandeln.« Er stand an der Tür, schaute hinunter auf das Ding mit einem Blick, der wehmütig oder zufrieden war, ich hätte es nicht sagen können, dann griff er an die Rückseite des Käfigs, um dort etwas zu lösen – schwarzes Leder schimmerte – und mir zuzuwerfen: Es war ein Handschuh oder vielmehr ein Schutzhandschuh, so lang wie mein Arm. »Den solltest du anziehen, wenn du ihn fütterst«, sagte er, und dann war er verschwunden.

Einen langen Augenblick starrte ich auf die Tür und versuchte zu begreifen, was geschehen war, dann schaute ich zu den Stammgästen – in ihre Gesichter – und zu den anderen Gästen, Leute aus dem Ort oder vielleicht auch Touristen, die auf ein Bier oder einen Burger oder das Menu des Tages hereingekommen waren und sich jetzt mit dieser Fremdartigkeit konfrontiert sahen, und schließlich zum Käfig. Daria beugte sich darüber, gurrte das Tier darin an, Ludwigs Eier in der Hand. Sie war klein und kompakt, auf konventionelle Weise hübsch mit den runden Augen und den symmetrischen Gesichtszügen eines Mädchens aus einem japanischen Zeichentrickfilm, ihre Joggingschuhe nicht größer als die eines Kindes, das blonde Haar zu einem Pferdeschwanz zusammengefasst, und all das war mir schon früher aufgefallen, in wochenlangen Studien, aber jetzt bemerkte ich es mit der Wucht einer Offenbarung. Sie war wunderschön, ein wunderschönes Mädchen, auf ein Knie gestützt, die Shorts hinten nach oben gerutscht, das T-Shirt unterhalb des Busens gebauscht, und bot der Katze – meiner Katze – ein kleines bisschen Trost, als wäre es ein Kätzchen, das sie verlassen auf der Straße gefunden hatte.

»Himmel, was willst du mit dem Tier machen?« Chris war hinter der Bar hervorgekommen, stand neben mir und blickte ehrfürchtig drein.

Ich sagte, dass ich es nicht wüsste. Dass ich nicht vorgehabt hätte, eine Wildkatze zu halten, dass ich bis vor fünf Minuten nicht einmal gewusst hätte, dass es so etwas gab – Servale.

»Lebst du hier in der Gegend?«

»Bayview Apartments.«

»Sind dort Haustiere erlaubt?«

Ich hatte nie darüber nachgedacht, aber sie waren erlaubt, es musste so sein – der Mann neben mir hatte zwei japsende kleine Hunde mit Schleifen im Haar, und die Frau am anderen Ende des Flurs hatte einen Dobermann, dessen Krallen jedes Mal, wenn sie kam oder ging, was sie ungefähr hundertmal am Tag zu tun schien, über das Linoleum kratzten. Aber das hier war etwas anderes. Das war etwas, was die Parameter des Standardmietvertrags sprengte. »Ja«, sagte ich, »ich glaube schon.«

Wo die Tür des Käfigs eingehängt war, gab es den einzigen Spalt, der breit genug war, um ein Ei durchzuschieben, ohne die Schale zu zerdrücken, und Daria, die noch immer gurrte, rollte das erste Ei, dann das zweite durch die Öffnung. Einen Augenblick lang geschah nichts. Dann veränderte die Katze, die sich gegen den Maschendraht drückte, kaum merklich die Position und nahm das erste Ei ins Maul – zwei Zähne, spitz wie Spritzen, ein Knirschen und dann das leise Raspeln der Zunge.

Daria stand auf und trat mit einem Ausdruck der Verwunderung zu mir. »Unternimm nichts, bis meine Schicht zu Ende ist, okay?«, sagte sie und griff in ihrem Eifer nach meinem Arm. »Um neun habe ich Schluss, also warte, okay?«

»Ja«, sagte ich. »Klar.«

»Wir können ihn fürs Erste hinten in den Lagerraum stellen, und dann können wir ihn mit meinem Pickup …«

Ich hatte nicht die Muße, um darüber nachzudenken, wie kompliziert plötzlich alles geworden war, und selbst wenn – ich hätte mich nicht anders verhalten. Ich nickte nur, schaute in ihre runden Augen und nickte.

»Es wird sich wohl fühlen«, sagte sie und fügte hinzu: »Wirklich«, als hätte ich ihr widersprochen. »Ich muss jetzt wieder arbeiten, aber du wartest, okay? Du rührst dich nicht von der Stelle.« Chris sah uns zu. Der Manager sah zu. Die Stammgäste und die Hälfte der anderen Gäste reckten die Hälse. Daria strich ihre Schürze glatt, fuhr sich übers Haar. »Wie war doch gleich dein Name?«

Ich hatte also eine Katze. Und eine Freundin. Wir hievten den Käfig auf die Ladefläche ihres roten Toyota Pick-up, warfen eine Plane darüber, damit das Tier nicht nass wurde, und fuhren zu Von's, wo ich Daria dabei zusah, wie sie die Gänge entlangging, Katzenstreu und das größte Katzenklo aussuchte (wir entschieden uns für eine Abwaschschüssel aus hartem blauem Plastik, die so gut wie unzerstörbar schien), und dann marschierten wir in die Fleischabteilung. »Ich habe nur zehn Dollar«, sagte ich.

Sie bedachte mich mit einem vernichtenden Blick. »Das Tier muss fressen«, teilte sie mir mit und langte an ihren Hinterkopf, um das Band um ihren Pferdeschwanz abzuziehen, so dass ihr das Haar glänzend über die Schultern fiel, ein Sturm aus Haaren, fließend und locker, die Spitzen glitten über ihren Rücken wie Flüssigkeit in Bewegung. Sie schüttelte ungeduldig den Kopf. »Aber du hast doch eine Kreditkarte, oder?«

Zehn Minuten später dirigierte ich sie zu meinem Wohnblock, wo sie neben dem Mustang parkte, den ich geerbt hatte, als mein Vater starb, dann gingen wir die Außentreppe hinauf und den Laubengang entlang zu meiner Wohnung im ersten Stock. »Sorry«, sagte ich, öffnete die Tür und drückte auf den Lichtschalter, »aber ich bin leider keine gute Hausfrau.« Ich wollte hinzufügen, dass ich auch nicht mit Besuch gerechnet und deswegen nicht aufgeräumt hatte, aber Daria trat einfach ein, räumte Platz auf der Küchentheke frei und stellte die Einkaufstüten ab. Ich betrachtete ihre Schultern, als sie in die Tiefen einer Tüte nach der anderen griff und Hühnerteile und Rib-Eye-Steaks (heruntergesetzt für den schnellen Verkauf) im Wert von vierzig Dollar herausholte.

»Okay«, sagte sie und drehte sich zu mir um, nachdem sie alles im Kühlschrank verstaut hatte, »wohin mit der Katze? Ich glaube nicht, dass wir sie noch lange draußen auf dem Wagen lassen sollten, oder? Katzen mögen keinen Regen, das weiß ich – ich habe zwei. Eins ist noch ein Kätzchen.« Sie stand auf der anderen Seite der Küchentheke, ein Durcheinander verkrusteter Teller und Gläser, in denen unterschiedliche Kolonien Schimmel wuchsen, trennte uns. »Du hast doch ein Schlafzimmer, oder?«

Hatte ich. Aber wenn mir schon der Zustand der Küche und des Wohnzimmers peinlich war – es war mein erster Versuch, allein zu leben, und das Bedürfnis nach Ordnung war mir nicht wirklich wichtig gewesen –, so erschien mir der Zustand des Schlafzimmers, mit dem Chaos schmutziger Kleidung und Bettwäsche, den stinkenden Arbeitsschuhen und der Reisetasche, aus der ich bislang lebte, höchst bedenklich. Hier stand diese wunderschöne Erscheinung in der Küche, die einzige Person außer meiner Tante, die jemals über die Schwelle meiner Wohnung getreten war, und jetzt sollte sie die traurige einsame Unordnung im Herzen meines Lebens entdecken. »Ja«, sagte ich, »die Tür dort, links neben dem Bad«, aber sie war bereits im Schlafzimmer, schob Sachen beiseite, ein konzentriertes Stirnrunzeln zwischen den Augen.

»Du wirst hier ausräumen müssen«, sagte sie. »Das Bett, alles. Deine Sachen.«

Ich stand in der Tür und sah ihr zu. »Wie meinst du das, ›ausräumen‹?«

Sie hob den Kopf. »Du glaubst doch nicht etwa, dass das Tier im Käfig bleiben kann, oder? Es kann sich da drin kaum umdrehen. Und es ist einfach grausam.« Sie sah mich wieder mit diesem Blick an, dann stemmte sie die Hände in die Hüften. »Ich helfe dir«, sagte sie. »Es wird keine zehn Minuten dauern ...«

Dann mühten wir uns zu zweit mit dem sperrigen Käfig die Treppe hinauf. Die Plane lag noch fest verknotet darüber, sowohl um den Regen abzuhalten als auch um ihn vor Nachbarn zu verstecken, die zufällig vorbeikommen mochten, und obwohl wir ihn auf der Treppe schräg halten mussten, gab das Tier keinen Laut von sich. Den Käfig durch die Tür zu bringen war ein kleines Problem – die Katze schien sich in lautlosem Protest schwer zu machen –, aber wir schafften es, dann manövrierten wir ihn ins Schlafzimmer und setzten ihn mitten auf dem Teppich ab. Daria hatte in der Ecke auf mehreren Lagen Zeitungen bereits das Katzenklo aufgestellt, und sie hatte meinen größten Kochtopf mit Wasser gefüllt und neben der Tür positioniert, wo ich ihn leicht erreichen konnte. »Okay«, sagte sie und sah mich zufrieden an, »Zeit für die Entschleierung«, und sie beugte sich vor, um die Plane zu lösen.

Das Deckenlicht strahlte hell, die Plane glitt vom Käfig und zu Boden, und da war die Katze, mit angezogenen Gliedmaßen gegen den Draht gedrückt, die gelben Augen musterten uns. »Liebes Kätzchen«, gurrte Daria. »Will es aus dem schrecklichen Käfig raus? Hmm? Und Fleisch – will es Fleisch?«

Bislang hatte ich wie benommen alles mitgemacht, aber jetzt wurde es problematisch. Wer wusste, was das Tier tun würde, was für Gewohnheiten, Bedürfnisse es hatte? »Wie sollen wir ...«, setzte ich an und ließ den Rest unausgesprochen. Das Deckenlicht brannte auf mich herunter, und der Alkohol flüsterte in meinem Blut.

»Du erinnerst dich doch noch, was der Typ über das Füttern gesagt hat, oder?« In meinem Hinterkopf lauerte der Schimmer einer weiteren Komplikation: Wenn es einmal aus dem Käfig wäre, wie sollten wir – wie sollte ich – es jemals wieder hineinbringen?

Zum ersten Mal blickte Daria zweifelnd drein. »Wir müssen schnell sein«, sagte sie.

Und das waren wir. Daria stand an der Schlafzimmertür, bereit sie zuzuknallen, während ich mich mit klopfendem Herzen vorneigte und den Riegel am Käfig zurückschob. Damals war ich geschmeidig – dreiundzwanzig Jahre alt und mit ausgezeichneten Reflexen trotz der vier oder fünf Jack-mit-Cokes, die ich im Lauf des Abends geschluckt hatte –, und ich sprang zur Tür, kaum war der Riegel zurückgeschoben. Erregung erfüllte mich. Und auch die Katze, weil sie beim ersten Klicken des Riegels zum Leben erwachte, als hätte sie ein Stromschlag getroffen. Ein Kreischen zerriss das Zimmer, die Käfigtür flog auf, und das Tier sprang verwischt durch die Luft und knallte gegen das billige Sperrholz der Schlafzimmertür, als Daria und ich sie gerade geschlossen hatten.

Am Morgen (sie schlief auf der Couch, zusammengerollt wie ein Fötus, und schnarchte leise; ich lag ausgestreckt auf der Matratze aus dem Schlafzimmer, die wir unter dem Fernseher an die Wand geschoben hatten) sah ich mich mit mehreren Problemen konfrontiert. Ich war vor ihr erwacht, aus einem traumlosen Schlaf gerissen von einem Bewusstseinsblitz, und eine ganze Weile lag ich bloß da und sah sie an. Ich hätte sie den ganzen Morgen betrachten können, fasziniert von ihrer Anwesenheit, ihrem Haar, ihrem entspannten Gesicht, wenn die Katze nicht gewesen wäre. Sie war nicht zu hören, und sie stank nicht, noch nicht, aber ihre Existenz teilte sich mir dennoch mit – sie war da, und ich spürte sie. Ich musste sie füttern, und nach der Episode vom vergangenen Abend erforderte das einen Plan und Vorbereitungen, und ich musste auch Daria etwas anbieten, schon allein damit sie noch etwas länger blieb. Eier, ich könnte Rühreier machen, aber ich hatte keinen Toast, keine Milch, keinen Zucker für den Kaffee. Und sie würde sich im Bad waschen wollen – Frauen wuschen sich morgens, dessen war ich ziemlich sicher. Ich dachte an die ordentlich zusammengelegten, farblich aufeinander abgestimmten kleinen Handtücher im Gästebad meiner Tante und stellte sie dem Bild des schlampigen Lumpens gegenüber, der als Haufen irgendwo in meinem Badezimmer auf dem Boden lag. Vielleicht sollte ich Muffins oder Bagels holen gehen, dachte ich – und ein neues Handtuch. Aber verkauften sie Handtücher bei 7-Eleven? Ich hatte keine Ahnung.

Wir waren lange aufgeblieben, hatten gemeinsam den letzten heißen Kakao aus der Folienpackung getrunken und über die Katze gesprochen, die uns hier auf meiner schmierigen Couch in meinem halbdunklen Wohnzimmer zusammengeführt hatte, und dann allgemein über unser Leben und unsere Gedanken und Hoffnungen und Ambitionen. Ich erfuhr von ihrer Mutter, ihren beiden Schwestern, den Seminaren, die sie an der Universität belegt hatte. Sie erzählte von Daggett's, den Stammgästen, den Trinkgeldern – oder ihrem Ausbleiben. Und von ihrem Traum vom eigenen Restaurant. Er war erstaunlich detailliert, bis zu der geplanten Anzahl der Tische, dem Geschirr, dem Besteck und den Bildern an den Wänden, der Dekoration und der Kundschaft – »Ende Zwanzig, Anfang Dreißig, Leute, die Karriere machen, keine Jugendlichen« – und einem Dutzend oder mehr Gerichten, auf die sie sich spezialisieren würde. Meine Pläne waren bescheidener. Ich erzählte, dass ich das städtische College ohne besondere Ziele oder Interessen hinter mich gebracht hatte, dass ich für einen Freund meiner Tante und meines Onkels Fliesen legte; dass ich hoffte, die Küste hinauf nach Oregon zu fahren. Ich hatte eine Menge über Oregon gehört, sagte ich. Sehr sauber. Sehr natürlich dort oben. War sie schon mal in Oregon gewesen? Nein, aber sie würde es gern sehen. Ich erinnere mich, dass ich ihr riet, ihr Restaurant dort oben aufzumachen, irgendwo am Wasser, wo die Leute hinausschauen und die Aussicht genießen könnten. »Ja«, sagte sie, »ja, das wäre cool«, und dann gähnte sie und ließ den Kopf auf das Kissen sinken.

Ich wollte gerade aufstehen und ins Bad gehen, um nachzusehen, was ich mit dem Handtuch machen könnte, ich dachte vage daran, Rasierwasser daraufzuspritzen, um mögliche offensive Gerüche zu übertönen, als sie die Augen aufschlug. Sie sagte weder meinen Namen noch wunderte sie sich, wo sie war, noch wollte sie Frühstück oder ins Bad. Sie sagte nur: »Wir müssen die Katze füttern.«

»Möchtest du keinen Kaffee oder irgendwas – Frühstück? Ich kann Frühstück machen.«

Sie warf die Decke ab, und ich sah, dass ihre Beine nackt waren – sie trug das T-Shirt von Daggett's über einem glänzenden schwarzen Slip; ihre Joggingschuhe, Socken und Shorts lagen auf einem Haufen auf dem Teppich. »Gut«, sagte sie, »Kaffee klingt gut.« Dann fuhr sie sich mit beiden Händen seitlich durchs Haar und ließ es nach vorne fallen, so dass es ihr Gesicht bedeckte. So saß sie einen Augenblick da, bevor sie sich vorneigte, um eine Haarspange aus ihrer Tasche zu holen, sich zurücklehnte und das Haar in einem Pferdeschwanz zusammenfasste. »Aber ich mache mir Sorgen um die Katze, die neue Umgebung und alles. Das arme Tier – wir hätten es gestern Abend füttern sollen.«

Vielleicht. Und ich wollte ihr bestimmt nicht widersprechen – ich wollte freundlich und charmant sein, ich wollte mich auf jede nur erdenkliche Art und Weise einschmeicheln –, aber in dem Moment, als wir das Tier aus dem Käfig gelassen hatten, waren wir beide so entsetzt über seine Gewalt, dass sich keiner von uns der Herausforderung gewachsen sah, die der Versuch darstellte, es zu füttern. Der Versuch, es zu füttern, bedeutete, dass wir die Tür wieder öffnen mussten, und das erforderte Planung und Einsatz. »Ja«, sagte ich. »Das hätten wir tun sollen. Und das werden wir, das werden wir, aber Kaffee, zuerst Kaffee – möchtest du eine Tasse? Ich kann dir eine Tasse machen.«

Wir tranken also Kaffee und aßen die Erdbeer-Pop-Tarts, die ich im Schränkchen über der Spüle gefunden hatte, und machten Small Talk, als würden wir schon hundert Morgen in Folge zusammen erwachen, und es war so ruhig und häuslich und richtig, dass ich wünschte, es würde nie enden. Wir sprachen über Jobs und wann sie am Nachmittag anfangen müsste, als sie die Stirn runzelte, mich scharf anblickte und sagte: »Ich wünschte, ich könnte zusehen. Wenn wir sie füttern. Kannst du nicht ein kleines Guckloch in die Tür machen?«

Ich war dankbar für die Ablenkung, ungeachtet der Kaution. Und die Vorstellung gefiel mir: Wir könnten sehen, was das Ding – mein Haustier – trieb, und wenn wir es beobachten konnten, dann wäre es nicht mehr so unnahbar und geheimnisvoll. Ich musste es schließlich kennenlernen, ihm irgendwann einen Namen geben, es zähmen, es vielleicht sogar an der Leine ausführen. Ich sah kurz vor mir, wie ich den Gehsteig entlangschlenderte, dieses Es mit Krallen neben mir, die Leute drehten sich nach mir um, die Gewichtheber mit ihren Dobermännern und Rottweilern ausgestochen, und ich holte meine Bohrmaschine unter der Küchenspüle hervor und bohrte ein sauberes Loch, ungefähr zwei Zentimeter im Durchmesser, in die Schlafzimmertür. Kaum war ich fertig, spähte Daria hindurch.

»Und?«

»Das arme Tier. Er tigert hin und her wie ein Tier im Zoo.«

Sie trat zur Seite und ergriff meinen Arm, als ich mein Auge gegen das Loch drückte. Die Katze floss wie geschmolzenes Eisenerz von einer Ecke des Zimmers in die andere, ihre gelben Augen fixierten die Tür, das falbe, leicht gefleckte Fell über den zitternden Muskeln gespannt wie Spandex. Ich sah, dass das Katzenklo umgestürzt und die blaue Schüssel aus Hartplastik zu Stückchen zerkaut war, und ich fragte mich, wo das Ding sein Geschäft erledigen würde, wenn nicht auf dem Katzenklo. »Er hat das Katzenklo umgeworfen«, sagte ich.

Sie hielt noch immer meinen Arm fest. »Ich weiß.«

»Er hat es zerkaut.«

»Metall. Wir brauchen eins aus Metall, einen Trog oder so.«

Ich wandte mich vom Guckloch ab und ihr zu. »Aber wie soll ich es saubermachen – muss man es nicht saubermachen?«

Ihre Augen funkelten. »Ach, er wird sich beruhigen. Er ist nur ein großes Kätzchen, mehr nicht« – und dann, an die Katze gewandt, mit einem sirupartigen Gurren: »Nicht wahr, Kätzchen?« Als Nächstes ging sie zum Kühlschrank und holte ein Steak heraus, gut eineinhalb Pfund Fleisch. »Zieh den Handschuh an«, sagte sie, »und ich stehe an der Tür bereit, während du ihn fütterst.«

»Was ist mit dem Blut – wird das Blut nicht auf den Teppich tropfen?« Der Handschuh roch nach Sattelseife und war auf der ganzen Länge zerkratzt und zerbissen; er passte mir, als wäre er maßgefertigt.

»Ich drücke das Blut mit Küchenpapier raus – hier,

schau«, sagte sie, tupfte das Fleisch in der Spüle ab und steckte es auf eine Gabel. Ich nahm die Gabel, und gemeinsam gingen wir zur Schlafzimmertür.

Ich weiß nicht, ob die Katze das Blut roch oder ob sie uns an der Tür hörte, aber kaum hatte ich den Knauf gedreht, war sie da. Ich zählte bis drei, riss die Tür gerade so weit auf, dass ich den Arm und das von der Gabel baumelnde Fleisch hineinstecken konnte, während die Katze gegen den Türrahmen krachte und das Fleisch verschwand. Wir schlugen die Tür zu – Darias Gesicht war gerötet, und sie schien zu kichern oder nach Luft zu schnappen –, und dann wechselten wir uns ab und beobachteten, wie das Tier das Steak kreuz und quer über den Teppich zerrte, als müsste es erst noch getötet werden. Als es aufgefressen hatte, war überall Blut, sogar an der Decke.

Nachdem Daria zur Arbeit gegangen war, wusste ich nicht, was ich mit mir anfangen sollte. Die Katze verhielt sich verdächtig still, und als ich durch das Guckloch schaute, sah ich, dass sie den Käfig in eine Ecke gezerrt und sich dahinter offenbar schlafen gelegt hatte. Ich schaltete den Fernseher ein und sah mir den üblichen Schwachsinn an, der kurzzeitig belebt wurde von einer Tiersendung über die Serengeti. Sie gewährte mir einen flüchtigen Blick auf eine Katze wie meine – *Der Serval lebt in felsiger Landschaft, wo er seine Feinde, Löwen und Hyänen, misstrauisch beobachtet und sich vorwiegend von kleinen Beutetieren wie Hasen, Vögeln, sogar Schlangen und Eidechsen ernährt,* informierte mich der Sprecher mit leiser Stimme –, und dann ging ich in den Sandwichladen, bestellte eine Nummer 7 spezial ohne Mayo und machte mich damit auf zum Strand. Es war ein klarer Tag, die Sintflut vom Vortag hatte die Luft von Dunst und Schwebstoffen gesäubert, und ich saß da, ließ mir die Sonne ins Gesicht scheinen und sah zu, wie Welle auf Welle anbrandete, während ich aß und über meine veränderten Lebensumstände nachdachte. Darias Gesicht hatte einen ernsten Ausdruck angenommen, als sie in der Tür stand, ihr T-Shirt zerknittert, das Haar so fest nach hinten gebunden, dass ich jede einzelne Strähne erkennen konnte. »Pass gut auf unsere Katze auf, okay?«, sagte sie. »Sobald ich Schluss habe, komme ich wieder.« Ich zuckte auf hilflose, unterwürfige Art die Achseln, der Abschiedsschmerz so akut, wie ich ihn noch nie im Leben empfunden hatte. »Klar«, sagte ich, und dann langte sie nach meinen Schultern und zog mich zu sich herunter, um mich zu küssen – auf den Mund. »Du bist süß«, sagte sie.

Ich war also süß. Nie zuvor hatte mich jemand süß genannt, zumindest seit meiner Kindheit nicht mehr, und ich muss zugeben, die Bezeichnung gefiel mir, erblühte in mir wie ein Versprechen für die Zukunft. Ich begann, Daria als grundlegende bewegende Kraft in meinem Leben zu betrachten, Daria mit nackten Beinen ausgestreckt auf meiner Couch, mit über die Schultern fallendem Haar am Küchentisch, ihre Lippen auf meine gepresst. Aber während ich dasaß und meinen Schinken-Käse-Wrap aß, meldete sich ein widersprüchlicher Gedanke: Es musste bereits jemanden in ihrem Leben geben, ein so hübsches Mädchen, das in einer Bar arbeitete, und ich machte mir etwas vor, wenn ich glaubte, ich hätte eine Chance bei ihr. Sie musste einen Freund haben – womöglich war sie sogar verlobt. Ich versuchte mich an den Vorabend zu erinnern, an ihre Hände und Finger – hatte sie einen Ring getragen? Und wenn ja, wo war dann ihr Verlobter, ihr Freund, wer immer er war? Ich hasste ihn bereits, ohne überhaupt zu wissen, ob er existierte.

Die Folge war, dass ich mich um halb vier nachmittags im kühlen unterirdischen Dämmerlicht von Daggett's wiederfand und einen Jack-mit-Coke trank wie ein Stammgast, während Daria, der Ringfinger ihrer linken Hand so ungeschmückt wie meiner, herumging und nach der Mittagszeit aufräumte und die Tische für das Abendessen deckte. Um fünf kam Chris, und er begrüßte mich namentlich und stellte mir einen neuen Drink hin, bevor er die Stammgäste auch nur eines Blickes würdigte, und wenn nichts los war, unterhielten wir uns während der nächsten Stunde über alles Mögliche, angefangen beim Naheliegenden – die Katze –, aber auch über Sport, Musik, Bücher und Filme, und ich stellte fest, dass ich in einen ganz neuen Bereich Eingang gefunden hatte. Irgendwann blieb Daria stehen und fragte, ob sich die Katze eingewöhne – tigerte sie noch immer neurotisch herum? –, und ich konnte ihr mit einiger Bestimmtheit versichern, dass sie schlief. »Wahrscheinlich ist sie nachtaktiv«, sagte ich, »oder so etwas Ähnliches.« Und dann, weil Chris dabei war, musste ich unbedingt hinzufügen: »Du kommst doch nachher vorbei, oder? Nach der Arbeit? Um mir beim Füttern zu helfen, meine ich.«

Sie schaute zu Chris, dann ließ sie den Blick durch den Raum schweifen. »Ja«, sagte sie, »ja«, und in ihrer Stimme schwang ein leichtes Zögern mit, »ich komme.«

Dabei beließ ich es für den Augenblick, aber ich war unsicher, und der Alkohol wirkte, und ich konnte keine Ruhe geben. »Wir können zusammen fahren«, sagte ich, »weil ich meinen Wagen nicht dabeihabe.«

Am Ende ihrer Schicht sah sie müde aus, ihr Gang federte nicht mehr, ihr Haar war eine Schattierung glanzloser im düsteren Licht, und als ich zu Kaffee überging, sah ich, dass Chris ihr am Ende des Tresens ein Schnapsglas mit irgendetwas zuschob. Gegen sechs hatte ich ein Sandwich gegessen und dann, um nicht überängstlich zu wirken, war ich spazierengegangen zu einer anderen Bar am Ende der Straße, wo ich einen Jack-mit-Coke trank und mit niemandem ein Wort redete, und um acht war ich wieder da, um Kaffee zu trinken, sie zu beobachten und an ihr Versprechen zu erinnern.

Auf der Fahrt in meine Wohnung sprachen wir nicht viel. Es dauerte nur fünf Minuten, und im Radio lief ein Song, den wir beide mochten. Außerdem schien mir, dass man Schweigen respektieren konnte, wenn man sich mit jemandem wohl fühlte. Ich war zuvor am Bankomaten gewesen und hatte in hoffnungsvoller Stimmung Frühstücksvorräte angelegt – Eier, englische Muffins, einen halben Liter Milch ohne Fett und einen halben Liter mit zwei Prozent Fett, teure chinesische Teebeutel, einzeln in Folie verpackt –, und ich hatte zwei Flaschen kalifornischen Chardonnay gekauft, der wirklich ganz ausgezeichnet sein sollte, das behauptete zumindest der Verkäufer in der Spirituosenabteilung, sowie eine Tüte mit Maischips und ein Glas Salsa. Auf dem Gestell neben dem Medizinschränkchen hingen zwei neue Handtücher, ich hatte die Wohnung gesaugt und das Geschirr in der Spüle in kochendheißem Wasser mit den letzten Molekülen des Spülmittels eingeweicht, das ich von meiner Tante mitgebracht hatte. Der letzte Touch waren saubere Laken und eine leichte Decke, die ich gefaltet und andeutungsvoll über die Armlehne der Couch drapiert hatte.

Daria schien nichts davon zu bemerken – sie ging geradewegs zur Schlafzimmertür und drückte das Auge ans Guckloch. »Ich sehe nichts«, sagte sie, lehnte sich in ihrer Shorts an die Tür, die Muskeln in ihren Waden spannten sich an, als sie sich auf die Zehenspitzen stellte. »Zu dumm, dass wir nicht an ein Nachtlicht oder so gedacht haben –«

Ich beobachtete sie aus den Augenwinkeln – bewunderte sie, staunte erneut über ihre Anwesenheit –, während ich den Korkenzieher in die Flasche schraubte. Ich fragte sie, ob sie ein Glas Wein wollte. »Chardonnay«, sagte ich. »Aus Kalifornien, wirklich ganz ausgezeichnet.«

»Gern«, sagte sie, wandte sich von der Tür ab und kam durch das Zimmer zu mir. Ich hatte keine Weingläser, und wir mussten uns mit den milchweißen Wassergläsern begnügen, die meine Tante aus einer Schachtel im Keller ausgegraben hatte. »Vielleicht könntest du den Arm durch die Tür stecken und das Licht da drin einschalten«, sagte sie. »Ich mache mir Sorgen um ihn. Und außerdem müssen wir ihn füttern.«

»Klar«, sagte ich, »ja, kein Problem«, aber ich hatte es nicht eilig. Ich schenkte Wein nach, holte die Chipstüte und das Salsaglas, über die sie sich zu freuen schien. Eine Zeitlang standen wir an der Küchentheke, aßen Chips und tranken Wein, dann ging sie zum Kühlschrank, holte eine Scheibe Fleisch heraus und tupfte sie mit Küchentüchern ab. Ich verstand ihren Hinweis, zog den Handschuh an, wappnete mich und stieß die Schlafzimmertür gerade so weit auf, dass ich die Hand hineinschieben und das Licht einschalten konnte. Die Katze, die nachts selbstverständlich hervorragend sah, riss mir fast den Handschuh vom Arm, aber das plötzliche Licht verwirrte sie lange genug, dass ich die Situation retten konnte. Die Tür knallte zu, der Serval jaulte verblüfft auf.

Daria schaute sofort durch das Guckloch. »O mein Gott«, murmelte sie.

»Was tut er?«

»Tigert hin und her. Aber schau selbst.«

Der Teppichboden – auch noch der letzte Streifen – war vom Boden gerissen, mit Nägeln gespickte, schmutzige Sperrholzplatten lagen bloß, und in der verputzten Wand links neben dem Fenster war ein Loch. Ein großes

Loch. Auch durch die geschlossene Tür roch ich den Gestank von Katzenpisse oder was immer sie verspritzte. »So viel zu meiner Kaution«, sagte ich.

Sie stand direkt neben mir, die Hand auf meiner Schulter. »Er wird sich beruhigen«, versicherte sie, »sobald er sich an das Zimmer gewöhnt hat. Alle Katzen sind so – sie müssen ihr Revier behaupten.«

»Du glaubst nicht, dass er zwischen die Wände kriechen kann, oder?«

»Nein«, sagte sie, »nie und nimmer, er ist zu groß.«

Das Einzige, was mir nach einem ganzen Tag des Trinkens noch einfiel, war Wein nachzuschenken, was ich tat. Dann wiederholten wir das Ritual des Fütterns – das Steak auf der Gabel, der verwischte Sprung der Katze, der heftige Aufprall gegen die Tür – und schauten abwechselnd durchs Guckloch. Nach einer Weile, von dem Spektakel gelangweilt – oder »gesättigt«, das ist das bessere Wort –, setzten wir uns auf die Couch und sahen einen Film, tranken den Wein aus, aßen die Chips und hörten überhaupt nicht mehr auf zu reden, eine Bemerkung zum Film führte zu einer Diskussion über Filme im Allgemeinen, eine Überlegung zum Wein grub unsere Erlebnisse bei Weinproben und die Schrecken des Rotweins von Cribari und der Obstweine von Boone's Farm aus. Bevor wir es merkten, war es Mitternacht, und sie gähnte und streckte sich.

»Ich muss jetzt wirklich nach Hause«, sagte sie, rührte sich aber nicht. »Ich bin fertig. Wirklich fertig.«

»Du kannst gern hierbleiben«, sagte ich, »ich meine, wenn du nach all dem Wein nicht mehr fahren willst …«

Ein Augenblick verstrich, keiner sagte ein Wort, dann gab sie einen summenden Laut von sich – »Mmmm« – und streckte mir die Arme entgegen, während sie sich auf die Couch sinken ließ.

Am Morgen erwachte ich vor ihr, war darauf bedacht, sie nicht zu wecken, als ich von der Matratze aufstand, auf der wir geschlafen hatten, weil die Couch für zwei zu schmal war. Mein Kopf schmerzte – so viel Alkohol war ich nicht gewohnt –, und das Bild der Katze lauerte irgendwo hinter diesem Schmerz, aber ich fühlte mich beschwingt und optimistisch. Daria schlief auf der Matratze, die Katze kauerte in ihrem Zimmer, und die Welt war in Ordnung. Ich kochte Kaffee, toastete Muffins und briet Eier, und als sie erwachte, war ich da. »Wie wäre es mit Frühstück im Bett?«, murmelte ich, als ich mich mit einem Teller beidseitig gebratener Spiegeleier und einer Tasse Kaffee neben sie setzte.

Ich war so darauf konzentriert, ihr beim Essen zuzuschauen, dass ich meinen eigenen Teller kaum anrührte. Nach einer Weile stand ich auf, um das Radio einzuschalten, und da war wieder der Song, den sie auf dem Nachhauseweg am Abend zuvor gespielt hatten, und wir hörten beide zu, ohne ein Wort zu sagen. Als der Discjockey mit seiner keuchenden, jugendlichen Stimme und seinen lahmen Witzen über den Sender kam, stand sie auf und ging, ohne an die Katze zu denken, an der Schlafzimmertür vorbei ins Bad. Dort blieb sie eine lange Weile, Wasser lief, die Toilettenspülung rauschte, sie duschte, und ich fühlte mich verloren ohne sie. Ich wollte ihr sagen, dass ich sie liebe, wollte ihr eine ganze Liste mit Einladungen überreichen: Sie sollte bei mir einziehen, für immer bei mir bleiben, ihre Katzen mitbringen, kein Problem, und wir könnten uns gemeinsam um die große Katze kümmern, ihre Bedürfnisse erfüllen, sie zähmen und in ihrem neuen Heim glücklich machen – kein Käfig mehr und viel Fleisch, jede Menge Fleisch. Ich wusch die Bratpfanne, als sie wieder herauskam, ein neues Handtuch ums Haar gewickelt. Sie war geschminkt und trug das Daggett's-Outfit. »Hallo«, sagte ich.

Sie erwiderte nichts. Sie beugte sich über die Couch und stopfte Sachen in ihre Tasche.

»Du siehst toll aus«, sagte ich.

Ein Geräusch drang aus dem Schlafzimmer, ein leiser Klagelaut wie der letzte keuchende Atemzug eines von der Katze erlegten Tiers, und ich fragte mich, ob sie dort drin etwas gefunden hatte, eine Ratte, einen verirrten Vogel, einen entkommenen Hamster oder eine Eidechse.

»Hör mal, Junior«, sagte sie und ignorierte das Klagen, das jetzt höher und schwächer wurde, »du bist nett, wirklich, das bist du.«

Ich stand hinter der Resopaltheke. Meine Hände steckten im Spülwasser. Etwas pochte in meinem Kopf, und ich wusste, was kommen würde, hörte es ihrer Stimme an, sah es in der Art, wie sie den Kopf einzog und den Blick abwandte.

»Ich kann nicht – ich muss dir etwas sagen, okay? Weil du süß bist, das bist du, und ich ehrlich zu dir sein will.«

Plötzlich wandte sie mir das Gesicht zu, durchbohrte mich mit dem Blick und sah wieder weg. »Ich habe einen Freund. Er studiert nicht hier. Und ich weiß nicht, warum ... Ich meine, ich will dir keine falschen Hoffnungen machen. Es war nett. Wirklich.«

Das Klagen wurde lauter und brach plötzlich ab. Ich wusste nicht, was ich sagen sollte – die Situation war neu für mich, neu und trostlos. Plötzlich war ich verzweifelt, auf der Suche nach irgendetwas, irgendeiner List, dem Zauberspruch, der alles wieder in Ordnung bringen würde. »Die Katze«, sagte ich. »Was ist mit der Katze?«

Ihre Stimme war leise. »Das wird schon werden. Gib ihm einfach zu fressen. Sei nett zu ihm.« Sie stand an der Tür, die Tasche über die Schulter geschlungen. »Geduld«, sagte sie, »mehr ist nicht nötig. Ein bisschen Geduld.«

»Warte«, sagte ich, »warte.«
»Ich muss gehen.«
»Sehen wir uns später?«
»Nein«, sagte sie. »Nein. Ich glaube nicht.«

Kaum war ihr Pick-up vom Parkplatz gefahren, rief ich meinen Chef an. Er meldete sich nach dem ersten Klingeln, hob die Stimme, um die Geräusche im Hintergrund zu übertönen. Ich hörte die Fliesensäge, das unregelmäßige Schlagen eines Hammers, das Radio, aus dem ein überspannter rechter Propagandist tönte. »Ich will arbeiten«, sagte ich.

»Wer spricht da?«

»Junior.«

»Montag, frühestens am Montag.«

Ich erklärte ihm, dass ich eingesperrt in meiner Wohnung verrückt würde, aber er schien mich nicht zu hören. »Woran liegt es?«, sagte er. »Geld? Ich gebe dir einen Vorschuss für nächste Woche, wenn du ihn wirklich brauchst, obwohl ich deswegen extra zur Bank muss, was ich nicht vorhatte. Was lästig ist. Aber ich mach's. Du brauchst nur ein Wort zu sagen.«

»Nein, ich brauche kein Geld, es ist nur –«

Er schnitt mir das Wort ab. »Hörst du denn nie zu? Habe ich dir nicht gesagt, du sollst losziehen und dir ein Mädchen suchen? Das tut man nämlich in deinem Alter. Ich habe es jedenfalls gemacht.«

»Kann ich nicht einfach, na ja, aushelfen?«

»Montag«, sagte er.

Ich war plötzlich wütend und knallte den Hörer auf. Mein Blick wanderte zu dem in die Schlafzimmertür gebohrten Loch und dann zu den Frühstückstellern, Eidotter, der in leuchtend gelben Streifen trocknete, das Muffin, Darias Muffin, unberührt bis auf ein kleines Stück, das sauber aus der Kugel gebissen war. Es war Freitag. Ich hasste mein Leben. Wie hatte ich nur so dumm sein können.

Im Schlafzimmer war es totenstill, und als ich meine Sneakers zuschnürte, bekämpfte ich den Drang, zum Guckloch zu gehen und nachzusehen, was die Katze in der Nacht angerichtet hatte – ich wollte einfach nicht darüber nachdenken. Ob sie wie der schlechte Geruch eines Alptraums verschwunden war oder sich durch die Wand gefressen und die japsenden kleinen Hunde des Nachbarn verschlungen hatte oder ausgebrochen war und sich auf ein Schiff nach Afrika geschmuggelt hatte, es war mir einerlei. Ich wusste nur, dass ich nicht versuchen würde, sie allein, ohne Daria, zu füttern. Von mir aus konnte sie verhungern, verhungern und verrotten.

Schließlich fischte ich eine Jeansjacke aus dem Kleiderhaufen auf dem Boden und ging zum Strand. Es war bewölkt, und ein kalter Ostwind fegte über den Sand. Ich ging stundenlang spazieren und dann, in Ermangelung von etwas Besserem, ins Kino. Danach aß ich ein Sandwich in einem neuen Laden, in dem angeblich Studenten herumhingen. Soweit ich es beurteilen konnte, waren keine Studenten da, nur alte Männer, die auch nicht anders aussahen als die Stammgäste von Daggett's, und sie hatten ihre breitschultrigen alten Frauen und ihre plärrenden unglücklichen Kinder dabei. Um vier war ich in der ersten Bar, und um sechs war ich betrunken.

Ich versuchte, Daggett's zu meiden – *Gib ihr einen oder zwei Tage,* sagte ich mir, *nörgle nicht, sei ihr nicht lästig* –, aber um Viertel vor neun stand ich dort am Tresen und bestellte bei Chris einen Jack-mit-Coke. Chris sah mich kurz an, alles hatte sich seit gestern verändert. »Bist du sicher?«, sagte er.

Ich fragte ihn, was er meine.

»Du siehst aus, als hättest du genug, Junge.«

Ich reckte den Hals und schaute mich nach Daria um,

sah aber nur die Stammgäste, die vor ihren Getränken saßen. »Schenk einfach ein«, sagte ich.

Die Musik war ein hartnäckiges Ärgernis, tote Musik, uralt, von niemandem geschätzt, nicht einmal von den Stammgästen. Sie dröhnte einfach nur weiter. Chris stellte den Drink vor mich hin, und ich hob ihn an die Lippen. »Wo ist Daria?«, fragte ich.

»Sie hat früh aufgehört. Hat gesagt, dass sie müde ist. Ruhiger Abend, verstehst du?«

Ich war enttäuscht, eifersüchtig, hasserfüllt. »Hast du ihre Telefonnummer?«

Chris sah mich misstrauisch an, weil er etwas wusste, was ich nicht wusste. »Willst du damit sagen, dass sie dir ihre Nummer nicht gegeben hat?«

»Ja«, sagte ich, »wir haben nie – also, sie war bei mir zu Hause …«

»Wir dürfen keine persönlichen Informationen weitergeben.«

»An mich? Ich sagte, sie war bei mir zu Hause. Letzte Nacht. Ich muss mit ihr reden, und es ist dringend – wegen der Katze. Sie hat wirklich ein Faible für die Katze.«

»Tut mir leid.«

Das kriegte er zurück. »Es tut dir leid? Scheiß drauf – mir tut es auch leid.«

»Weißt du was, Junge –«

»Junior, ich heiße Junior.«

Er neigte sich über den Tresen, stützte beide Arme auf und sagte sehr leise: »Ich glaube, es ist Zeit, dass du gehst.«

Es hatte angefangen zu regnen, ein leises Plätschern im Laub, das bestimmter und härter wurde, während ich nach Hause ging. Autos fuhren auf der Straße vorbei mit einem Geräusch wie zerreißendes Papier, ganze Welten im Schlepptau. Die Straßenbeleuchtung war dämmrig. Niemand war zu sehen. Als ich die Anhöhe zu meiner Wohnung hinaufging, sah ich den Mustang im Carport stehen, und obwohl ich gegen die Kombination Trinken und Autofahren bin – eine Lektion, die ich vom unglücklichen Beispiel meines Vaters gelernt hatte –, setzte ich mich hinter das Lenkrad und fuhr mit einer kristallinen Klarheit zur Baustelle, die mir in jeder anderen geistigen Verfassung Angst gemacht hätte. Dort befand sich eine Aluminiumleiter, und darauf konzentrierte ich mich – auf das Bild, wie sie dort an der Mauer lehnte –, bis ich ankam, sie durch den Dreck zog und auf dem Dach des Wagens festband, ohne an die Anstreicher oder sonst irgendetwas zu denken.

Wieder zurück, fummelte ich im Regen herum, um die übereifrigen Knoten zu lösen, bis ich die Leiter herunterheben und sie zur Rückseite des Gebäudes zerren konnte. Ich war betrunken, ja, aber auch vorsichtig – wenn mich jemand gesehen hätte, in der Dunkelheit, wie ich eine Leiter an ein Wohnhaus stellte, wenn es auch mein eigenes Wohnhaus war, hätte die Lage schnell schwierig werden können. Ich konnte wohl schlecht behaupten, dass ich anstreichen wollte. Nicht nachts. Nicht im Regen. Glücklicherweise sah mich niemand. Ich stieg die Leiter hinauf, und als ich auf Höhe meines Schlafzimmers war, schlug mir der Gestank entgegen, ein ekelhafter Fäkalienwind drang aus dem dunklen Fensterschlitz. Die Katze. Die Katze war da drin und beobachtete mich. Davon war ich überzeugt. Ich muss eine Viertelstunde oder länger im Regen auf der Leiter gestanden haben, bevor ich den Mumm aufbrachte und das Fenster hastig ganz aufschob, dann zog ich den Kopf ein und drückte mich reflexartig an die Mauer. Nichts geschah. Kurz darauf stieg ich die Leiter hinunter.

Ich wollte nicht in die Wohnung, wollte nicht darüber

nachdenken, wusste nicht, ob eine Katze dieser Größe die Sprossen einer Leiter hinuntersteigen oder sechs Meter tief springen oder ihre verborgenen Flügel ausbreiten und davonfliegen konnte. Eine Zeitlang stand ich da und betrachtete das tiefschwarze Loch des Fensters, dann kehrte ich zu meinem Wagen zurück und hörte im Dunkeln Radio, bis ich einschlief.

Am Morgen – es gab keine heraldischen Sonnenstrahlen, keineswegs, es regnete noch immer – ging ich in die Wohnung und schlich so leise, als wäre ich ein Einbrecher, zur Schlafzimmertür. Ich schaute durchs Guckloch und sah einen Berg Teppichboden um den leeren Käfig aufgehäuft – ein Bau, ein provisorischer Bau –, und da erst begann ich etwas für die Katze zu empfinden, konnte ihre Verwirrung nachempfinden, ihre Angst vor der fremden Umgebung, ihr Misstrauen: Das war keine felsige Landschaft, das war mein Schlafzimmer im ersten Stock eines heruntergekommenen Wohngebäudes in einer Stadt am Meer, einen ganzen Kontinent und einen abgrundtiefen Ozean von ihrer Heimat entfernt. Nichts rührte sich. Bestimmt war sie verschwunden, ein weiter Sprung, der Aufprall der Beine, Gras unter den Pfoten, feste Erde. Sie war weg. Bestimmt. Ich stählte mich innerlich, öffnete die Tür und trat ein. Und dann – ich weiß nicht, warum – schloss ich die Tür hinter mir.

Irene Dische

Fährnisse der Schönheit

Für Aryeh Stollman

Manchmal kommt es vor, dass jemand plötzlich jünger aussieht – besser. Meistens gibt es dafür eine einfache Erklärung. Dieser Jemand hat sich verliebt oder einen ruinös teuren Urlaub gemacht, oder er lässt sich was spritzen. Mit anderen Worten: Ohne Quälerei geht es nicht. Bestätigt wurde diese Theorie von mir durch eine Friseuse, die bei einem Autounfall nur knapp dem Tod entging, nachher aber zwanzig Jahre jünger aussah und auf der Attraktivitätsskala von einer unterirdischen 2 auf eine 6 geklettert war. Sie nahm ab. Sie tat etwas für ihr Haar. Die Leiden brachten das Spinngewebe der Fältchen auf ihrem Gesicht zum Verschwinden.

Aussehen zählt. Der Platz, den jeder von uns auf der Attraktivitätsskala von 1 bis 10 einnimmt, schwankt im Laufe des Lebens ständig, aber der große Bogen ist immer der gleiche – zuerst nach oben und dann unweigerlich, wenn auch in unterschiedlichem Tempo, nach unten, bis in die Abgründe des Avernus ... Ich selbst habe als holder Knabe angefangen. Alle schwärmten von meinem kastanienbraunen Schopf, meinem dunklen Teint, meinem niedlichen Gesicht. Mit zwanzig war ich schlaksig, hatte ein markantes Profil und große grüne Augen, die weit auseinanderlagen – große, weit auseinanderliegende Augen sind attraktiver als eng beieinanderstehende Knopfaugen. Meine Beine waren gerade. So wie Beine sein müssen – gerade. Das Haar muss dicht und glatt sein, wie meines. Ich stand gern vor dem Spiegel und sah mich an. Ich würde sagen, ich war eine 8. Das Mädchen, auf das ich ein Auge warf, war natürlich eine klare 10. Man soll schließlich nach Höherem streben. Hilfreich war dabei, dass ich einen Vater in einer gehobenen Position hatte; ich bekam das Mädchen.

Sie blieb aber nicht bei mir, sondern hat mich verlassen – wegen einer 5, einer mickrigen, farblosen 5. Und langweilig war der Kerl auch. Er ist gut im Bett, hat sie mir mal gesagt, und vielleicht sollte das heißen: anders als du. Aber da lag sie falsch. Ich weiß, worauf es im Bett ankommt. Ich habe bloß kein Talent zum Schmusen. Aber was soll's? Alle meine Frauen habe ich dadurch bekommen, dass ich nett zu ihnen war, dass ich ihnen Geschichten von meinem prominenten Vater erzählte und seinen wichtigen Posten am Ende sogar selbst übernahm, aber vor allem dadurch, dass ich kritisch guckte, sobald sie den Mund aufmachten. Diese Art Skepsis habe ich richtig kultiviert. Frauen sind verrückt nach Männern in gehobenen Positionen, die ihre Intelligenz in Zweifel ziehen und dann trotzdem nett zu ihnen sind. Eine von dieser Sorte habe ich geheiratet. Sie war übrigens eine 6, genau wie ich damals. Nachdem mich meine erste Freundin verlassen hatte, war ich auf der Attraktivitätsskala um zwei Punkte abgerutscht.

Eigentlich war meine Frau eher eine 4 – ziemlich dick, mit einem großen, unhandlichen Busen. Aber sie war Sängerin, da gehört das Dicksein zu den Berufsvoraussetzungen, und ihre Karriere war ein nicht sichtbares, aber trotzdem deutlich spürbares Plus, mit dem sie sich auf eine 6 hochschraubte. Meine Frau hat eine ganz ansehnliche Karriere gemacht. Die Leute mögen sie. Ich habe nie verstanden, warum. Meine Eltern mochten sie jedenfalls auch, und damit war die Sache zwischen uns klar.

Dann passierte etwas Schreckliches. Sie stürzte sich auf die Kosmetik, sie nahm ab, sie zog sich besser an –

und kam so auf eine 7, während ich mit den Jahren auf eine 4 zurücksank.

Diesen Fehler machen viele Männer – zu glauben, man könne nichts dagegen tun. Sie lassen die Zeit ihre schmutzige Arbeit verrichten. Auch ich sah untätig zu, wie mein kastanienbrauner Schopf taubengrau wurde und wie er sich nach und nach von meinem Schädeldach verabschiedete. Die restlichen Strähnen hingen mir wie ein Trauerkranz um den Kopf. Aber irgendwann holte ich mir die Kontrolle über mein Älterwerden zurück. Ich ließ mir einen Schnurrbart wachsen. Ich wollte ihn kastanienbraun färben. Es ging daneben. Von nun an besuchte ich einen Schönheitssalon.

Auch in kleinen Schönheitssalons gibt es viele Frauen, aber die wenigsten von ihnen sind attraktiv. Die meisten sind über dreißig, viele noch älter. Ihr Fleisch ist schlapp. So sagte mein Vater immer. Ich habe das auch gern auf junge Frauen übertragen – »Ihr Fleisch ist schlapp« –, bei ihnen war es doppelt niederschmetternd. Jeder Mensch hat ja irgendwelche Mängel und Unvollkommenheiten, und ich hielt es für klug, neuen Bekannten von mir immer gleich zu erläutern, worin meiner Meinung nach ihre Schwächen bestanden. Bei älteren Frauen machte ich mir diese Mühe allerdings nicht. Ältere Frauen nahm ich überhaupt nicht wahr. Im Salon ließ ich mir den Schnurrbart und das Haar immer von Herrn Schulz färben und schneiden. Die Friseuse dagegen würdigte ich keines Blickes – sie war dick, mindestens fünfzig, scheußlich angezogen, und sie hatte knallrotes Haar.

Meine Frau war gerade mal wieder dabei, mich zu verlassen. Sie ist Italienerin, ein geselliger Typ, und giert nach Aufmerksamkeit. Ich hatte ihr frühzeitig gesagt, dass ich von Komplimentemacherei nichts halte. Ich geriet wegen ihrer Stimme nicht in Verzückung. Leider Gottes hatte sie aber ein unersättliches Verlangen nach

Komplimenten, und sie klapperte die ganze Stadt nach Männern ab, die ihr welche machten. Für ein bisschen Lobhudelei legte sie sich mit jedem hin. Mit über vierzig war sie immer noch auf der Jagd, und ich staunte, wie viele schwache Männer es gab, die sie noch wollten. Ich nehme an, sie erlagen ihrem Gesang und der Art, wie sie auf der Bühne herumstolzierte. Eine Zeit lang war es mir egal, denn ich hatte Inge. Es machte mir sogar Spaß, meiner Frau zu signalisieren, dass Inge jung war, viel jünger. Ich legte mir einen bestimmten Blick zu, der meine Frau spüren ließ, dass sie gerade mit einer jüngeren Frau verglichen wurde und dabei den Kürzeren zog.

Inge war zweiundzwanzig, sie hatte so große grüne Augen wie ich und war etwas unbedarft. Ich brachte ihr bei, was ich an Italienisch von meiner Frau gelernt hatte, und das beeindruckte sie. Ich begleitete sie zu Kulturveranstaltungen, lud sie auch in die Oper ein, wenn nicht gerade meine Frau sang, und brachte ihr bei, wie man sich intelligent über eine Aufführung unterhält. Dummerweise legte sie sich einen Freund zu. Er war in ihrem Alter, absolut langweilig, aber aus irgendeinem Grund gefiel er ihr, und damit war der Kuchen gegessen. Ich kam mir vor wie eine 2.

Ich konnte an gar nichts anderes mehr denken. Ich ließ die Arbeit schleifen und kümmerte mich die meiste Zeit um meinen Körper. Ich fing an zu joggen und ließ mir den Schnurrbart noch größer und dichter wachsen, sodass er eine richtige Attraktion wurde. Ich kletterte auf die 4. Aber das reichte noch längst nicht. Meine Frau sang gerade eine Hauptrolle, und die ganze Stadt sprach von ihr. Sie hatte einen neuen Liebhaber. Mit mir gab sie sich Mühe, wollte immer nett sein, aber das machte mich nur noch wütender. Um diese Zeit fiel mir dann die Veränderung bei der Friseuse auf.

Von einem auf den anderen Tag war aus ihr eine schöne Frau geworden. Sie sah aus wie dreißig, keinen Tag älter. Sie hatte stark abgenommen, konnte sich also schick anziehen, und ihrem roten Haar hatte sie einen hübschen Goldton verordnet, den es neuerdings zu kaufen gab. Herr Schulz schnitt mir das Haar, und ich sprach ihn darauf an – auf die Veränderung. Er sagte: »Ja, Frau Larson hatte einen furchtbaren Autounfall. Nachher hat sie abgenommen und sieht jetzt überhaupt viel besser aus. Manchmal wirkt Schmerz wie ein Schönheitsmittel. Sie hat auch einen neuen Freund.«

Diese Therapie wollte ich natürlich unbedingt probieren. Ich brauchte ein paar Tage, bis ich den nötigen Mut beisammenhatte. Dann tat ich es. Ich beobachtete den Verkehr. Ich suchte mir ein langsames Fahrzeug aus. Ein Schritt, und ich stand direkt vor ihm.

Als Nächstes merkte ich dann, dass ich im Krankenhaus lag. Der Wagen hatte mir eine Schulter, fünf Rippen und den Unterkiefer gebrochen. Ernsthaft bedroht war meine Gesundheit nicht, und so wurde ich bald wieder in die Gesellschaft entlassen. Auf der Skala kam ich erst mal nicht mehr vor. Ich war ungefähr so attraktiv wie eine Schrottkarre und wartete auf die positive Veränderung in meinem Aussehen.

Nichts geschah. Nach einiger Zeit machte ich einen Termin im Schönheitssalon, obwohl ich mir den Schnurrbart nach dem Krankenhaus nicht mehr hatte wachsen lassen. Er hätte die hässliche, schlecht heilende Narbe neben dem Mund nur noch hervorgehoben. Das übrige Haar war inzwischen ganz weiß geworden. Es war an einem Tag im Frühsommer, und die Ladentür stand offen. Drinnen sah ich die Friseusen bei der Arbeit, und ich erkannte Frau Larson. Sie war genauso dick und genauso rothaarig wie vor dem Unfall, und direkt neben ihr stand ihr junges, schlankes, blondes Double. Es gab also zwei Friseusen. Ich ergriff die Flucht. Ich fragte meine Frau, ob sie mir die Haare schneiden wolle, und sie sagte lächelnd: »Gern.« Auch kurz nach unserer Hochzeit hatte ihr das immer viel Spaß gemacht.

Am Tag meines Unfalls hatte sie ihren neuen Liebhaber aufgegeben. Sie nahm bei der Oper Urlaub, damit sie sich um mich kümmern konnte. Sie fütterte mich mit einem Strohhalm. Mein Unterkiefer war mit Draht geflickt, sodass ich keine kritischen Bemerkungen machen konnte. Immer wenn sie in der Nähe war, kam sie ganz dicht heran, küsste mich auf die Glatze und ließ ihre Lippen einen Augenblick dort verweilen. Sie liebe mich, sagte sie, der Unfall habe es ihr klargemacht. Und ich war ihr dankbar. Meine Skepsis erschien mir jetzt nur noch lästig und überflüssig. Ich spürte, wie die Liebe zu meiner Frau wuchs.

Siegfried Lenz

Der Usurpator

Sehr geehrtes Gericht,

schlaflos seit einer Woche, verzagt und von meinem Gewissen geleitet, möchte ich Anzeige gegen mich selbst erstatten. Ich bin Insasse des Altersheims »Concordia« in Hamburg-Blankenese, Haus »Delphi«, Zimmer Nr. 5 (mit Elbblick). Da ich mit dem Gesetzbuch noch nie in Berührung gekommen bin, weiß ich nicht, unter welchem Namen mein Vergehen vorkommt und in welchem Paragraphen es aufgehoben wird. Annehmen muß ich indes, daß es keine alltägliche Schuld ist, die ich auf mich genommen habe. Sie, davon bin ich überzeugt, werden für meinen Fall einen Namen finden und zu gegebener Zeit ein Urteil fällen, das der Gerechtigkeit Genüge tut; von mildernden Umständen bitte ich abzusehen.

Eine Woche ist es nun her, seit ich Herrn Klaus Knöpfle, mit dem ich das Zimmer Nr. 5 teilte, zum letzten Mal gesehen habe. Ich bekenne, daß ich vom ersten Tag an wenig Sympathie für ihn hegte: seine Lautstärke, seine ballrigen Umgangsformen, sein grobes, blaurotes Gesicht mit den vielen gesprungenen Adern, und nicht zuletzt die Art, wie er sich den geduldigen Schwestern gegenüber verhielt, deren Großvater er hätte sein können – all das weckte früh in mir ein Gefühl der Abneigung. Nachdem sein Vorgänger, der Sinologe Professor Unstätter, ein seiner Wissenschaft demütig ergebener Mann, still gestorben war, wurde Herr Knöpfle mir von der Direktion zugeteilt, und er zog mit seiner Schiffskiste und den beiden Strohkoffern schon wie ein Usurpator ein: ohne mich zu fragen, nahm er in Beschlag, was ihm gefiel, besetzte außer der ihm zustehenden Schrankhälfte noch ein Fach von meiner Seite, maß sich den größten Teil des Fensterbrettes zu, schob meine Familienphotos rücksichtslos auf dem Bord zusammen, um Platz für seine wenigen, aber dickleibigen Bücher zu haben. Im Badezimmer beanspruchte er zwei von drei Handtuchhaltern; die mit Blumenmustern tapezierten Wände mußten gleich nach seinem Einzug Abbildungen von bewaffneten Segelschiffen ertragen sowie eine unangemessen breite Schau- und Lehrtafel, auf der ein vollgetakelter Fünfmaster dargestellt war mit allen seemännischen Bezeichnungen.

Dies alles freimütig einzugestehen, halte ich für um so dringender geboten, als sich für Sie daraus ein Einblick in die Beweggründe ergeben könnte, die zu meiner Tat führten.

Ich zögere nicht, die beiden Jahre, in denen ich mit Herrn Knöpfle zusammenleben mußte, ein stummes Martyrium zu nennen. Auch jetzt, da er offiziell als verschollen gilt, kann ich von dieser Feststellung nichts zurücknehmen, denn zu nah sind die Erlebnisse, zu spürbar die Verletzungen und Kränkungen, die ich durch ihn erfuhr – ich, der ich um sechs Jahre älter bin als Herr Knöpfle und im siebenundachtzigsten Lebensjahr stehe. Als wollte er mir täglich meine Wehrlosigkeit beweisen, so führte er sich auf und schien bei all seinem Tun nicht einmal zu bemerken, wie mein Widerwille wuchs. Augenscheinlich bezog er seine Überlegenheit nicht zuletzt aus einer beachtlichen körperlichen Kraft, die sich zum Erstaunen vieler in seinem Alter erhalten hatte. (Auf Spaziergängen in unserem Park brach er wiederholt armdicke Äste entzwei, und bei einer Adventsfeier zerriß er – Bedingung einer Wette – ein Telefonbuch, allerdings nur das Branchenverzeichnis.) Wenn es nur gegolten hätte, sein dröhnendes Wesen zu ertragen – alles an ihm, seine Unterhaltung, sein Humor, ja selbst sein Gutenachtwunsch hatte etwas Dröhnendes –, so hätte ich es mit der Zeit gewiß gelernt, mich daran zu gewöhnen. Aber daneben hatte er seine eigene Art, die Harmonie des Zusammenlebens zu zerstören.

Obwohl ich es war, der das ›Hamburger Abendblatt‹ und das ›National Geographic Magazine‹ abonniert hatte, nahm er sich das Recht, als erster darin zu lesen. Erhielt ich von meinen Lieblingsnichten ein Päckchen mit Selbstgebackenem, so tat er, als sei es auch an ihn adressiert, und nahm sich, wonach es ihn gerade verlangte. Setzte ich mich an meine Arbeit über die Karolingische Renaissance – eine spezielle Untersuchung über die Pfalzen, die Karl nach dem Vorbild römischer Kaiserpaläste errichtete –, dann fiel ihm nichts anderes ein, als auf seinem Schifferklavier zu üben. Oft habe ich, um seiner Gegenwart zu entkommen, das Zimmer unter einem Vorwand verlassen und bin lange durch unseren Park gewandert oder habe Erholung gesucht auf einer Bank vor dem Ententeich. Dort vertraute ich mich eines Tages Herrn Harald Frunse an; er ist der älteste Bewohner unseres Heims und kennt Namen und Lebensgeschichte eines jeden von uns. Niemand weiß, woher er, der nur noch am Arm eines Helfers gehen kann, seine Kenntnisse hat, doch mehr als einmal hat sich gezeigt, daß sie unbedingt verläßlich sind. (Es gibt Heiminsassen, die sich vor ihm fürchten.) Er hörte sich schweigend meine Beschwerde an; jedesmal, wenn ich den Namen meines Mitbewohners nannte, verzog er geringschätzig die Lippen.

Ich fand bald heraus, daß Herr Klaus Knöpfle es fertigbrachte, sich in kürzester Zeit auch bei anderen Insassen unbeliebt zu machen. Daß er als erster in den

Speisesaal stürmte und, wenn es kalte Platten gab, dafür sorgte, daß auf unserm Tisch – leider nötigte mich die Heimleitung, mit ihm an einem Tisch zu sitzen – die doppelte Portion Aufschnitt zu finden war; man sah es ihm kopfschüttelnd nach. Weniger nachsichtig verhielt man sich ihm gegenüber, wenn er Gespräche rücksichtslos unterbrach und, besonders wenn Kriegserinnerungen ausgetauscht wurden, mit seinen Erlebnissen auftrumpfte (nach seinen Angaben war er an Bord eines Hilfskreuzers). Da geschah es schon, daß Gesprächsteilnehmer sich einfach abwandten oder ihm ihre Mißbilligung auf diskrete Art zu verstehen gaben, was er allerdings, durchdrungen von dem Gefühl eigener Bedeutung, überhörte oder übersah.

Auch wenn ein von mir verehrter Schriftsteller zu der Erkenntnis gekommen ist, daß es Kränkungen gibt, die man genießen kann, so wird er gewiß nicht die gemeint haben, die Herr Klaus Knöpfle mir zufügte. Mein Mitbewohner nämlich verfiel eines Tages auf die Idee, sich während meiner Abwesenheit ausgiebig mit meinem gelehrigen Wellensittich zu beschäftigen, dem einen Namen nach menschlicher Art zu geben ich mich nicht entschließen konnte. Das Ergebnis dieser Beschäftigung nötigte mich zu einer Trennung von dem liebgewordenen Vogel, der mich eines Morgens mit Ausdrücken überraschte, die, dem maritimen Vokabular entnommen, soviel Anzüglichkeit enthielten, daß es mir mehr als peinlich war. Schwester Margot, die zufällig anwesend war, habe ich nie verlegener gesehen; der Vogel wandte sich nämlich an sie mit den Worten: Mein Schoothorn grüßt dein liebes Vorliek; ferner redete er von einem »prächtigen Spriet«, der alles im Wind hält, von Gaffel, Stag und Gillung, und eine Aufforderung lautete: Roll mich auf und sei mein Zeising. Meine Empörung war verschwendet; denn nach all meinen Vorhaltungen nannte Herr

Klaus Knöpfle seine Tat einen harmlosen Spaß und zog mich vor seine Schau- und Lehrtafel, wo er mir an der Takelage des Fünfmasters bewies, daß jeder Ausdruck, den er meinem Sittich beigebracht hatte, zum ehrwürdigen nautischen Vokabular gehörte. Dennoch war es mir nicht möglich, den Vogel zu behalten; das Verhalten der Schwestern sagte mir genug, schweren Herzens gab ich den Sittich in die Obhut meiner Lieblingsnichten.

Gern will ich einräumen, daß Herr Klaus Knöpfle sich auch mit sich selbst beschäftigen konnte, besonders bei Dauerregen. Er las dann, doch er bot nie das Bild eines Lesers, wie es unserer trauten Erfahrung entspricht: still und in sich gekehrt, der Welt entrückt und verschlagen in andere Zeit. Mein Mitbewohner las, wie ich noch niemals einen Menschen habe lesen sehen: ständig redete er mit, stimmte kräftig zu, gab Befehle, ächzte, warnte, hieb sich vor Freude auf die Schenkel – kurz gesagt, es war ein, ich muß es aus bestimmten Gründen anmerken, zutiefst beteiligtes Lesen. Verloren an die Geschehnisse, sah er sich in ihrem Zentrum und spielte mit. So vereitelte er selbst bei dieser Tätigkeit einen geruhsamen Gang der Gedanken und ließ mir keine andere Wahl, als mich in die Stille unseres Gemeinschaftsraums zu retten, den die meisten von uns benutzen, um über Brettspielen ein Nickerchen zu machen. Ich konnte nicht schlafen; verzagt und erregt, wie ich war, begann ich darüber nachzudenken, wie ich mich von meinem Mitbewohner trennen könnte.

Eine dreitägige Abwesenheit von Herrn Klaus Knöpfle – angeblich reiste er zum Begräbnis des ehemaligen Chefs aller Hilfskreuzer – ließ mich den ganzen Frieden des Alleinseins empfinden, und je intensiver ich jede Stunde genoß, desto unerträglicher wurde mir der Gedanke an seine Rückkehr. Ich wußte nicht, wie ich sie verhindern sollte. Was ich erwog, verwarf ich bald wieder, vor allem eine Beschwerde bei der Leitung unseres

Heims, bei der, das hatte Herr Harald Frunse mir beigebracht, mein Mitbewohner als persona grata galt (wegen seines allzeit fröhlichen und großzügigen Wesens). Mit gutem Grund nahm ich mir das Recht, in seinen Büchern zu lesen, die nahezu das ganze Gemeinschaftsbord besetzt hielten; schon die Titel hatten wenig Anziehendes: ›Seeteufel‹ hießen sie oder ›Auf Kaperfahrt‹ oder ›Wir segeln dem Teufel ein Ohr ab‹. Lediglich ein Roman – ›Lady Hamilton‹ – hätte mich allenfalls interessieren können.

Nach seiner Rückkehr von der angeblichen Begräbnisreise schien mit Herrn Klaus Knöpfle eine Veränderung vor sich gegangen zu sein; nicht, daß er sein dröhnendes Wesen oder seine Eßgewohnheiten abgelegt hätte; nicht, daß er sein Bedürfnis aufgegeben hätte, bei jeder Gelegenheit aufzutrumpfen; die Veränderung bestand darin, daß er beinahe allnächtlich laut träumte, im Traum Namen und Kommandos rief und Alarmsignale produzierte. Anfangs erschrak ich bei seinen Lärmausbrüchen und war mehrmals nahe daran, die Nachtschwester zu rufen, doch allmählich gelang es mir, sein stimmkräftiges Toben nicht nur zu ertragen, sondern auch zu analysieren und mir ein Bild davon zu machen, was mein Mitbewohner träumte. Ich erkannte, daß er von Träumen heimgesucht wurde, deren Inhalte sich glichen: immer kam ein feindlicher Dampfer in Sicht, immer wurden auf dem als Frachter getarnten Hilfskreuzer heimlich die Geschütze besetzt, und jedesmal gab mein Mitbewohner den Befehl zum Feuern – einige Male aber auch zum Abdrehen, wenn sich herausstellte, daß auch der Angegriffene über schwere Armierung verfügte. Ich möchte nicht zuviel sagen, doch was fast jede Nacht aus dem Nachbarbett zu mir herüberdrang, das waren Geräusche, die ein Kaperkrieg wohl mit sich bringt.

Der einzige, dem ich mein Herz auszuschütten wagte,

war Herr Harald Frunse, der sich, da er eines jeden Lebensgeschichte kannte, nicht überrascht zeigte. Er vertraute mir an, daß mein Mitbewohner tatsächlich an Bord eines Hilfskreuzers gewesen war, freilich nur für die Dauer einer Werfterprobungsfahrt, gerade die Weser abwärts und dann eben mal ein bißchen auf die Nordsee hinaus; im übrigen sei er Hersteller eines Trockengemüses gewesen, mit dem er erfolgreich die schweren Einheiten der Marine beliefert habe. Den Fall bilanzierend, stellte er mit geringschätzigem Lächeln fest: der Knöpfle, der will wohl im Traum nachholen, was ihm das Leben vorenthalten hat; vermutlich möchte er Graf Luckner sein und mit seinem »Seeadler« den Atlantik unsicher machen. Ich gebe zu, daß mir Herr Harald Frunse mit dieser Äußerung nicht nur einen Schlüssel zum tieferen Verständnis meines Bettnachbarn lieferte, sondern mir auch – gewiß unbeabsichtigt – einen Fingerzeig dafür gab, wie ich meine Lage erleichtern könnte; die entscheidende Entdeckung allerdings verdanke ich einem Zufall.

Als während eines geträumten Kaperkrieges der Lärm beängstigende Lautstärke annahm, trat ich an das Bett meines Mitbewohners, rüttelte ihn sanft, sprach beruhigend auf ihn ein, ohne jedoch eine gewünschte Wirkung zu erreichen. Einer plötzlichen Eingebung folgend, mit einer Schärfe, die dem Augenblick angemessen war, rief ich da den Namen: Graf Luckner! – und zu meiner Überraschung herrschte sogleich Stille, der Träumer schien zu lauschen, abzuwarten, offenbar erwartete er einen Befehl, und so befahl ich denn, was ich in einem seiner Bücher gelesen hatte: Feuer einstellen und abdrehen! Darauf entspannte sich Herr Klaus Knöpfle sichtlich, flüsterte deutlich: Jawohl, Herr Admiral, und wiederholte den Befehl: Feuer einstellen und abdrehen.

Diese Erfahrung gab mir zu denken, und ohne einstweilen einem Plan zu folgen, begnügte ich mich damit, gelegentlich in die lauten Träume meines Zimmergenossen einzugreifen; hörte die Störung der Nachtruhe nicht auf, so trat ich an sein Bett, befahl ihm, eine Nebelwand zu legen, das Feuer einzustellen, Flöße klarzumachen – wobei ich ihn bedacht Graf Luckner titulierte, zuweilen auch, wenn ich ihn belobigen wollte, »lieber Graf« sagte. Am Morgen seines einundachtzigsten Geburtstags – er lag seltsam verstört und versteift im Bett und schien über etwas zu rätseln – gratulierte ich ihm und schenkte ihm eine Flasche Wein (Domaine de Riberolles), die er so wenig beachtete, daß es einer Herausforderung gleichkam; da erlaubte ich mir die Bemerkung: Das letzte Gefecht hatte es wohl in sich, Graf Luckner. Er war nicht verwundert, sah mich nicht ratlos an, er nickte nur zustimmend und sagte: Wir hätten früher erkennen müssen, daß auch die »Cornwall« ein getarnter Hilfskreuzer war. Als die Heimleitung ihm die Geschenke schickte, die er sich gewünscht hatte – eine dunkelblaue Seglermütze und eine kurzstielige Shagpfeife –, wußte ich sofort, wer sich mit diesen Utensilien gern photographieren ließ, um einen Buchumschlag zu schmücken. Nicht wenig erstaunt war ich, als Herr Harald Frunse, übermütig, wie er es manchmal sein konnte, dem Jubilar mit den Worten gratulierte: »... denn man tau und noch viele glückhafte Unternehmungen, lieber Luckner«, und mein Mitbewohner darauf weder Abwehr noch Befremden oder auch nur einen Anflug von Belustigung zeigte; der Ausdruck seines Gesichts ließ erkennen, daß er mit der Anrede einverstanden war.

Damals ahnte ich noch nicht, zu welchem Ausweg mir diese Erfahrungen verhelfen konnten; sie methodisch, und das heißt planvoll, zu benutzen, beschloß ich am Tag des großen, vorpfingstlichen Reinemachens, bei dem in unserm Heim alles ans Licht gebracht wird, was sich im Laufe eines Jahres verkrümelt hat. Herr Klaus Knöpfle zog es vor, den Park zu durchkämmen, um Zuhörer für seine Reden zu finden; ich saß, mit Zustimmung der beiden Reinmachefrauen, auf meinem Bett und vertiefte mich in Abbildungen karolingischer Dokumente. Beim Abrücken des Schranks sprang die Tür auf, beim Verkanten rutschte der Inhalt des Schranks heraus, unter anderem mehrere übereinandergestapelte Schuhkartons, und als von einem Karton der Deckel absprang, war der Betretenheit kein Ende: Brötchen waren darin, trockene, steinharte Brötchen, die, daran gab es keinen Zweifel, vom Frühstückstisch stammten. Alle Kartons waren mit diesem Gebäck gefüllt, insgesamt wohl an die achtzig Brötchen, die die Frauen mit anklägerischer Entschiedenheit an sich nehmen wollten. Gutes Zureden und ein Trinkgeld bewog sie dann aber, die fatalen Fundstücke in die Kartons und die Kartons in den Schrank zurückzulegen. Die Frauen lächelten nur, als sie lasen, was in Blockbuchstaben auf jeden Deckel geschrieben war; ich aber wußte, was die Aufschrift: »Eiserner Proviant von F. G. L.« zu bedeuten hatte; denn längst kannte ich Luckners Vornamen.

Nun, da Gewißheit bestand, für wen sich mein Mitbewohner insgeheim hielt, entstand in mir der Plan, ihn methodisch in dieser Selbstverwechslung zu bestärken, ihn also konsequent mit dem entlehnten Titel anzureden – ernst im Zimmer, zwinkernd in der Öffentlichkeit. Er nahm es selbstverständlicher an, als ich erwartet hatte, nur selten gab es Augenblicke der Verdutztheit oder einer stirnrunzelnden Unsicherheit. Die andern Heiminsassen, immer auf Kurzweil und Unterhaltung aus, spielten bereitwillig mit und taten alles, um Herrn Klaus Knöpfle in seiner neuen Identität sicher werden zu lassen. In der Anrede, im Betragen, in der unermüdlichen Aufforderung, Seegeschichten zu erzählen, zeigten sie ihm, für wen sie ihn hielten, und er quittierte dies gelegentlich mit Dankbarkeit – einer Regung, die man bis dahin an ihm vermißt hatte. Herr Harald Frunse brachte es fertig, ihm eines Tages ein Photo des Hilfskreuzers »Seeadler« vorzulegen, mit der Bitte, es zu signieren; ohne zu zögern, unterschrieb er es mit dem Namen Felix Graf Luckner. Den Schwestern, die ausnahmslos von mir eingeweiht waren, machte es spürbar Freude, ihn mit seinem erträumten Titel anzusprechen; er schenkte ihnen eigenartige geknotete Gebilde, die er aus gewachster Schnur herstellte. Es braucht kaum erwähnt zu werden, welchen Namen er nannte, wenn er sich selbst neuen Heiminsassen vorstellte.

Nachdem ich mehrere Beweise dafür erhalten hatte, daß er, wenn ihn jemand mit Knöpfle ansprach, nicht einmal den Kopf hob, sich höchstens umwandte, als stehe der Gemeinte hinter ihm, beschloß ich, meinen Plan in die Tat umzusetzen. Der Schritt zur ersehnten Trennung konnte getan werden. Am Jahrestag der Skagerrakschlacht – er fiel diesmal auf einen Sonntag – überredete ich ihn in aller Frühe, mit mir zusammen in den Hafen, nach Altona zu fahren, um dem Schiffsmuseum einen Besuch abzustatten. Das mußte heimlich geschehen, denn die Direktion duldete keine unangemeldete Entfernung aus dem Heim. Herr Klaus Knöpfle, von der Aussicht beflügelt, die Planken von Schiffsveteranen zu betreten, stimmte spontan zu, und gemächlich, doch zielbewußt strebten wir bei aufgehender Maisonne zur S-Bahn-Station. Da mein Mitbewohner aus der kleinen Stadt Esens stammte und deshalb mit den Verkehrseinrichtungen einer Großstadt nicht vertraut war, übernahm ich es, aus dem Automaten, der nicht geringe kombinatorische Ansprüche stellte, die Fahrkarten zu ziehen (Umsteiger St. Pauli Landungsbrücken).

Planvoll lenkte ich unsere Schritte zum Hafen hinunter, genauer: zum Fischmarkt, wo bereits das allen bekannte Gewoge und Gedränge herrschte, der übliche Menschenauflauf vor den seltsamsten Angeboten. Mein Zimmergenosse amüsierte sich über die Ausrufer, erlebte zum ersten Mal Schnellversteigerungen von Bananen und Aalen, konnte sich nicht sattsehen an lebendem und totem Inventar. Ich führte ihn zu einem umlagerten Frischfischverkäufer, dem eine Meerkatze auf der Schulter saß und der bei jedem Handel das possierliche Tier fragte, ob er seine Ware so billig abgeben dürfe; allemal klatschte das Äffchen zum Zeichen des Einverständnisses. Unter dem Vorwand, eine Toilette aufsuchen zu müssen, bat ich ihn, beim Frischfischverkäufer auf mich zu warten, und entfernte mich; ich drängte mich durch das Gewimmel, stieg zur Hafenstraße hinauf und bezog Posten hinter einer abgestellten fahrbaren Baubude. Nach kurzer Orientierung hatte ich meinen Mitbewohner wiederentdeckt. Er stand und harrte aus; sein Vertrauen in meine Rückkehr ließ bereits ein Gefühl des Mitleids mit ihm aufkommen, da beendete der Frischfischverkäufer sein Geschäft, und Herr Klaus Knöpfle wurde vom Strom der Besucher fortgetragen.

Einmal glaubte ich, ihn in einem Gespräch mit zwei Matrosen zu erkennen, ein andermal war es mir, als bugsierten ein paar taumelnde Gestalten ihn in eine Kneipe; jedenfalls kam er mir planmäßig abhanden, und ich trat die Heimfahrt mit dem Gedanken an, den Bettnachbarn, der mir soviel Ungemach bereitet hatte, auf stille und gewaltlose Art losgeworden zu sein.

Offenbar hatte mein Plan, den ich hiermit aufdecken möchte, Erfolg: eine Woche ist vergangen, und Herr Klaus Knöpfle ist nicht zurückgekehrt. Die Erklärung lautet, daß nirgendwo, etwa auf telefonische Anfrage, ein Graf Luckner vermißt wird und daß andererseits er, der sich so nennt, bei allen, die sich mit ihm abgeben, auf

Nachsicht und Unglauben stößt. Mir ist nicht bekannt, wo sich mein Mitbewohner derzeit aufhält, wer sich um ihn kümmert und wem es obliegt, die Sachen abzuholen, die er hier zurückgelassen hat.

Fern davon, meine Tat zu verharmlosen, möchte ich zu Protokoll geben, daß ich die Methode der Trennung bedaure. Schlaflos seit acht Tagen, möchte ich ebenfalls erwähnen, daß ich viel in den Büchern gelesen habe, die meinem Mitbewohner gehören; mein Verständnis für ihn ist gewachsen. Wie immer Ihr Urteil ausfallen wird: von mildernden Umständen bitte ich, wie gesagt, abzusehen. Meine Adresse ersehen Sie aus dem Briefkopf. Ich zeichne mit Hochachtung

Admiral Nelson, im 87. Lebensjahr

Anna Gavalda

The Opel touch

Wenn Sie mich jetzt sehen, gehe ich die Rue Eugène-Gonon entlang.

Ein ganzes Programm.

Was, ohne Witz? Sie kennen die Rue Eugène-Gonon nicht? Wollen Sie mich auf den Arm nehmen?

Die Rue Eugène-Gonon ist eine Straße voller Vorstadthäuschen mit winzigen Rasenflächen und schmiedeeisernen Markisen. Die berühmte Rue Eugène-Gonon von Melun.

Klar doch! Das kennen Sie, Melun – mit seinem Gefängnis, seinem Brie, dem es nicht schaden würde, wenn er ein bißchen bekannter wäre, und seinen Zugunglücken.

Melun.

Sechste Zone der Pariser Monatskarte.

Mehrmals täglich gehe ich die Rue Eugène-Gonon entlang. Viermal insgesamt.

Auf dem Weg zur Uni, auf dem Weg zurück, dazwischen Mittagessen, auf dem Weg zur Uni, auf dem Weg zurück.

Am Ende des Tages bin ich fix und fertig.

Sicher, es sieht nicht so aus, aber man muß es sich nur mal vorstellen. Viermal täglich die Rue Eugène-Gonon entlanglaufen auf dem Weg zur juristischen Fakultät, um zehn Jahre lang Prüfungen abzulegen, um einen Beruf auszuüben, auf den man keine Lust hat – Jahre mit dem Bürgerlichen Gesetzbuch, dem Strafrecht, Vorlesungsskripten, Artikeln, Paragraphen, Fachzeitschriften und was weiß ich, was nicht noch alles. Und das Ganze, halten Sie sich gut fest, für einen Beruf, der mich schon jetzt langweilt.

Seien Sie ehrlich. Das reicht dicke, um am Ende des Tages fix und fertig zu sein.

Und jetzt, wenn Sie mich jetzt also sehen, bin ich auf meiner dritten Etappe. Ich habe zu Mittag gegessen und bewege mich entschlossen auf die juristische Fakultät von Melun zu, jippi. Ich zünde mir eine Zigarette an. Okay, sage ich mir, das ist die letzte.

Ganz leise fange ich an zu kichern. Wenn es nicht schon zum tausendsten Mal die letzte für dieses Jahr ist.

Ich gehe an den kleinen Vorstadthäusern entlang. *Villa Marie-Thérèse, Ma Félicité, Doux Nid.* Es ist Frühling, und ich werde allmählich ernsthaft depressiv. Keine großen Geschosse: Krokodilstränen, Apotheke, nichts mehr essen und so, nein.

Eher wie dieser Weg durch die Rue Eugène-Gonon, viermal am Tag. Es laugt mich aus. Begreife, wer kann.

Ich seh nicht ganz den Zusammenhang mit dem Frühling.

Warte. Der Frühling, die kleinen Vögel, die sich zwischen den Knospen der Pappeln zanken. Die Nacht, die Kater, die einen Höllenlärm veranstalten, die Enteriche, die auf der Seine hinter den Entenweibchen herjagen, und dann noch die Verliebten. Sag nicht, daß du die Verliebten nicht siehst, die sind überall. Küsse, die kein Ende nehmen wollen, mit viel Spucke, Knüppel in den Jeans, Hände, die auf Entdeckungsreise gehen, und die besetzten Bänke. Das macht mich verrückt.

Das macht mich verrückt. Mehr nicht.

Bist du eifersüchtig? Hast du Entzugserscheinungen?

Ich? Eifersüchtig? Entzugserscheinungen? Neineinneinein, also – das meinst du nicht ernst.

(...)

Pffffff, völliger Schwachsinn. Fehlt gerade noch, daß ich eifersüchtig bin auf diese Armleuchter, die alle Welt mit ihrer Gier ermüden. Völliger Schwachsinn.

(...)

Klar bin ich eifersüchtig!!! Sieht man das etwa nicht? Brauchst du ne Brille? Siehst du nicht, wie eifersüchtig ich bin? Daß ich daran zugrunde gehe? Siehst du nicht, daß ich auf Liiiiiiiiiiieeeeeebesentzug bin?

Siehst du das nicht? Na ja, ich frage mich, was du überhaupt siehst.

Ich sehe aus wie eine Figur von Bretécher: ein Mädchen auf einer Bank mit einem Schild um den Hals: »Ich will Liebe« und Tränen, die wie zwei Quellen aus beiden Augenwinkeln schießen. Ich sehe mich vor mir. Was für ein Bild.

O nein, jetzt bin ich nicht länger in der Rue Eugène-Gonon (ich habe schließlich meinen Stolz), ich bin bei Pramod.

Sich Pramod vorzustellen ist nicht schwer, Pramod gibt's überall. Ein Kaufhaus mit Billigklamotten mittlerer oder sagen wir passabler Qualität, sonst riskiere ich, hier rauszufliegen.

Pramod, das ist mein Job, mein Kleingeld, meine Zigaretten, meine Espressos, meine nächtlichen Ausflüge, meine eleganten Dessous, mein Guerlain, meine Schwäche für Rouge, meine Taschenbücher, meine Kinobesuche. Eben alles.

Ich hasse es, bei Pramod zu arbeiten, aber ohne Pramod? Trage ich Gemey, das für vier neunzig stinkt, leihe mir im Club Melun Videofilme und schreibe den letzten Jim Harrison auf die Empfehlungsliste der städtischen Bibliothek? Nein, lieber verrecken. Lieber bei Pramod malochen.

Und wenn ich genauer darüber nachdenke, dann zieh ich mir lieber die Dampfwalzen rein als den Fettgeruch bei McDonald's.

Das Problem sind meine Kollegen. Sie werden sagen, aber Mädchen, das Problem sind immer die Kollegen.

Okay, aber kennen Sie etwa Marilyne Marchandize? (Ohne Witz, das ist die Filialleiterin vom Pramod im Zentrum von Melun. Und sie heißt Marchandize – O Schicksal.)

Nein, natürlich kennen Sie sie nicht, und dabei ist sie *die* Filialleiterin aller Pramods in Frankreich. Und ordinär noch dazu, ordinär.

Ich kann es Ihnen gar nicht sagen. Es ist nicht so sehr ihr Auftreten, obwohl – ihre schwarzen Haare am Ansatz und ihr Handy an der Hüfte, das bringt mich um. Nein, es ist eher eine Sache des Herzens.

Ein ordinäres Herz ist etwas Unsägliches.

Sehen Sie sie an, wie sie mit ihren Angestellten spricht. Völlig daneben. Die Oberlippe hochgezogen, sie findet uns sicher soooooowas von blöd, aber auch sooowas von blöd. Bei mir ist es am schlimmsten, ich bin die Studierte. Die weniger Rechtschreibfehler macht als sie, und das, das bringt sie echt auf die Palme.

»Das Geschäft ist vom 1. bis 15. August geschloßen.«

Moment mal, meine Liebe, da gibt's ein Problem.

Hat man dir nie beigebracht, das Wort laut vor dich hinzusprechen? In deinem kleinen gebleichten Kopf sprichst du's dir vor: »schließen – geschlossen«. Da siehst du's. Das ist nicht kompliziert, lange und kurze Vokale nennt man das! Ist das nicht toll!?

O je, dieser Blick. Jetzt schreibt sie ihr Schild noch mal neu:

»Schließung des Geschäfts vom 1. bis 15. August.« Ich jubiliere.

Während sie mit mir spricht, bleibt ihre Lippe am Platz, aber das kostet sie einiges.

Doch abgesehen von der Energie, die es mich kostet, die Leiterin anzuleiten, schlage ich mich tapfer.

Geben Sie mir eine x-beliebige Kundin, und ich kleide sie von Kopf bis Fuß ein. Die Accessoires nicht zu vergessen. Warum? Ich schaue sie mir an. Bevor ich sie berate, schaue ich sie mir an. Ich schaue mir gerne Leute an. Vor allem Frauen.

Sogar die häßlichsten haben noch was. Und sei es nur der Wunsch, hübsch zu sein.

»Marianne, ich glaub, ich seh nicht recht, die Bodys für den Sommer liegen noch im Lager. Die könnte man vielleicht mal rausholen.«

Man muß ihnen aber auch alles sagen, das darf doch nicht wahr sein!

Wir sind ja schon dabei. Trotzdem.

Ich will Liebe.

Samstagabend, *ze saturday night fever.*

Das Milton ist der Saloon der Cowboys von Melun. Ich bin mit meinen Freundinnen unterwegs.

Zum Glück gibt es sie. Sie sind lieb, sie lachen laut, und sie kippen nicht gleich beim ersten Glas um.

Ich höre das Knirschen der GTIs auf dem Parkplatz, das Töf töf töf der zu kleinen Harleys und das Klackern der Zippos. Als Willkommenstrunk servieren sie uns einen viel zu süßen Cocktail, haben wahrscheinlich ein Maximum an Sirup reingekippt, um am Sekt zu sparen, und außerdem, das ist bekannt, Mädchen lieben Sirup. Was mach ich hier bloß, frag ich mich? Ich bin total genervt. Meine Augen brennen. Zum Glück trage ich Kontaktlinsen, bei dem Rauch muß das als Erklärung herhalten.

»Hallo Marianne, alles in Ordnung?« fragt mich eine Zicke, die in meiner Abiturklasse war.

»Hallo!« *Und los geht's, vier Küßchen.* »Alles in Ordnung. Schön, dich mal wieder zu sehen, nach so langer Zeit. Wo bist du denn abgeblieben?«

»Haben's dir die anderen nicht erzählt? Ich war in den *States,* du wirst es nicht glauben, affengeil. L. A., eine Hütte, du kannst es dir nicht vorstellen. Schwimmbad, Jacuzzi, Superblick aufs Meer. He, der totale Knüller bei mega-coolen Leuten, keinen verklemmten Amis, weißt du. O no, total irre.«

Sie schüttelt ihre kalifornischen Strähnchen, um ihr übergroßes Fernweh zu demonstrieren.

»Hast du auch George Clooney getroffen?«

»He, warum sagst du das?«

»Ach, nichts. Ich hatte nur gedacht, du hättest vielleicht noch George Clooney getroffen, sonst nix.«

»Du bist ja mies drauf«, schlußfolgert sie, bevor sie sich verzieht und ihren Au-pair-Vertrag vor argloseren Seelen abspult.

He, sehen Sie nur, wer da kommt. Buffalo Bill, könnte man meinen.

Ein ziemlich hagerer Typ mit vorspringendem Adamsapfel und gepflegtem Spitzbärtchen – total mein Ding – nähert sich meinen Brüsten und versucht, mit ihnen in Kontakt zu kommen.

Der Typ: Haben wir uns nicht schon mal irgendwo gesehen?

Meine Brüste: …

Der Typ: Aber na klar! Jetzt weiß ich's wieder, warst du nicht an Halloween im Garage?

Meine Brüste: …

Der Typ, der sich nicht entmutigen läßt: Bist du Französin? *Do you understand mi?*

Meine Brüste: …

Mit einem Mal hebt Buffalo den Kopf. Ach, nee, hast du gesehen? Ich habe auch ein Gesicht.

Er kratzt sich am Bart als Zeichen der Enttäuschung (ritsch ritsch ritsch) und scheint tief in Gedanken versunken.

From where are you from?

Wwwwaaauuu Buffalo! You speak the grand canyon!

Ich bin aus Melun, 4, Place de la Gare, und ich sag's dir lieber gleich, ich habe in meinem BH kein Funkgerät versteckt.

Ritsch ritsch …

Ich muß an die frische Luft, ich sehe nichts mehr, verflucht, diese Scheißlinsen.

Und außerdem, Mädchen, wie redest du denn?

Ich stehe vor dem Milton, mir ist kalt, ich heule wie ein Schloßhund, ich möchte überall sein, nur nicht hier, ich frage mich außerdem, wie ich nach Hause komme, ich betrachte die Sterne, es gibt nicht mal welche. Ich heule noch mehr.

In solchen Fällen, wenn die Situation total ausweglos scheint, ist das Klügste, was ich machen kann – meine Schwester.

Ring rriiiinng riiinng

»Hallo« (verschlafene Stimme).

»Hallo, hier ist Marianne.«
»Wie spät ist es denn? Wo bist du?« (genervt)
»Ich bin im Milton, kannst du mich abholen?«
»Was ist los? Was ist passiert?« (beunruhigt)
Ich wiederhole:
»Kannst du mich abholen?«

Lichthupe am anderen Ende vom Parkplatz.

»Komm steig ein, Große«, sagt meine Schwester.
»Du bist ja in Großmutters Nachthemd!!!«
»Na ja, ich hab mich beeilt, wie du siehst!«
»Du bist in Omas durchsichtigem Nachthemd zum Milton gekommen!« sage ich und pruste los.
»Erstens werde ich kaum so aus dem Auto steigen, zweitens ist es nicht durchsichtig, sondern durchbrochen, hat man dir das bei Pramod nicht beigebracht?«
»Und wenn dir das Benzin ausgeht? Ganz abgesehen davon, daß in diesem Viertel bestimmt noch ein paar ehemalige Verehrer herumlaufen.«
»Wo denn? Zeig mal.« (interessiert)
»Da, ist das nicht zufällig die ›Teflonpfanne‹?«
»Rück mal ein Stück. O ja! Du hast recht. Mein Gott ist der häßlich, der ist ja noch häßlicher als früher. Was fährt er denn jetzt für ne Kiste?«
»Einen Opel.«
»Aha, ich seh schon, ›The Opel touch‹ steht auf der Heckscheibe.«
Sie sieht mich an, wir lachen uns halbtot. Wir sind zusammen und lachen uns halbtot:
1. über die guten alten Zeiten
2. über die »Teflonpfanne« (weil der nie haften blieb)
3. über seinen aufgemotzten Opel
4. über sein Lenkrad mit Perücke
5. über seine Lederjacke, die er nur am Wochenende

anhat, und über die tadellose Bügelfalte seiner Levi's 501, die seine Mutter so gut hinkriegt, weil sie entsprechend fest aufs Bügeleisen drückt.

Das tut gut.

Meine Schwester mit ihrer spießigen Kiste läßt auf dem Parkplatz vom Milton die Reifen quietschen, Gesichter drehen sich um, sie sagt: »Jojo wird mir einen Anschiß verpassen, davon gehen sie kaputt.«

Sie lacht. Ich nehme meine Kontaktlinsen raus und lege den Sitz nach hinten um.

Auf Zehenspitzen betreten wir die Wohnung, Jojo und die Kinder schlafen schon.

Meine Schwester macht mir einen Gin Tonic ohne Schweppes und sagt:

»Na, wo drückt der Schuh?«

Und ich erzähle es ihr. Ohne allzugroße Hoffnung, denn meine Schwester ist eine ziemliche Niete als Psychologin.

Ich erzähle ihr, daß mein Herz ein großer leerer Beutel ist, der Beutel ist ziemlich elastisch, ein ganzer Souk würde da reinpassen, und dabei ist nichts drin.

Ich rede von einem richtigen Beutel, nicht von diesen erbärmlichen Plastiktüten aus den Supermärkten, die ständig reißen, nein. Mein Beutel – so wie ich ihn mir zumindest vorstelle – erinnert mehr an die riesigen blauweißgestreiften Dinger, die die dicken schwarzen Mamis in Barbès auf dem Kopf tragen.

»O Kacke, ich seh schon – wir sitzen mittendrin«, sagt meine Schwester und schenkt noch einmal nach.

Christopher Kloeble

Wenn es klopft

Klopfen. In den frühen Abendstunden eines trüben Novembertages hörte ich vergangenes Jahr zum ersten Mal das schnelle, harte Pochen an meiner Tür; obwohl die Klingel, soweit ich wusste, tadellos funktionierte. Der Postbote hatte längst seine Runde gemacht und Freunde, die nach Feierabend auf ein Glas Wein vorbeischauten, konnte ich getrost ausschließen, immerhin lebte ich erst seit ein paar Monaten in Leipzig. Einquartiert hatte ich mich in einer übersichtlichen, dafür günstigen Altbauwohnung mit Nordbalkon im Zentrum des studentischen Viertels. Ich misstraute der Südvorstadt, wegen ihrer Umtriebigkeit; bevor ich mich abends hinlegte, sah ich immer noch eine Weile aus dem Fenster und konnte draußen grölende und lachende Gestalten beobachten, denen es offensichtlich gleichgültig war, ob sie jemanden aus dem Schlaf rissen. Die geringe Distanz, eine Folge der Umtriebigkeit, führte mitunter dazu, dass die dürre Frau an der Kasse des Supermarkts mich fragte, ob es bereits derart kalt sei, als ich an einem durchaus schattigen Nachmittag im Spätsommer, eingepackt in Mütze, Schal und Mantel, den Laden betrat – ich wusste in solchen Situationen nie, was antworten, bemühte ein Lächeln und ging. Die Verschwiegenheit des Kellners im vietnamesischen Restaurant, der mit Gästen fast ausschließlich per Kopfnicken oder Kopfschütteln kommunizierte, zog ich vor. Auch weil er, wenn ich den günstigen »Unideal« (gebratenen Reis mit Gemüse und Hühnerfleisch) bestellte, nie nach meinem Studentenausweis fragte, der längst abgelaufen war. Elf Semester Geisteswissenschaft ohne Abschluss hatten mich auf direktem Weg ins Jobcenter geführt, wo es einer hartnäckigen Dame gelungen war, mir eine Anstellung in einem Zwischenlager der Post in Leipzig aufzudrängen, indem sie abwechselnd immer wieder mein Alter (zweiunddreißig) und meine beruflichen Erfahrungen (keine) betonte. So trat ich meinen ersten Arbeitstag an, in dem Glauben, das sei nur eine vorübergehende Lösung, ein Gelegenheitsjob. Und als ein solcher stellte er sich auch heraus. Jedenfalls für meine stets wechselnden Kollegen. Was mich hingegen betraf, ich blieb. Abgesehen von den Mittagspausen, in denen sich manche über die Eigenarten ihrer heranwachsenden Kinder austauschten, war ich vorwiegend allein, archivierte Postsendungen in allen Größenordnungen und kurvte mit dem Gabelstapler durch eine Lagerhalle, deren Ausmaße an ein Stadion erinnerten. So oft wie möglich übernahm ich die Spätschicht und streifte zwischen meterhohen Regalen umher, erkundete neue Schleichwege und genoss die nächtliche Stille, die einzig Raum für meine hallenden Schritte bot. Eine willkommene Dosis Ruhe; sie half mir, den Tag zu überstehen. Wollte ich meine Wohnung verlassen, horchte ich jedes Mal, ob sich jemand im Treppenhaus aufhielt, schlüpfte, falls die Luft rein war, rasch durch die Tür, warf sie hinter mir zu, drehte den Schlüssel zweimal um und lief dann die Treppe hinunter; hielt ich mich in der Wohnung auf, verriegelte ich zu jeder Tages- und Nachtzeit die Tür. Schon während meines Studiums war ich grundsätzlich eine halbe Stunde vor Vorlesungsbeginn erschienen, um einen Platz am Rand in der hintersten Reihe zu ergattern, damit ich den ungelenken Bewegungen der Kommilitonen entging, die mit ihren Ellbogen und Knien nicht wussten, wohin; Wohngemeinschaften, ein Nährboden für allerlei Auseinandersetzungen mit Fremden, waren mir eine beunruhigende Vorstellung, Zugfahrten, insbesondere zur betriebsamen Weihnachtszeit, ein Gräuel, und von Clubs, mit ihrer im Dunkel zappelnden Masse Angetrunkener, hielt ich mich tunlichst fern. Die Menschen machten es einem nicht leicht, sie zu mögen, vor allem solche, die nicht zurücklächelten, die über einen sprachen, so, wie man über jemanden spricht, der nicht hören soll, was man sagt, aber hören soll, dass man etwas über ihn sagt, deren starrende Blicke einen unvermittelt trafen, die einen anrempelten und sich nicht dafür entschuldigten, oder die direkt hinter einem in der Schlange standen, einem in den Nacken husteten, ins Ohr lachten, auf die Ferse traten. Die unerwartet an die Tür klopften.

Um siebzehn Uhr vier, als es dämmerte, Kindergebrüll im Innenhof ertönte und ich gerade im Begriff war, den ›Leutnant Gustl‹ aufzuschlagen, deuteten alle Kanten im Zimmer auf mich und ließen mich rätseln, wer auf die Idee gekommen sein mochte, mir spontan einen Besuch abzustatten. Ein Arbeitskollege? Der stumme Vietnamese? Die dürre Kassiererin?

Ich legte das Buch beiseite, ging in den Flur und berührte die Tür mit der Hand, als könnte ich sie so beruhigen und dem Klopfen Einhalt gebieten, und ärgerte mich, dass ich mir nicht schon längst einen Türspion hatte einbauen lassen.

Es klopfte erneut.

»Wer ist da?«, rief ich.

Eine erregte, weibliche Stimme antwortete: »Ich!«

Der hilflose Klang dieses Wortes machte mir Mut; ich öffnete die Schlösser, zog die Tür auf, und vor mir erschien eine füllige Frau im Jogginganzug, die einen sonderbaren Hut trug, der sich bei näherer Betrachtung als ihr gerauftes Haar herausstellte. Sofort machte sie einen fordernden Schritt auf mich zu und redete auf mich ein.

Größtes Unglück sprach ihr aus jeder Pore; man hatte ihren Hund überfahren, dachte ich, ihre Wohnung ausgeräumt oder ihren Mann entführt.

Als sie geendet hatte, sah sie mich ungeduldig an.

Ich verschränkte die Hände ineinander, entschuldigte mich für meine mangelnde Aufmerksamkeit, sprach von Kopfschmerzen, das Wetter, Sie verstehen?

Schmunzeln umspielte ihre Lippen.

Ein wenig wich meine Aufregung, und ich bat sie, noch einmal von vorn zu beginnen.

Darauf nickte sie und erklärte mir erneut, sie habe sich ausgeschlossen und wolle kurz telefonieren.

Ich war froh, ich war erleichtert. Ich hatte ein Telefon, gleich hier im Flur. Der Weg war nicht weit.

Nachdem sie eine Nummer gewählt hatte, überlegte sie es sich anders, ließ den Hörer sinken, ergriff meine Hand und drückte sie fest.

»Dignich«, sagte sie erfreut.

Ich stellte mich ebenfalls vor, worauf sie mich mit einem kurzen Lacher, einem *Ha!*, losließ und den Schlüsseldienst rief. Frau Dignich wollte, wie sie mir nach dem Telefonat erläuterte, nicht ihre Tochter Mari wecken, mit der sie vor Kurzem in die Wohnung über mir gezogen war. Obwohl es ein Leichtes gewesen wäre, Mari klingelnd aus dem Bett zu werfen, um sich die Kosten für den Schlüsseldienst zu sparen.

»Kinder brauchen ihren Schlaf«, sagte Frau Dignich wie selbstverständlich; in ihrem Blick lag etwas beunruhigend Liebevolles. »Gehört zu meinen obersten Prinzipien«, fügte sie ernst hinzu.

Wiederholte sich in den darauffolgenden Tagen pünktlich um achtzehn Uhr dreißig das schnelle und harte Klopfen, war es mit hoher Wahrscheinlichkeit Frau Dignich, die mit dampfender Spinatlasagne, selbst gebackenem Brot, einem gegrillten Hühnchen, Bohneneintopf oder Käsekuchen aufwartete. *Klopfen* bedeutete *Essen.* Selten hatte ich so gut und reichlich gegessen; es war mir unangenehm, mit welcher Großzügigkeit sie mich versorgte, aber ich lehnte ja auch keine Mahlzeit ab, die meine Mutter zubereitete; es hätte sie verletzt. Frau Dignich ließ keine Gelegenheit aus zu beteuern, ich hätte mir jede einzelne Gabel ihrer Gerichte redlich verdient. Dass sie sich allerdings bereits mit einer einzigen Verköstigung revanchiert hatte, wussten wir beide. Es gefiel ihr! Und es gefiel ihr, dass es mir gefiel. Und vielleicht bedauerte sie mich ein wenig, den – aus ihrer Sicht – jungen Mann, der seinen Körper mit einer Überdosis von fettigen Döner und scharfen asiatischen Gewürzen zugrunde richtete.

Gewiss wäre sie weniger anhänglich gewesen, wenn sie mehr über mich erfahren hätte; einzig, dass ich studiert hatte und nun bei der Post arbeitete, erzählte ich ihr. Sie dagegen gab nicht einmal preis, wovon sie die Miete zahlte oder weshalb sich Maris Vater nie blicken ließ. Vermutlich scheute sie wie ich diesen unsympathischen Aspekt des Lebens, für den es kaum eine passendere Bezeichnung gibt als »Lebenslauf«; das Leben läuft, ohne abzubremsen oder zu pausieren, im Gegenteil, mit der Zeit erhöht es sein Tempo sogar noch, es eilt mit enormer Geschwindigkeit und nicht selten auch davon. Frau Dignichs äußeres Erscheinungsbild war dafür das beste Beispiel. Nicht zuletzt wegen ihrer unerquicklichen Aura beschränkte sich unsere Bekanntschaft auf die kurzen Treffen an der Türschwelle. Sie brachte mir Essen und ich ihr Geschirr. Diese nachbarschaftliche Beziehung auszubauen, mit einem gemeinsamen Abend, einem Film von der Videothek, zwei Menschen, die sich ihre Sorgen vortrugen – darauf verzichteten wir. Keinen Gedanken verschwendete ich daran, dass Frau Dignich so etwas wie eine Ersatzmutter für mich sein könnte. Und mehr als ein Ersatzesser wollte ich nicht sein.

Doch Frau Dignich blieb unermüdlich. Selbst nach einem Monat hieß es weiterhin: Klopfen – Wiener Schnitzel. Klopfen – gefüllte Paprika. Klopfen – Fischstäbchen. Sie briet und kochte und buk, und ich kaute und schluckte und kam mir vor wie Hänsel, bis ich Mitte Dezember, wie immer um halb sieben, die Tür öffnete und soeben darauf hinweisen wollte, dass beim Würzen der Tomatensoße nächstes Mal zu überlegen wäre, ob etwas weniger Oregano dem Geschmack dienlicher sei, als mit einem Mal Mari vor mir stand. Sie umklammerte eine ausladende Schüssel Vanillepudding, von der ich mich das ganze Wochenende über würde ernähren können, und entschuldigte nuschelnd ihre Mutter, die bereits unterwegs zur Arbeit sei.

Ich betrachtete sie und dachte, dass man sehr gut daran tat, wenn man Mari weiterschlafen ließ und den Schlüsseldienst rief, falls man sich ausgeschlossen hatte. Türkisgrüne Jeans, ein bis zum vierten Knopf geöffnetes, rotes Hemd und ein ins Weiß gehender, himmelblauer Schal, der sich wie eine Schlange mehrmals um ihren schmalen Hals geschlungen hatte, bildeten den Grundton, während verschiedene glitzernde Accessoires, darunter eine Rosenbrosche, der Gürtel und die Schnürsenkel, die nötigen Akzente setzten. Ihre Kleidung war so leuchtend provokant wie jedes liebevoll verpackte Weihnachtsgeschenk – es auszupacken ein unvermeidbarer Gedanke. Ihre Haare schwarz, von braunen Strähnen durchzogen, glatt und schulterlang. Augenbrauen wie Lippen feinste Linien. So andächtig der Schatten der Wangenknochen. Eine hochmütige Nase, spitz und klein. In ihre Augen geträufelt die Perfektion des Kecken, grün, manchmal blau, dann doch wieder grün. Und die Zähne blank, von bestechendem, unwirklichem Weiß.

Ich sagte »Vielen Dank«, nahm die Puddingschüssel entgegen, sah ihr in die Augen, sagte: »Vielen Dank!« Und schloss die Tür.

Und dann dachte ich, dass ich noch etwas hätte hinzufügen sollen, etwas Originelles, Freches, mit einem Schuss Welthaltigkeit.

Es klopfte.

Ich öffnete sofort.

Mari lächelte. »Lust, mir bei den Hausaufgaben zu helfen?«

»Wie alt bist du?«, wollte ich wissen und fragte: »Vorbereitung fürs Abitur?«

Viele Leute hielten sie für so alt, gluckste sie.

Nachdem wir ein paar Minuten zwischen Tür und Angel über ›Effi Briest‹ genörgelt hatten, womit das Thema abgehakt war, fragte Mari nach etwas zu trinken, und ich bot ihr Apfelsaft an.

Sie zog eine Augenbraue hoch. »Wein?«

Erfreulicherweise hatte Feinkost Yüksel in der nächsten Querstraße noch geöffnet. Als ich außer Atem mit zwei Flaschen Rotwein in die Wohnung zurückkehrte, saß sie auf meinem Sofa, die Beine angezogen und mit den Armen umschlungen und wiegte sich vor und zurück, legte den Kopf schief und blinzelte mich neckisch lächelnd an.

Woher war das Mädchen gekommen? Wer hatte es geformt? Sicher nicht meine Nachbarin, eine Frau namens Dignich, herzlich und gemütlich, und wenig mehr. Wem hatte sie dieses Mädchen gestohlen? Es gab kaum Anhaltspunkte für eine Verwandtschaft; sie lebten zusammen, Mari nannte Frau Dignich Mutter und sie trug die Klamotten, die Frau Dignich bezahlte. Ansonsten aber sprachen alle Indizien dagegen, dass Mari Frau Dignichs Tochter war. Zuallererst Maris schlanker, zarter Körper. Und die Spritzigkeit. Und ihre Kunst, sich zu bewegen, jedes Hoseumkrempeln, Glasnehmen, Blinzeln ein inszeniertes Ereignis. Und nicht zuletzt ihre Lebensfreude – furchtbares Pathos, ja, aber nie zuvor bin ich jemandem begegnet, der das Kindesalter überschritten hat und mit Leidenschaft beschreibt, wie er ein Glas Pesto im Supermarkt gesucht, sich die Ohren geputzt, einen Schneeball geworfen hat, dass man miteifern möchte ... wie genau war das noch mal mit dem Pesto, den Ohren, dem Schneeball, sag schon, wie?

Später am Abend griente sie mit vom Bordeaux lila gefärbten Lippen und meinte: »Du bist echt zum Schießen«, was uns herumrätseln ließ, woher dieser Ausdruck eigentlich stammte. Ich war für die Jagd, sie für die Fotografie. Bevor wir uns jedoch einigen konnten, stellte sie ihr Glas ab und wollte wissen, wie meine Entjungferung »abgelaufen« sei.

Ich räusperte mich und bot ihr an nachzuschenken.

Sie lehnte sich vor, stützte die Fäuste unter ihr Kinn und behauptete, es sei mir peinlich.

Also erfand ich eine Entjungferung, hielt mich an das, was man schon tausendfach geschildert bekommen hat, und brachte sie zum Lachen, und Mari erzählte von ihrer und brachte mich zum Träumen. Warum ich mich damit begnügen musste, Pakete und Päckchen zu stapeln, begründete ich mit der weltweiten Finanzkrise und der sich daraus ergebenden Arbeitslosigkeit. Heftig nickend bekundete sie ihre Anteilnahme und schimpfte auf die USA und die Christdemokraten. Ihre Sympathie für Gregor Gysi war unverhohlen und vermutlich auf Meinungsinjektionen ihrer Mutter zurückzuführen. (Frau Dignich rutschte bei unseren knappen Wortwechseln gerne eine sozialistische Phrase heraus.) Angenehmerweise entfernte sich Mari bald wieder von Gysi, sah mich mit zusammengekniffenen Augen abschätzend an und fragte: »Bist du mit jemandem zusammen?«

Es fiel mir nicht leicht, aber ich schmunzelte, so gut es ging, lehnte mich möglichst selbstsicher zurück, als hätte ich viel zu verbergen, und fragte, ob sie denn einen Freund habe.

»Vielleicht.«

In diesen zwei Silben schwang ein derart provokanter und amüsierter Unterton mit, dass kein Zweifel bestand. Sie war mit niemandem zusammen oder – kein erheblicher Unterschied – war mit jemandem zusammen, der ihr nichts bedeutete, eine Alle-haben-einen-Freund-also-muss-ich-auch-einen-haben-Beziehung.

Worüber sprachen wir noch? Über vieles, und über kaum etwas von Bedeutung. Am Ende brachte ich sie zur Tür, vergewisserte mich, dass niemand im Treppenhaus war, und verabschiedete mich von ihr. Mari wisperte: »Danke für die Nachhilfe, Herr Lehrer«, und lief, ohne sich noch einmal umzudrehen, hinauf.

Ich sah auf meine Armbanduhr; drei Stunden waren vergangen. Mit einem Lächeln schnippte ich einen Fussel von meinem Pullover, nickte und betrachtete gedankenverloren und ein wenig stolz meine Füße; die rechte Socke hatte ein Loch. Über mir fiel eine Tür ins Schloss, und erst jetzt bemerkte ich, dass ich mich noch immer im Treppenhaus befand.

Wenn ich an den Tagen danach von der Arbeit im Zwischenlager heimkehrte, duschte ich, schrubbte mir den Rücken, verwendete trotz meines lichten Haares Shampoo und Spülung und Föhn, feilte mir Fuß- und Fingernägel, parfümierte nach, hüllte mich in eines der wenigen Hemden, die ich besaß, dazu Jeans, setzte mich vor den Fernseher, fuhr die Lautstärke herunter, um ein mögliches Klopfen nicht zu überhören, und wartete auf Mari.

Vier Tage vergingen. Schaschlik. Kartoffelsuppe. Gulasch. Eisbein. Und als Beilage immer das unbeugsam mütterliche Lächeln von Frau Dignich. Lag es womöglich an ihr? Verwehrte sie Mari ein Rendezvous? Drohte sie ihr mit Hausarrest? Erzählte sie ihr Schauergeschichten von Schwangerschaften durch Zungenküsse? Verständlich. Mari musste bewahrt werden, ich war ganz auf Frau Dignichs Seite – aber wusste sie das auch?

Am fünften Tag nach dem letzten Blick auf Maris schmale Taille lieferte mir Frau Dignich eine schwere Glasschüssel, bis zum Rand gefüllt mit verdächtig rosa schimmerndem Fleisch. Sie nannte das Schmorbraten. Es kam gelegentlich vor, dass sie sich beim Kochen zu sehr sputete. Ich wartete ab, bis ein ziegenbärtiger Mann sein Cello ins vierte Stockwerk gehievt hatte, dann lief ich ins Erdgeschoss, um den Schmorbraten zu entsorgen, und als ich die Tür zum Innenhof aufschob, erblickte ich Mari, die soeben ihr Fahrrad abstellte.

»Herr Lehrer!«, rief sie und kam schmunzelnd auf mich zu. »Hallo!« Ein samtener Gruß, der rasch und heiß ins Ohr floss.

Vergebens bemühte ich mich, den Schmorbraten hinter meinem Rücken zu verstecken.

»Selbst gemacht?«, fragte sie. Viel zu frech.

Ich seufzte. »Ja.«

»Ist das nicht Mamas Schüssel?«

Allmählich wurde der Schmorbraten wirklich schwer. »Hab sie mir ausgeliehen.«

»Lügner.«

Meine Hände schwitzten. Wie würde das aussehen, wenn mir die Glasschüssel zu Boden fiel und zerbrach? Mir blieb keine andere Wahl, als in die Hocke zu gehen und sie abzustellen.

»Schmeckt er dir nicht?«

Ich öffnete den Mund und schloss ihn wieder.

Mari sah zur Seite. »Der ist von mir.«

»Oh.«

Ich dachte: Also ließ sich nicht Frau Dignich beim Kochen bisweilen zu wenig Zeit.

»Entschuldigung.«

Und ich dachte: Liebe geht durch den Magen.

Mari nahm schulterzuckend die Glasschüssel und kippte ihren Inhalt in die Papiertonne.

»Ach, weißt du«, zwitscherte sie, »jeder hat seins. Mama kann gut kochen. Und ich«, mit den Fingerspitzen, vier eisigen Fingerspitzen, berührte sie meine Wange, »ich kann halt andere Dinge.«

Eine Viertelstunde später hatten wir uns – auf ihren Vorschlag hin – zwei Falafel besorgt, hingen in Klappstühlen auf meinem Balkon und tranken dazu Rosé aus einer Flasche mit Drehverschluss. Während Mari die Falafel in einem erstaunlichen Tempo verschlang, stocherte ich mit einer Gabel zwischen den Brothälften herum und konnte mich einfach nicht dazu durchringen, sie, möglichst beiläufig, zu fragen, was für Dinge das denn seien. (Abgesehen davon, dass ich mir inzwischen unsicher war, ob Mari der Kontext meiner Frage überhaupt noch klar wäre.)

So schwiegen wir beide, wobei ich mehrmals aufhorchte, da ich mir einbildete, jemand habe an meine Tür geklopft.

Nachdem Mari den letzten großen Happen verspeist und begonnen hatte, mit ihrem Haar zu spielen, was die unerfreuliche Erinnerung an Frau Dignich wachrief, ertappten wir uns gegenseitig bei der Behauptung, unsere Wangen seien bloß rot vom Wein. Maris Zähne blendeten mich wie das Blitzlicht eines Paparazzos, unterlegt mit ihrem Lachen, einem Klingeln. Kein Türläuten, kein Handypiepston, eher der zarte, vielversprechende Klang eines Glöckchens.

Als wir die zweite Flasche geleert hatten, schwärmte

Mari, so müsse jeder Abend sein, *Falafel et Rosé,* was für ein Leben, und ich dachte mir, das sei kein Problem, meinetwegen nur zu gern, gleich morgen wieder, wir könnten unsere Treffen vor Frau Dignich geheim halten – wenn es ihrer Mutter nicht sogar zusagen würde, dass Mari mich besuchte, das Haus also nicht mehr verließ, sondern sich nur beim netten Nachbarn aufhielt.

Jede andere Frau vermittelte das Gefühl, sie wüsste in vielerlei Hinsicht mehr über mich als ich selbst. Mari aber schien nur Gutes von mir zu wissen. Ich war ich, so wie es mir gefiel, und Mari sah dieses Ich, genau das Ich, das ich sehen und sie sehen lassen wollte.

Beim Abschied versicherte ich ihr, mit heiser gekicherter Stimme, das sei der großartigste Abend meines Lebens gewesen.

»Wäre ich mir mal nicht so sicher«, erwiderte sie, ein klein wenig lallend, und zog, ehe ich ihr recht geben konnte, die Tür hinter sich zu.

Ich wollte absperren, aber mich hielt so eine seltsame Ahnung zurück, dass sie in der Nacht zurückkommen und klopfen könnte, um von mir etwas zu verlangen, das ich mit Freuden bereit war zu geben.

Mit der Hand fuhr ich mir übers Gesicht und verwarf den absurden Gedanken, verriegelte die Tür und ging ins Schlafzimmer. Als ich das Fenster schließen wollte, entdeckte ich eine Gruppe Jugendlicher, die, unter einer defekten Straßenlaterne versammelt und mit Bierflaschen ausgestattet, über einen aus ihrer Mitte witzelten, der sich soeben erbrach. Sein Würgen hallte von den Häuserwänden wider, überlappte sich, schwappte in meine Wohnung. Das Fenstersims, auf das ich mich stützte, fühlte sich fest an, unnachgiebig; ich lehnte mich vor und rief: »Was macht ihr für einen Scheiß!«

Abrupt wandten sich die Jugendlichen um, entdeckten mich über ihren Köpfen und starrten zu mir herauf.

Einen Moment lang kam es mir vor, als könnte ich mich mit ihren Augen sehen, über ihnen thronend. Ich blickte zu ihnen hinunter, krallte meine Hände am Blech fest und fragte mich, ob das Fenstersims nun doch nachgeben würde. Da machte der Kleinste von ihnen eine ruckartige Kopfbewegung und sie verschwanden in der nächsten Querstraße.

Trotz des schweren Kopfes am nächsten Tag trug mich eine erfrischende Welle der, wenn man das so sagen kann, Nachfreude durch die Arbeitsstunden und stärkte mich für das Herumschleppen von Carepaketen, die Mütter besonders gerne ihren in der Ferne studierenden Kindern schickten. Im Treppenhaus nahm ich eine Stufe nach der anderen, glitt mit der Hand das Geländer entlang und ertastete jeden Kratzer im Holz, atmete den Politurduft ein, lauschte dem zaghaften Stöhnen der Dielen, und dennoch, so viel Mühe ich mir auch gab, dies war und blieb ein bedrohlicher Ort.

Frau Dignich wartete vor meiner Wohnungstür auf mich. Mir fiel auf, dass sie nicht wie sonst auf dem Stuhl im Treppenhaus saß, der älteren Bewohnern zum Verschnaufen diente.

Als sie mich bemerkte, hielt sie die Arme verschränkt vor der Brust und leckte sich die Lippen. »Ich muss mit Ihnen sprechen. Unbedingt!«

Ich bat sie in meine Wohnung, worauf sie den Kopf schüttelte und sich die Haare raufte.

»Es ist dringend.«

»Ist etwas passiert?«, fragte ich.

»Wegen Mari.« Ihr Haar war ein einziger Wust. »Weil Sie sich doch schon so gut kennen.«

Ich ahnte etwas. Worte zu meiner Verteidigung hielt ich parat. Man weiß nie, wer einem Böses will. Meine Taktik war simpel; ich würde die Dramatik herunterspielen, Extreme meiden, Details abstreiten und darauf hinweisen, dass nichts geschehen war. Kein Gericht der Welt verurteilte einen für Gespräche mit einer jungen, wenn auch wesentlich jüngeren Frau.

»Sie braucht einen Job. Die Lage in Leipzig kennen Sie ja. Und, um ehrlich zu sein, ich bin keine große Hilfe im Schreiben von Bewerbungen. Eine wird kaum ausreichen. Sie haben doch mal studiert. Könnten Sie nicht ...?«

Natürlich, ich konnte. Und wie ich konnte. Ich würde Mari anleiten, ihr geschliffene Formulierungen für die Bewerbungsschreiben diktieren, ihr Hinweise geben, wie viele geöffnete Knöpfe welcher Bluse beim Vorstellungsgespräch den idealen Effekt erzielten, ohne anstößig zu wirken, und nicht zuletzt ihr ausschließlich Nebenjobs empfehlen, die sich mit meiner Arbeitszeit deckten.

Einsichtig nickend ließ ich mich von Frau Dignich davon überzeugen, dass es keinen geeigneteren Ort gab, um gemeinsam Pläne (und vielleicht auch gemeinsame Pläne) zu schmieden, als ein italienisches Restaurant in der Körnerstraße, und versprach, Mari um acht Uhr abzuholen.

In meinen Gedanken eilte ich der Zeit voraus, dachte an Wein und Grappa, Mari nicht viel mehr als ich, jedoch so viel, dass die Wirkung bedeutend mehr entspräche, und danach ein gemeinsamer Heimweg, zuvorkommend die Tür aufhalten, vielleicht sogar eine Verbeugung andeuten, sie die Treppe hinaufjagen und vor den letzten Stufen packen und tragen, bis zur Tür, und dann wie selbstverständlich vorgeben, als wäre es das, tschüss, bis bald, ein Abschluss für diese Nacht, und letzten Endes, in den seltenen Sekunden, wenn das gedankenlose Leben vibriert und man sich sagt, jetzt oder nie, aber nur heute, ausnahmsweise, diesen raren Augenblick erkennen und zugreifen und Maris Klingeln entfesseln, es läuten lassen, klar und hell, das reinste der Nacht, wie auch in jeder anderen, die folgt.

Ich klopfte dreimal, mit dem Zeigefinger wie zufällig die Tür touchierend, im Takt der ersten drei Sekunden nach Punkt acht. Das Treppenhaus in meinem Rücken erfüllte mich mit Unruhe. Doch diese verblasste, als Mari öffnete. An einem Lederriemen, der um ihren Hals hing, baumelte zu meiner Verwunderung eine Polaroidkamera; ein derart altmodisches Gerät harmonierte kaum mit ihren Kunstlederhandtaschen und klobigen Plastikringen. Zu fragen, weshalb sie die Kamera mitnahm, hielt ich für überflüssig. Leider spazierten wir vor dem Essen noch eine Weile entlang der nahe gelegenen Galopprennbahn, da sie darauf bestand, mich an den Ort zu führen, an dem sie ihren ersten Kuss erhalten hatte. Ich mochte mir den von Akne befallenen Jungen gar nicht vorstellen. Fast erwartete ich, dass sie mich zu einem Baum führte, in dessen Rinde ein inzwischen verwittertes Herz eingeritzt war. Stattdessen deutete sie mit dem Zeigefinger durch einen rostigen Maschendrahtzaun auf den Pferdestall. Ein Jockey hatte die Ehre gehabt. Seine Hosen hätten so eng gesessen wie eine zweite Haut.

»Ich dachte, ihr habt nur geknutscht.« Den Quengelton konnte ich bei aller Liebe nicht aus meiner Stimme filtern.

»Das geht manchmal so schnell«, meinte sie und stieg auf einen der Zaunpfähle. »Kannst du reiten?«

Meine einzige Erfahrung mit Pferden beschränkte sich auf das Kosten einer Pferdeknackwurst bei Feinkost Yüksel.

»Wie John Wayne«, sagte ich.

»Wer?«, fragte Mari, zückte ihre Polaroidkamera und begann damit, mich von ihrem Hochsitz aus zu fotografieren. Ich spielte mit, setzte ein Grinsen auf und wies sie nach einer Weile auf meinen knurrenden Magen hin.

Darauf sprang sie von dem Maschendrahtzaun herab und rief: »Hü!«

Wenige Meter vor dem italienischen Restaurant stoppte sie mich dann noch einmal, und als sie mir den Lederriemen der Polaroidkamera um den Hals legte, fiel mein Blick auf ihren weißen Nacken; ihr Haarflaum zitterte in meinem Atemzug.

»Mach welche von mir«, verlangte sie.

Es war nicht ohne Reiz, über Mari zu bestimmen; sie ließ sich von dem Objektiv lenken, folgte meinen Bewegungen scheinbar willenlos, tanzte im Fokus meines rechten Auges. Schwer lag die Kamera in meinen Händen, und ich fand, dieses Geräusch, jenes kratzige Klicken, wenn ich den Auslöser drückte (so widerstandslos wie kein mir bekannter Klingelknopf), entsprach genau dem Gefühl, ein Stück aus der Welt zu schneiden.

Nachdem der Film verknipst war, hängte sie sich den Apparat wieder um, wählte, nach einigem Zögern, eines der Bilder aus und steckte es mir in die Brusttasche. »Für dich.«

Im *Roma* wurden wir zu einem Tisch für zwei geführt, neben dem das Wasser in einer kitschigen Miniaturgrotte blubberte. Mari hatte kaum Platz genommen und die Speisekarte aufgeschlagen, schon bestellte sie Fischcarpaccio, Lammkoteletts, Tartufo und eine Flasche Wein. Dennoch bat ich sie, an diesem Abend mein Gast zu sein, und wurde sogar mit einem Luftkuss belohnt.

Da Mari bisher mit keinem Wort den eigentlichen Zweck unseres Treffens erwähnt hatte, brachte auch ich ihre Jobsuche nicht zur Sprache, sondern erfreute mich daran, wie hingerissen die Kellner von Mari waren –

selbst für stets begeisterungsfähige Italiener; ihr schenkte man gern und großzügig nach. Selbstbewusst erwiderte ich Blicke von Männern jeden Alters, die uns, mit und ohne weibliche Begleitung, beobachteten – teilnahmslos, solange sie mich sahen, aufflammend, sobald Mari im schwarzen Rock ihre Aufmerksamkeit erregte, und schließlich recht erstaunt, wenn sie noch einmal mich musterten. Kein Wunder, denn bei Mari konnte man unmöglich von *Kleidung* sprechen. Die korrekte Bezeichnung war *Enthüllung*. Wie sie jedes Fleckchen Haut in Szene setzte, den Kragen ihrer Bluse zurechtzog oder ihren Hals reckte. Eine vorteilhafte Ablenkung von ihren Tischmanieren, auf die Frau Dignich bei der Erziehung offensichtlich wenig Wert gelegt hatte; der Beilagensalat wurde mit dem Steakmesser klein geschnippelt, und ihr Kopf näherte sich dem Teller bei jedem Happen bis auf wenige Zentimeter.

Nach dem letzten Löffel Nudeln lehnte ich mich gesättigt zurück, schloss die Augen, atmete Maris Parfümduft und dachte mir: »Man kann auch ohne Erfolg glücklich sein.«

Da klopfte jemand auf Holz – Mari, die mit beiden Zeigefingern auf die Tischplatte trommelte.

»Mein Freund!«, gurrte sie, »aber total glücklich, mein Freund!« Und schob ihre Finger zwischen meine.

Hatte ich das laut gesagt?

»Meine Freundin«, erwiderte ich zufrieden und drückte ihre Hand. Sie rutschte näher heran und wandte den Kopf zur Seite, sodass es ein Leichtes gewesen wäre, ihre Wange zu küssen. Vorsichtig berührte ich ihre große, schön geschwungene Ohrmuschel mit dem Zeigefinger, worauf Mari zuckte, jedoch nicht wich, und ich ihr mit einem Kompliment nach dem anderen schmeichelte, in der Hoffnung, die Wörter würden verschlungene Kanäle entlang gleiten, mikroskopisch winzige Explosionen an den sensibelsten Stellen in ihrem Gehirn auslösen und ihr Herz antreiben.

Mich wunderte, über welche Intimitäten sich im Flüsterton plaudern ließ.

Wie in Trance nahm Mari nach dem Dessert noch einen Schluck aus ihrem Weinglas, schnappte sich eine Serviette, und hinterließ, als sie sich den Mund abwischte, darauf einen rosa Strich, den letzten flüchtigen Hinweis auf ihren Glitzerlippenstift, mit dem sie bereits Gabeln, Löffel, Gläser markiert hatte. Ruckartig erhob sie sich, schwankte eine Sekunde lang, fand einen sicheren Stand und sprach langsam, aber immerhin ohne zu nuscheln: »Herr Lehrer ...« – nachdenkliche Pause – »Zu dir oder zu mir?« Kichern.

Ich führte sie wie ein Gentleman. Ihre Polaroidkamera stieß bei jedem Schritt an meinen Beckenknochen; ich ließ mir nichts anmerken, vor allem nicht mein Herzklopfen, als sie meinen Arm um ihre Hüfte legte und wir gemeinsam den Bürgersteig entlangspazierten. An ihrer Seite fürchtete ich mich kaum vor den Gestalten, die uns entgegenkamen; wir gehörten dazu, wir waren Teil dieser Nacht, und die Leute mit der Angst hausten hinter den beleuchteten Fenstern über unseren Köpfen.

Meinen Schlüsselbund zückte ich aus Gewohnheit, schon bevor wir in unsere Straße einbogen. Im Hausflur strich Mari mit dem Unterarm über meine Hüfte. Behutsam lenkte ich sie die Treppe hinauf, einen Teil des Weges zog sie mich an meinem Hemd. Ich achtete genau darauf, was ihre Hände taten; sie waren schnell und wendig, umschwirrten mich, manchmal verlor ich sie fast aus den Augen. Als wir endlich mein Stockwerk erreichten, ein wenig erschöpft und beschwipst, kurz vor dem Ziel eines langen Abends, bewegte sich Mari unaufhaltsam auf die nächste Treppe zu, weiter hinauf und nuschelte: »Kommen Sie, Herr Lehrer?«

Ich hielt das für keine besonders gute Idee. Aber sie allein ziehen lassen? Ihr Blick, dieser erwartungsvolle Blick, zog mich hinter ihr her, Stufe für Stufe, und dieses eine Mal mochte ich jenes Treppenhaus aufgrund dessen, was es war: ein Weg zu ihr.

Um jedes unnötige Geräusch zu vermeiden, war ich ihr dabei behilflich, ihre Wohnungstür aufzuschließen. Albern lächelnd klopfte sie an den Türrahmen, warf sich gegen mich, ich stolperte ins Innere und sie folgte mir. Irgendwo im Dunkeln lauerte ein strenges Paar Mutteraugen. Ich spürte mein Herz pochen.

In Maris Zimmer erwartete mich eine Horde Kuscheltiere. Neongrüne Elefanten, lila Häschen und himmelblaue Bärchen rissen ihre Stoffmäuler auf. Wir ließen uns aufs Bett fallen. Dezent quietschend gab es nach. Maris Atem roch nach Grappa. Frau Dignich, schlief sie nebenan? Ich fragte nicht. Auf dem Matratzenwunderland schmiegten wir uns aneinander, kuschelten, und ehe einer von uns einen mutigen Vorstoß wagen konnte, eine erste eindeutige Berührung, glitt Mari in tiefen Schlummer und überließ mich der Gesellschaft ihrer Kuscheltiere. Ich spielte mit dem Gedanken, meine Hände aus den ihren zu lösen und sie auf Erkundungsreise zu schicken, aber Maris Griff war selbst im Schlaf fest, ich hätte sie geweckt, und vielleicht war das, was mich letzten Endes einschläferte, nicht bloß Müdigkeit, sondern auch die Gewissheit, dass ich für mein Tun nicht verantwortlich war, sobald ich schlief.

Mich weckte der Duft von frisch gebrühtem Kaffee, Rühreiern mit Schinken und selbst gebackenem Brot. Als Geschirr schepperte, öffnete ich die Augen. Ich sah Mari, noch in Schlaf versunken, ich sah mich neben ihr, und dann sah ich Frau Dignich, die soeben ein Frühstückstablett auf dem Nachttisch neben mir abstellte.

Ich setzte mich auf, und Frau Dignich flüchtete, Entschuldigungen hervorstoßend, in die Küche. Eilig folgte ich ihr und rief, es gebe nichts, rein gar nichts, wofür sie sich entschuldigen müsse, stieß mich verschlafen von den Wänden ab, stellte Frau Dignich in der Küche und ließ mich auf einen Stuhl neben dem Herd fallen. Ein Haufen Wörter ballte sich in meinem Kopf und ich hatte Mühe sie zu sortieren.

»Entschuldigen Sie«, beteuerte ich. »Es ist nichts passiert. Wirklich nicht!«

Frau Dignich drehte sich zu mir um. Röte überzog ihre bäuerlichen Backen, sie lächelte gutmütig und ... und ihr Haar, von einem sauber gezogenen Seitenscheitel akkurat in zwei Hälften getrennt, mit einem halben Dutzend Spangen gebändigt und gepflegt glänzend, formte sich de facto zu einer Frisur.

»Mein Junge, mein Lieber! Das ist mir doch schnuppe. Mir tut nur leid, dass ich Sie geweckt habe. Sie sind ein richtig guter Kerl für meine Mari. Und was da hinter der Tür vor sich geht, will die olle Mutti doch gar nicht wissen.«

Rasch erhob ich mich, stützte mich am Herd ab. »Sie verstehen nicht. Wir haben ...«

»Psst«, machte sie und drückte mir ihren Zeigefinger gegen die Lippen, der sonderbar nach Honigmilch roch. »Meine Mari ist 'ne Hübsche, nicht?«

»Ja«, sagte ich.

Prompt klatschte Frau Dignich in die Hände und trieb mich mit Piksern ihrer Wurstfinger in meine Rippen zurück an Maris Bett. »Ihr Kinder braucht euren Schlaf«, flüsterte sie und schenkte ihrer unerschütterlich schlafenden Tochter einen Blick stolzer, bedingungsloser Mutterliebe. »Eines meiner obersten Prinzipien.«

Darauf entfernte sie sich und überließ mich diesem Déjà-vu.

Hinter mir: eine geschlossene Tür.

Vor mir: Mari.

Irgendwo dazwischen: ich.

Vielleicht wäre es in diesem Moment das Beste gewesen, mich einfach wieder ins Bett zu legen und nicht weiter zu grübeln, aber wie der Kommissar einer seichten Krimiserie folgte ich einem leichten Unbehagen und schnüffelte in dem Zimmer herum; ich nahm einzelne Bücher heraus, schlug die erste Seite auf, stellte sie zurück, ignorierte die Filmplakate mit Johnny Depp als Piraten, erkannte keinen der Musiker auf den CDs wieder, zählte dreizehn unterschiedliche Stiefelpaare, roch an kopfüber aufgehängten, getrockneten Rosen, bis ich ein Fotoalbum in einem Metallkoffer unter dem Schreibtisch entdeckte. Der kartonierte Einband schimmerte veilchenblau. Auf der ersten Seite klebte mittig ein Polaroidfoto von einem hageren Mann mit Hautausschlag, schwarzen Blockbuchstaben zufolge ein gewisser Richard. Darunter hatte Mari in ihrer mädchenhaft runden Handschrift notiert, dass er nie auf seine tägliche Müsliportion verzichte, nur mäßig verdiene, aber immerhin durchtrainiert sei. Johannes, ein Wasserkopf in Bundeswehruniform auf der nächsten Seite, liebte es, wenn man ihm den Bauchnabel küsste, und schlief nachts nur mit Schlafanzug. Der glatzköpfige Xaver ein paar Seiten weiter schrieb ihren Namen nie richtig, pinkelte im Sitzen, fürchtete Hunde und zahlte seinem Sohn Untermiete. Lars, dessen ebenförmiges Gesicht an das eines Models erinnerte, ließ sich beim Sex die Kehle zudrücken und züchtete Clownsfische. Seite um Seite folgten Severin, Gustav, Tilmann, Walter, etliche mit einer Polaroidkamera porträtierte Männer meines Alters, die allesamt jene zuversichtliche und gleichzeitig begierige Miene aufgesetzt hatten, auf die ich in letzter Zeit bei jedem Blick in den Spiegel gestoßen war. Weiter hinten im Album stieß ich auf den aktuellen Eintrag, ohne Namen oder illustrierendes Foto. Ich las, derjenige vertrage keinen Alkohol und renne oft »wie ein Idiot« durchs Treppenhaus; ich las, seine Augen würden »süß funkeln«, er habe jedoch »keinen blassen Schimmer von irgendwas«; und weil er sich für »was Besseres« halte, las ich, könne ihn keiner wirklich »ausstehen«.

Das Fotoalbum glitt aus meinen Händen. Nur ein Schubser war nötig, um Mari zu wecken, die nuschelte, sie wolle noch schlafen, bevor sie ihren Kopf wieder unter dem Kissen vergrub, das ich ihr wegnahm, um zu erklären, dass ich das Fotoalbum gefunden hätte.

Mit den Zeigefingern rieb sie sich die Augen. »Spinnst du? Das ist mein Zeug.« Sie nahm meine Hand, drückte sie an ihre warme Wange. »Komm her.«

Ich zog meine Hand weg, hob das Fotoalbum auf und zerriss eine der Seiten, das ging seltsam leicht, reichte mir aber nicht, und ich fuhr fort mit den nächsten, während Mari mich anschrie, und auch das genügte mir nicht, worauf ich sie schubste und mich auf sie warf und meine Hand auf ihren Mund presste und sie ihre Fingernägel in meinen Hals trieb und mit den Beinen strampelte, und wir einander an den Haaren packten und brüllten und spuckten, und ich die Faust ballte und sie schlug, bis ein Blutstropfen, ein einziger, knallroter Blutstropfen, aus Maris Nase lief, und ich von ihr stieg, mein Jackett schnappte, ging.

Die aufgeschreckte Frau Dignich warf mir Fragen hinterher, ich erreichte den Flur und rannte, drei Stufen auf einmal nehmend, die Treppe hinunter, bemühte mich mit zitternden Händen, den Schlüssel ins Schloss zu stecken, Frau Dignich nahte, ich spürte schon ihre Hände auf meiner Schulter, ihr Haar in meinem Nacken, endlich sprang die Tür auf, ich flog, warf sie hinter mir zu und verriegelte sie.

In der restlichen Zeit in Leipzig vertilgte ich ausschließlich Tiefkühlspeisen, die ließen sich im Gefrierfach horten. Und ich ignorierte das ständige Klingeln. Die Anrufe. Die handgeschriebenen Botschaften. Die Beschimpfungen. Das Hämmern an meine Tür, das Donnern.

Mit dem Umzug habe ich nicht nur den Stadtteil gewechselt, ich wechselte die Stadt, und dennoch ertrage ich es nicht, wenn jemand an meine Tür klopft. Das einzige Erinnerungsstück an Mari, das ich besitze, habe ich neben dem größten Fenster der neuen Wohnung befestigt. Wenn ich abends davorstehe, vergleiche ich das Foto mit dem Leben auf den Chemnitzer Straßen. Was ich hinter der Glasscheibe sehe, wirkt bedrohlich, und was ich auf dem Foto sehe, erschreckend. Ich betrachte es täglich, um mir ins Gedächtnis zu rufen, wovor ich mich hüten muss. Es ist mein Steckbrief.

Den Pizzaboten, einen wortkargen Jugendlichen, lade ich manchmal ein, sich zu mir zu setzen, solange ich esse. Ich fordere ihn auf, mir zu erzählen, welche Erfahrungen er bisher mit Mädchen gemacht hat. Dafür bin ich großzügig mit dem Trinkgeld – das wird wahrscheinlich der Grund sein, warum er sich selten weigert, eine Weile zu bleiben. Jedes Mal nehme ich Maris Bild von der Wand, zeige es ihm und prüfe, wie er sie betrachtet. Verschmitzt sieht er mich dann an, und ich weiß nicht, was er seinen Arbeitskollegen, seinen Freunden oder seiner Familie über mich erzählt, aber ich kann mir kaum vorstellen, dass es etwas Gutes ist. Falls er mich überhaupt erwähnt. Ich denke, sobald ich ihn mal aus den Augen lasse, wird er sich das Bild einstecken, aber ich könnte ohnehin nie vergessen, was darauf zu sehen ist.

Mari posiert vor dem *Killiwillys*, einem Irish Pub in der Karl-Liebknecht-Straße, der Bürgersteig glänzt feucht, wie nach einem Regenguss, und ihr schwarzer

Rock wirkt länger, als er tatsächlich war. Wie sie den Blick vom Betrachter abgewandt hat, als interessiere er sie nicht! Dieser erste, flüchtige Eindruck, die gelangweilte Miene … das täuscht. Man muss genauer hinsehen. Ihre Augen sind auf das Seitenfenster eines parkenden Audis gerichtet, sie mustert ein Spiegelbild. Eine unscharfe Person mit einer Polaroidkamera, die mein Lieblingsjackett trägt. Mari fixiert den Mann. Er bemerkt das nicht. Sie beäugt – nahezu genüsslich – mich. Dieser Blick ist wie ein Pochen, als klopfe sie an meine Gedanken. Aber ich fürchte mich, ich möchte nicht wissen, was dahinter ist. Geduldig erkläre ich das dem Pizzaboten, ich erzähle ihm meine Geschichte, wieder und wieder, und komme letztendlich immer zu diesem Punkt. Gerne würde ich wissen, was er darüber denkt, nur weiß ich nicht, wie ich danach fragen soll, ohne ihn zu verunsichern. Ich kann ihn gut leiden. Er klingelt brav, wenn er mir eine *Diavolo* mit extra wenig Peperoni in den dritten Stock bringt. Und er hat noch kein einziges Mal geklopft.

Julio Cortázar

Teufelsgeifer

Nie wird man wissen, wie das erzählt werden muß, ob in der ersten Person oder in der zweiten, indem man sich der dritten Person des Plurals bedient oder fortwährend Formen erfindet, die sich dann als nicht brauchbar erweisen. Wenn man sagen könnte: ich sahen den Mond aufgehen, oder: uns schmerzt der Grund meiner Augen, und vor allem so: du, die blonde Frau, waren die Wolken, die immer noch vor meinen, deinen, seinen, unseren, euren, ihren Gesichtern dahineilen. Verflixt!

Wenn man doch, da es einmal erzählt werden muß, an der Ecke ein Glas Bier trinken gehen könnte und die Maschine allein weiterschriebe (weil ich mit der Maschine schreibe) – es wäre ideal. Und das ist keine Redensart. Ideal, jawohl, weil die Öffnung hier, von der erzählt werden muß, auch eine Maschine ist (anderer Art, eine Contax 1.1.2) und eine Maschine von einer anderen Maschine möglicherweise mehr weiß als ich, du, sie – die blonde Frau – und die Wolken. Aber von einem Narren habe ich nur das Glück und ich weiß, daß, wenn ich gehe, diese Remington wie versteinert auf dem Tisch stehen wird, mit diesem Anschein doppelter Ruhe, den die beweglichen Dinge haben, wenn sie sich nicht bewegen. Also muß ich schreiben. Einer von uns allen muß schreiben, wofern das erzählt werden soll. Besser, derjenige bin ich, der ich tot bin, der ich weniger am Hals habe als die andern; ich, der ich weiter nichts sehe als die Wolken und ungestört denken kann, ungestört schreiben (da zieht wieder eine vorbei, mit einem grauen Rand), und ungestört mich erinnern, ich, der ich tot bin (und lebendig, ich will niemanden täuschen, das wird man zu gegebener Zeit schon sehen, denn ich muß ja irgendwie loslegen, und ich habe an diesem Punkt begonnen, dem weiter oben, dem Ausgangspunkt, der schließlich der beste aller Punkte ist, wenn man etwas erzählen will).

Ich frage mich plötzlich, warum ich das erzählen soll, aber wenn einer begönne sich zu fragen, warum er all das tut, was er tut, wenn einer sich nur fragte, warum er eine Einladung zum Abendessen annimmt (jetzt fliegt eine Taube vorbei und, wie mir scheint, ein Sperling) und warum, wenn uns jemand eine gute Geschichte erzählt hat, es einem gleich im Magen zu kribbeln beginnt und man keine Ruhe hat, bis man in das Büro nebenan gegangen ist und die Geschichte seinerseits erzählt hat; erst dann fühlt man sich wohl, ist man zufrieden und kann sich wieder an die Arbeit machen. Soviel ich weiß, hat noch niemand eine Erklärung dafür gefunden, so daß es das beste ist, sich nicht zu genieren und zu erzählen, denn es geniert sich ja auch keiner zu atmen oder sich die Schuhe anzuziehen; das sind Dinge, die man eben tut, und wenn etwas Seltsames passiert, wenn man im Schuh eine Spinne findet oder wenn man beim Atmen so ein Gefühl wie von zerbrochenem Glas hat, dann muß man das erzählen, den Burschen im Büro oder dem Arzt. Ach, Herr Doktor, jedesmal, wenn ich atme ... Immer erzählen, sich von diesem lästigen Kribbeln im Magen befreien.

Und da wir es also erzählen werden, wollen wir etwas Ordnung schaffen und die Treppe dieses Hauses hinuntergehen bis zum Sonntag, dem siebten November, genau vor einem Monat. Man geht fünf Stockwerke hinunter und schon ist man im Sonntag, einem für November in Paris ausnehmend sonnigen Tag, man hat große Lust, durch die Straßen zu schlendern, etwas zu sehen,

Photos zu machen (weil wir Photographen waren, ich bin Photograph). Ich weiß, das Schwierigste wird sein, es in der rechten Weise zu erzählen, ich habe keine Angst, mich zu wiederholen. Dies wird schwer sein, weil niemand genau weiß, wer da eigentlich erzählt, ob ich es bin oder das, was passiert ist, oder das, was ich gerade sehe (Wolken, und manchmal eine Taube), oder ob ich einfach eine Wahrheit erzähle, die lediglich meine Wahrheit ist, somit nicht die Wahrheit, außer für meinen Magen, für die große Lust, die ich habe, auf die Straße zu laufen und irgendwie damit fertig zu werden, gleich wie.

Wir wollen es langsam erzählen, man wird, je weiter ich mit dem Schreiben komme, schon sehen, was geschieht. Sollten sie mich ablösen, sollte ich nicht mehr weiter wissen, sollten sie ein Ende nehmen, die Wolken, und sollte etwas anderes beginnen (weil es einfach nicht möglich ist, ständig Wolken zu sehen, die dahinziehen, und manchmal eine Taube), sollte etwas von alledem ... Und nach dem »sollte«, was schreibe ich da, wie schließe ich die Rede korrekt ab? Doch wenn ich anfange zu fragen, werde ich nichts erzählen; besser erzählen, vielleicht ist Erzählen schon eine Antwort, wenigstens für jemanden, der es liest.

Roberto Michel, Franzose chilenischer Abstammung, Übersetzer und in seiner Freizeit Amateurphotograph, verließ am Sonntag, dem siebten November dieses Jahres, das Haus Nr. 11 der Rue Monsieur-le-Prince (jetzt ziehen zwei kleinere vorbei, mit silbergrauen Rändern). Er arbeitete seit drei Wochen an der französischen Übersetzung einer Abhandlung über Abweisungen und Rekurse von José Norberto Allende, Professor an der Universität von Santiago. Selten geht ein Wind in Paris, und noch seltener gibt es einen Wind, der an den Straßenecken Wirbel bildet und an den alten Holzjalousien rüttelt, hinter denen verwunderte Damen für die Unbeständigkeit des Wetters in diesen letzten Jahren verschiedene Erklärungen haben. Aber auch die Sonne war da, auf dem Wind reitend und Freundin der Katzen, weshalb nichts mich daran hindern sollte, auf den Seine-Quais spazieren zu gehen und ein paar Photos von der Conciergerie und der Saint-Chapelle zu machen. Es war eben erst zehn und ich rechnete mir aus, daß ich gegen elf gutes Licht haben würde, das beste, das man im Herbst haben kann; damit mir die Zeit nicht lang wurde, ließ ich mich treiben bis zur Ile Saint-Louis und ging den Quai d'Anjou entlang, betrachtete mir eine Weile das Hôtel de Lauzun, sagte mir einige Verse von Apollinaire her, die mir immer einfallen, wenn ich am Hôtel de Lauzun vorbeikomme (obgleich es mich an einen anderen Dichter erinnern müßte, aber Michel ist rechthaberisch), und als der Wind plötzlich nachließ und die Sonne zumindest doppelt so stark schien (will sagen, wärmer, aber das ist im Grunde dasselbe), setzte ich mich auf die Quaimauer und fühlte mich schrecklich glücklich an dem Sonntagmorgen.

Unter den vielen Möglichkeiten, das Nichts zu bekämpfen, ist eine der besten, Photographien zu machen, eine Tätigkeit, in der die Kinder frühzeitig unterwiesen werden sollten, da sie Disziplin, Sinn für Schönheit, ein gutes Auge und eine sichere Hand erfordert. Es handelt sich nicht darum, wie irgendein Reporter der Lüge aufzulauern und die alberne Silhouette der bedeutenden Persönlichkeit einzufangen, die Downing Street Nr. 10 verläßt, aber auf jeden Fall hat man, wenn man mit der Kamera losgeht, geradezu die Pflicht, aufmerksam zu sein, sich nicht dieses jähe und köstliche Auftreffen eines Sonnenstrahls auf einen alten Stein entgehen zu lassen, oder das kleine Mädchen, das mit fliegenden Zöpfen, ein Brot und eine Flasche Milch in den Händen, nach Hause eilt. Michel wußte, daß der Photograph immer gleichsam eine Permutation seiner persönlichen Art, die Welt zu betrachten, durch eine andere bewirkt, die ihm die Kamera hinterlistig aufzwingt (jetzt zieht eine große, fast schwarze Wolke vorbei), aber er war sich auch darüber im klaren, daß er nur ohne die Contax auszugehen brauchte, um die gelöste Stimmung, das Sehen ohne Begrenzung, das Licht ohne Blende noch 1/250, wiederzuerlangen. Eben jetzt (was für ein Wort, *jetzt,* was für eine dumme Lüge) konnte ich auf der Brüstung über dem Fluß sitzen und die schwarzen und roten Schleppkähne vorbeiziehen sehen, ohne daß es mir einfiel, die Szene unter photographischen Gesichtspunkten zu betrachten, nur dem Laisser-aller der Dinge mich überlassend, bewegungslos im Einklang mit der Zeit. Und der Wind hatte sich gelegt.

Dann ging ich auf dem Quai de Bourbon weiter, bis ich zur Spitze der Insel kam, dem lauschigen Platz (lauschig für klein und nicht für versteckt, da er zum Fluß und zum Himmel hin völlig offen ist), der mir jedesmal besser gefällt. Nur ein Pärchen war dort, und natürlich Tauben; vielleicht eine von denen, die gerade das Bild, das ich vor Augen habe, durchfliegen. Ich schwang mich auf die Brüstung und ließ mich von der Sonne umschmeicheln, bot ihr das Gesicht, die Ohren, beide Hände (die Handschuhe hatte ich in der Tasche). Ich hatte keine Lust, Photos zu schießen, und zündete mir eine Zigarette an, um etwas zu tun; ich glaube, daß ich in dem Augenblick, als ich das Streichholz der Zigarette näherte, den Jungen zum ersten Mal sah.

Was ich für ein Pärchen gehalten hatte, schien eher ein Junge mit seiner Mutter zu sein, obgleich ich sofort merkte, daß es kein Junge mit seiner Mutter war, daß es ein Pärchen war, wie wir die Paare nennen, wenn sie an der Quaimauer lehnen oder auf den Parkbänken sich umarmen. Da ich nichts zu tun hatte, konnte ich mich fragen, warum der Junge so nervös war, wie ein Füllen oder ein Hase, die Hände in die Tasche steckte, eine gleich wieder herauszog, dann die andere, sich mit den Fingern durchs Haar fuhr, von einem Bein aufs andere trat, und vor allem, warum er Angst hatte, denn das sah man jeder seiner Bewegungen an, eine durch Scham unterdrückte Angst, ein kaum zu bändigender Drang, zurückzuweichen, als wäre sein Körper im Begriff zu fliehen, ein letztes, jämmerliches Dekorum wahrend.

All das war so offenkundig, dort in fünf Meter Entfernung – und wir waren allein an der Quaimauer an der Spitze der Insel –, daß ich wegen der Angst des Jungen die blonde Frau zuerst nicht genau sah. Jetzt, da ich daran zurückdenke, sehe ich sie viel besser in diesem ersten Augenblick, als ich ihr im Gesicht las (plötzlich hatte sie sich um ihre eigene Achse gedreht, wie eine kupferne Wetterfahne, und da waren die Augen, die Augen), als ich dunkel ahnte, was dem Jungen da widerfahren mochte, und mir sagte, daß es sich lohnte zu bleiben und zuzusehen (der Wind trug die gerade nur geflüsterten Worte davon). Ich glaube, daß ich beobachten kann, wenn ich überhaupt etwas kann, und daß alles Beobachten von Irrtum strotzt, weil es uns noch weiter aus uns selbst vertreibt, ohne die geringste Gewähr, während Riechen oder (doch Michel schweift leicht ab, man darf ihn nicht drauflosreden lassen). Immerhin, wenn man sich der mutmaßlichen Verfälschung bewußt ist, wird Beobachten möglich; es genügt vielleicht, zwischen Beobachten und dem Beobachteten genau zu unterscheiden, die Dinge soviel fremder Gewandung zu entblößen. All das ist natürlich nicht einfach.

Von dem Jungen ist mir eher sein Bild in Erinnerung als seine wahre Gestalt (das wird man später verstehen), während ich jetzt sicher bin, daß ich von der Frau viel besser ihre Gestalt erinnere als ihr Bild. Sie war zierlich und schlank, zwei Worte, die ungenau ausdrücken, wie sie war, und trug einen fast schwarzen, fast weiten, fast schönen Pelzmantel. Aller Wind dieses Morgens (jetzt windete es kaum noch, und es war nicht kalt) war ihr durch das blonde Haar gefahren, das ihr weißes und düsteres – zwei ungenaue Worte – Gesicht umrahmte und ihr Gegenüber fesselte und schrecklich allein ließ vor ihren schwarzen Augen, ihren Augen, die auf die Dinge herabstießen wie zwei Adler, zwei Adler vom Gipfel ins Leere, zwei Böen grünen Schlamms. Ich beschreibe nichts, ich versuche vielmehr zu verstehen. Und ich habe gesagt, zwei Böen grünen Schlamms.

Seien wir genau, der Junge war recht gut gekleidet und hatte gelbe Handschuhe, die, ich hätte wetten können, seinem älteren Bruder, einem Studenten der Rechte oder der Sozialwissenschaften, gehörten; es war drollig zu sehen, wie die Finger der Handschuhe aus der Jackentasche herausguckten. Lange sah ich sein Gesicht nicht, gerade nur ein keineswegs dummes Profil – ein verängstigter Vogel, ein Engel von Fra Filippo, Milchreis – und den Rücken eines Halbwüchsigen, der Judo machen möchte und der sich ein paarmal für eine Idee oder für seine Schwester geschlagen hat. Gerade vierzehn, vielleicht fünfzehn, man sah ihm an, daß er von seinen Eltern gekleidet und beköstigt wurde, aber daß er keinen Pfennig in der Tasche hatte und sich mit seinen Kameraden beraten mußte, bevor er sich für einen Kaffee, einen Cognac, ein Päckchen Zigaretten entschied. Wenn er durch die Straßen ging, mochte er an seine Mitschülerinnen denken, wie schön es doch wäre, ins Kino zu gehen und den neuesten Film zu sehen, oder Romane zu kaufen oder Krawatten oder Flaschen Schnaps mit grünen und weißen Etiketten. Bei ihm zu Haus (sicher ein respektierliches Elternhaus, Mittagessen um zwölf und romantische Landschaftsbilder an den Wänden, mit einem dunklen Empfangszimmer und einem Schirmständer aus Mahagoni neben der Tür) dürfte es die ganze Zeit, während er lernt, Mamas Hoffnung ist, Papa ähnelt, an die Tante in Avignon schreibt, vor sich hin regnen. Daher gehörten die Straßen, der ganze Fluß ihm (aber ohne einen Pfennig), und die geheimnisvolle Stadt seiner fünfzehn Jahre mit ihren Zeichen an den Türen, ihren schreckeneinjagenden Katzen, die Tüte Pommes frites für dreißig Francs, das zweimal gefaltete pornographische Magazin, die Einsamkeit wie eine Leere in der Tasche, die glücklichen Zufälle, die Begeisterung für so vieles, das er nicht verstand, doch das eine totale Liebe verklärte, und die dem Wind und den Straßen ähnelnde Ungebundenheit.

Diese Biographie des Jungen konnte die irgendeines Jungen sein, doch diesen sah ich jetzt für sich, singulär geworden durch die Gegenwart der blonden Frau, die immer noch mit ihm sprach. (Ich werde es müde, zu insistieren, doch gerade zogen zwei lange, ausgefranste Wolken vorüber. Ich glaube, daß ich an jenem Morgen nicht ein einziges Mal zum Himmel aufgeblickt habe, weil ich, als ich ahnte, was mit dem Jungen und der Frau los war, nur noch sie beobachten konnte und warten, beobachten und ...) Kurz, der Junge war unruhig, und es war unschwer zu erraten, was wenige Minuten zuvor, höchstens vor einer halben Stunde, sich abgespielt hatte. Der Junge war an die Spitze der Insel gekommen, hatte die Frau gesehen und sie wunderbar gefunden. Die Frau wartete darauf, weil sie dort war, um darauf zu warten, vielleicht auch ist der Junge eher gekommen und sie hat ihn von einem Balkon oder von irgendeinem Punkt aus gesehen und ist auf ihn zugegangen, mit irgend etwas das Gespräch beginnend, wobei sie von Anfang an sicher war, daß er Angst vor ihr hatte und sich am liebsten davongemacht hätte, aber daß er natürlich bleiben würde, steif und finster, Erfahrenheit und Lust am Abenteuer vortäuschend. Das weitere war leicht vorauszusehen, weil es sich in fünf Meter Entfernung von mir abspielte, und jeder hätte sich ausrechnen können, wie das Spiel, diese lächerliche Fechterei, verlaufen werde; der größte Reiz lag nicht in dem, was gerade vor sich ging, sondern darin, seinen möglichen Ausgang vorauszusagen. Der Junge könnte am Ende eine Verabredung vorgeben, irgendeine Verpflichtung, und stolpernd und verwirrt weggehen, sich bemühend, ganz ungezwungen zu gehen, nackt unter dem spöttischen Blick, der ihn bis zuletzt verfolgen würde. Vielleicht aber bliebe er auch, gebannt oder einfach nicht fähig, die Initiative zu ergreifen, und die Frau würde beginnen, ihm das Gesicht zu streicheln, das Haar zu zerzausen, schon ohne Stimme mit ihm redend, und plötzlich würde sie ihn am Arm fassen und ihn mitnehmen, sofern er nicht, mit einem Unbehagen, die das Verlangen, die Gefahr des Abenteuers vielleicht zu dämpfen begönne, sich getraute, ihr den Arm um die Taille zu legen, und sie küßte. All das konnte geschehen, doch noch geschah es nicht, und Michel harrte der Dinge in perverser Erwartung, saß auf der Brüstung und zückte fast unbewußt die Kamera, um in einem Winkel der Insel mit einem ungewöhnlichen Pärchen, das miteinander sprach und sich ansah, ein pittoreskes Photo zu machen.

Sonderbar, daß die Szene (ein Nichts fast: zwei Menschen verschiedenen Alters) eine geradezu beunruhigende Aura hatte. Ich dachte, daß ich dies hineinlegte und daß mein Photo, wenn ich es machte, die Dinge wieder in ihrer stupiden Wahrheit zeigen würde. Gern hätte ich gewußt, was der Mann mit dem grauen Hut dachte, er saß am Steuer des Wagens, der auf dem zur Stegbrücke führenden Quai hielt, und las Zeitung oder schlief. Ich hatte ihn eben erst bemerkt, weil Leute in einem haltenden Wagen fast verschwinden, sich in diesem elenden Käfig verlieren, der der Schönheit, die ihm die Bewegung und die Gefahr verleihen, beraubt ist. Dabei hatte der Wagen die ganze Zeit dort gestanden, war ein Teil der Insel (oder verunstaltete diesen Teil der Insel). Ein Wagen, als sagte man: eine Straßenlaterne, eine Parkbank. Nie gilt das für Wind, Sonnenlicht, diese Elemente, die für Haut und Augen immer neu sind, wie auch der Junge und die Frau, die dort hingekommen waren und die Insel veränderten, sie mir anders zeigten. Nun, es konnte durchaus sein, daß auch der Mann mit der Zeitung das, was sich da abspielte, aufmerksam verfolgte und gleich mir dieses leichte Unbehagen jeder Erwartung empfand. Soeben hatte die Frau sacht sich gedreht, bis sie den Jungen zwischen sich und der Brüstung hatte, ich sah sie beide fast im Profil und er war größer, wenn auch nicht viel, und trotzdem überragte sie ihn, schien gleichsam über ihm zu rütteln (ihr Lachen plötzlich eine Peitsche aus Federn), ihn mit ihrer bloßen Gegenwart, mit ihrem Lächeln, mit einer durch die Luft gleitenden Hand zu erdrücken. Warum länger warten? Mit einer Sechzehnerblende und bei einer Einstellung, bei dem das schreckliche schwarze Auto nicht mit aufs Bild käme, wohl aber dieser Baum, der notwendig war, um eine allzu graue Fläche zu unterbrechen ...

Ich hob die Kamera, tat so, als prüfte ich einen Einstellungswinkel, der die beiden nicht mit einbezog, und hielt mich auf der Lauer, sicher, daß ich schließlich die enthüllende Gebärde einfangen würde, den alles resümierenden Ausdruck, das Leben, dem die Bewegung erst den Rhythmus gibt, doch das ein starres Bild, indem es die Zeit zerstückelt, vernichtet, wenn wir nicht das wesentliche, kaum wahrzunehmende Bruchstück wählen. Ich brauchte nicht lange zu warten. Die Frau fuhr fort in ihrem Werk, dem Jungen sanft die Hände zu binden, ihm Stück um Stück den letzten Rest Freiheit zu nehmen, in einer überaus langsamen, köstlichen Tortur. Ich stellte mir vor, wie es möglicherweise ausgehen würde (jetzt erscheint eine kleine schaumige Wolke, fast allein am Himmel), ich sah sie ihr Haus betreten (eine Parterre-Wohnung wahrscheinlich, die sie mit Kissen und Katzen vollstopfte) und ahnte die Beklommenheit des Jungen und seinen verzweifelten Entschluß, sie sich nicht anmerken und sich mitnehmen zu lassen, so tuend, als wäre ihm nichts neu. Die Augen schließend, wenn es stimmt, daß ich sie schloß, brachte ich Ordnung in die Szene, die neckischen Küsse, die Frau, die sanft die Hände abwehrte, die sie, wie in den Romanen, ausziehen wollten, auf einem Bett mit lila Steppdecke, dafür aber ihn dahinbrachte, sich ausziehen zu lassen, wahrhaftig Mutter und Sohn in einem gelben, opalisierenden Licht, und alles würde enden wie immer, vielleicht, vielleicht aber wäre alles auch anders und die Einweihung des Knaben ginge über ein langes Geplänkel nicht hinaus, ließe sie darüber nicht hinausgehen, wobei die Ungeschicklichkeiten, die verzweifelten Liebkosungen, die Hast der Hände wer weiß zu was führten, zu getrennter, einsamer Lust, zu eitler Verweigerung, gemischt mit der Kunst, soviel beleidigte Unschuld zu verwirren und zu zermürben. Es konnte so sein, es konnte durchaus so sein; jene Frau suchte keinen Liebhaber in dem Jungen, und doch bemächtigte sie sich seiner zu einem Zweck, der unmöglich zu verstehen war, wenn ich ihn mir nicht als grausames Spiel vorstellte, das Verlangen nach Lust ohne Befriedigung, sich für einen anderen erregen zu lassen, für jemand, der nimmer dieser Junge sein konnte.

Michel hat sich der Literatur schuldig gemacht, irrealer Fabrikationen. Nichts liebt er mehr, als sich Ausnahmen auszudenken, außergewöhnliche Individuen, Ungeheuer, die nicht immer abstoßend sein müssen. Doch diese Frau regte die Phantasie an und gab vielleicht hinreichend Aufschluß über sich, so daß man das Richtige treffen könnte. Bevor sie ginge, und obgleich sie mir während vieler Tage in Erinnerung bleiben würde, weil ich zum Wiederkäuen neige, war ich entschlossen, keinen Augenblick mehr zu verlieren. Ich brachte alles in den Sucher (samt dem Baum, der Brüstung und der Elf-Uhr-Sonne) und drückte auf den Auslöser. Gleichzeitig sah ich, daß die beiden es bemerkt hatten und mich anblickten, der Junge überrascht und wie fragend, doch sie erzürnt, Körper und Gesicht, die sich geraubt wußten, schmählich gefangen in einem kleinen chemischen Bild, entschieden feindlich.

Ich könnte das in allen Einzelheiten erzählen, aber es lohnt nicht. Die Frau sprach davon, daß niemand das Recht habe, eine Person ohne Erlaubnis zu photographieren, und verlangte, daß ich ihr die Filmrolle herausgebe, all das mit einer hellen und klaren Stimme mit deutlichem Pariser Akzent, die bei jedem Satz in einer höheren Tonlage endete. Was mich betrifft, war mir an der Filmrolle nicht viel gelegen und ich hätte sie ihr gegeben oder auch nicht, doch jeder, der mich kennt, weiß, daß man mich im guten bitten muß. Deshalb beschränkte ich mich darauf, die Meinung vorzubringen, daß das Photographieren in der Öffentlichkeit nicht nur nicht verboten ist, sondern sich größten öffentlichen und privaten Wohlwollens erfreut. Und während ich ihr das sagte, sah ich mit heimlichem Vergnügen, wie der Junge sich zurückzog, zurückblieb – einfach dadurch, daß er sich nicht von der Stelle bewegte – und auf einmal (es schien fast unglaublich) sich umdrehte und auf und davon lief, wobei der Arme glaubte, zu gehen, in Wirklichkeit aber in wilder Eile floh, an dem Wagen vorbei und weiter, und wie ein Marienfaden in der Morgenluft entschwand.

Aber die Marienfäden nennt man in Chile auch Teufelsgeifer, und Michel mußte langatmige Verwünschungen über sich ergehen lassen, einen Schnüffler und Dummkopf sich schimpfen hören, während er sich die größte Mühe gab, zu lächeln und soviel billigen Anwurf mit einfachem Kopfschütteln zurückzuweisen. Als ich es leid zu werden begann, hörte ich, daß eine Wagentür zugeschlagen wurde. Da stand der Mann mit dem grauen Hut und sah uns an. In dem Augenblick erst wurde mir klar, daß er eine Rolle in der Komödie spielte.

Er kam auf uns zu, in der Hand die Zeitung, die er zu lesen vorgegeben hatte. Woran ich mich am besten erinnere, ist die Gesichtsverzerrung, die ihm einen schiefen Mund machte und sein Gesicht mit Falten überzog, etwas verschob sich, veränderte sich immerzu, weil ihm die Lippen zitterten und der Krampf von einem Mundwinkel zum anderen lief, wie etwas Selbständiges und Lebendiges, unwillentlich. Doch alles übrige war unbeweglich, ein weiß gepuderter Clown oder ein blutleerer Mensch mit blasser, trockener Haut, die Augen tief in ihren Höhlen und die Nasenlöcher schwarz und sichtbar, schwärzer als die Augenbrauen oder das Haar oder die schwarze Krawatte. Er ging vorsichtig, so als verletze das Pflaster ihm die Füße; ich sah seine Lackschuhe, sie hatten so dünne Sohlen, daß er jede Unebenheit der Straße spüren mußte. Ich weiß nicht, warum ich mich von der Brüstung herabgelassen hatte, ich weiß wirklich nicht, warum ich entschlossen war, ihnen das Photo nicht zu geben, mich weigerte, dieser Aufforderung, in der ich Angst und Feigheit witterte, nachzukommen. Der Clown und die Frau berieten sich schweigend: wir bildeten ein vollkommenes, unerträgliches Dreieck, etwas, das mit einem Knall platzen mußte. Ich lachte ihnen ins Gesicht und ging weg, ich nehme an, etwas langsamer als der Junge. In Höhe der ersten Häuser, auf der Seite des eisernen Stegs, drehte ich mich um und schaute nach ihnen. Sie rührten sich nicht von der Stelle, nur hatte der Mann seine Zeitung fallen lassen; mir schien, daß die Frau, die mit dem Rücken zur Brüstung stand, mit den Händen über den Stein fuhr, mit der klassischen und absurden Gebärde desjenigen, der sich in die Enge getrieben fühlt und einen Ausweg sucht.

Das Weitere ereignete sich hier, fast eben erst, in einem Zimmer im fünften Stock. Mehrere Tage vergingen, bis Michel die Photos jenes Sonntags entwickelte; seine Aufnahmen von der Conciergerie und der Saint-Chapelle waren so, wie sie sein sollten. Er fand zwei oder drei Probeeinstellungen, die er schon vergessen hatte, den mißglückten Versuch, einen Schnappschuß von der Katze zu machen, die zu seiner Verwunderung auf das Dach eines Straßenpissoirs geklettert war, und auch das Photo mit der blonden Frau und dem Jungen. Das Negativ war so gut, daß er eine Vergrößerung machte; die Vergrößerung war so gut, daß er eine noch viel größere machte, so groß fast wie ein Plakat. Es kam ihm nicht in den Sinn (jetzt fragt er sich wieso?), daß nur die Photos von der Conciergerie soviel Aufwand verdienten. Von der ganzen Folge war die Momentaufnahme, die er an der Spitze der Insel gemacht hatte, die einzige, die ihn interessierte; er pinnte die Vergrößerung an eine Wand seines Zimmers, und am ersten Tag betrachtete er sie sich eine Weile und erinnerte sich, verweilte bei dieser vergleichenden melancholischen Tätigkeit des Sich-Erinnerns angesichts der verlorenen Wirklichkeit; eine versteinerte Erinnerung, wie jedes Photo, auf dem nichts fehlt, nicht einmal und vor allem nicht das Nichts, das wahre Fixativ der Szene. Da war die Frau, da war der Junge, starr der Baum über ihren Köpfen, der Himmel so unbeweglich wie die Steine der Brüstung, Wolken und Steine eine einzige, untrennbare Materie (jetzt zieht eine mit scharfen Rändern vorbei, jagt dahin, als zöge ein Gewitter herauf). Die beiden ersten Tage war ich mit dem, was ich gemacht hatte, zufrieden, vom Photo an sich bis zur Vergrößerung an der Wand, und fragte mich nicht einmal, warum ich die Übersetzung der Abhandlung von José Norberto Allende alle Augenblicke unterbrach, um das Gesicht der Frau, die dunklen Flecke an der Quaimauer wieder vor mir zu sehen. Die erste Überraschung war albern; es war mir nie in den Sinn gekommen, daß, wenn wir ein Photo frontal betrachten, die Augen genau die Position und den Blickwinkel des Objektivs einnehmen; man hält derlei Dinge für ausgemacht und niemand macht sich Gedanken darüber. Von meinem Stuhl aus, die Schreibmaschine vor mir, betrachtete ich das Photo dort in drei Meter Entfernung, und da wurde mir klar, daß ich genau am Visierpunkt des Objektivs saß. Das war sehr gut so; ohne Zweifel war es die beste Art, ein Photo zu betrachten, mochte auch der schräge Blickwinkel seinen Reiz haben und auch zu Entdeckungen führen. Alle paar Minuten, zum Beispiel, wenn es mir nicht gelingen wollte, in gutem Französisch zu sagen, was José Norberto Allende in so gutem Spanisch sagte, blickte ich auf und betrachtete das Photo, manchmal nahm mich die Frau gefangen, manchmal der Junge, manchmal das Pflaster, wo hübscherweise einige trockene Blätter lagen, die einem lateralen Sektor seinen Reiz gaben. Dann ruhte ich eine Weile von meiner Arbeit aus und führte mir noch einmal und mit Vergnügen jenen Morgen vor Augen, den das Photo atmete, erinnerte mich lächelnd an das Bild der aufgebrachten Frau, die die Photographie von mir verlangt hatte, an die lächerliche und pathetische Flucht des Jungen und an den Auftritt des Mannes mit dem weißen Gesicht. Im Grunde war ich mit mir zufrieden; zwar war mein Abgang nicht besonders glänzend gewesen, denn da die Franzosen nie um eine Antwort verlegen sind, sah ich nicht recht, warum ich mich entschieden hatte, wegzugehen, ohne auf Privilegien, Prärogative und Bürgerrechte zu pochen. Die Hauptsache war, daß ich dem Jungen geholfen hatte, rechtzeitig zu entwischen (in dem Fall, daß ich richtig kombiniert hatte, was nicht hinreichend bewiesen ist, doch die Flucht an sich schien es zu bestätigen). Durch meine bloße Einmischung hatte ich ihm Gelegenheit gegeben, aus seiner Angst am Ende noch Nutzen zu ziehen; jetzt würde er es bereuen, gar nicht stolz auf sich sein, sich wenig als Mann fühlen. Das wäre weniger schlimm als die Gesellschaft einer Frau, die imstande ist zu blicken, wie sie ihn auf der Insel angeblickt hat; Michel ist bisweilen Puritaner, glaubt, daß man niemanden mit Gewalt verführen darf. Im Grunde war jenes Photo eine gute Tat gewesen.

Nicht der guten Tat wegen sah ich es mir an, wenn ich von der Arbeit aufblickte. In diesem Augenblick wußte ich dann nicht, warum ich mir es ansah, warum ich die Vergrößerung an die Wand gepinnt hatte; vielleicht ist das bei allen Fatalitäten so, ist das die Voraussetzung ihrer Erfüllung. Ich glaube, daß mich das fast unmerkliche Zittern der Blätter des Baums nicht beunruhigte, daß ich einen angefangenen Satz weiterschrieb und ihn ganz zu Ende brachte. Gewohnheiten sind wie große Herbarien; zuletzt ähnelt eine Vergrößerung von achtzig zu sechzig einer Leinwand, auf die man einen Film projiziert, wo an der Spitze einer Insel eine Frau mit einem Jungen spricht und ein Baum über ihren Köpfen etwas dürres Laub bewegt.

Doch die Hände waren jetzt zuviel. Ich hatte gerade geschrieben: *Donc, la seconde clé réside dans la nature intrinsèque des difficultés que les sociétés* – als ich sah, wie die Hand der Frau, Finger um Finger, langsam sich schloß. Von mir blieb nichts, ein Satz in Französisch, der wohl nie beendet werden wird, eine auf den Boden fallende Schreibmaschine, ein knarrender, wackliger Stuhl, Nebel. Der Junge hatte den Kopf gesenkt, wie die Boxer, wenn sie nicht mehr können und den entscheidenden Hieb erwarten; er hatte den Kragen des Überziehers hochgeschlagen, schien mehr denn je ein Gefangener zu sein, das perfekte Opfer, das dem Unglück Vorschub leistet. Jetzt sagte die Frau ihm etwas ins Ohr und die Hand öffnete sich wieder und legte sich auf seine Wange, sie streichelnd und streichelnd, langsam erhitzend. Der Junge war weniger verwirrt als argwöhnisch, ein- oder zweimal spähte er über die Schulter der Frau, während sie weiterredete, etwas erklärend, das ihn immer wieder in die Richtung blicken ließ, wo, wie Michel wußte, der Wagen mit dem Mann im grauen Hut stand, den er wohlweislich nicht mit aufgenommen hatte, aber der sich widerspiegelte in den Augen des Jungen und (wie noch daran zweifeln) in den Worten der Frau, in den Händen der Frau, in der Frau als Stellvertreterin. Als ich sah, wie der Mann kam, in ihrer Nähe stehenblieb und sie beobachtete, die Hände in den Taschen und mit einem halb verdrossenen, halb heischenden Ausdruck, ein Herr, der gleich seinem Hund pfeifen wird, der lange genug auf dem Platz herumgetollt ist, da begriff ich – wenn das Begreifen war –, was da vorgehen mußte, was vorgegangen sein mußte, was in diesem Augenblick hatte vorgehen müssen bei diesen Menschen dort, bei denen es mir gelungen war, einen Plan zu vereiteln, indem ich mich unschuldig in das eingemischt hatte, was dann nicht geschehen war, doch das jetzt geschehen, jetzt sich ereignen sollte. Und das, was ich mir seinerzeit vorgestellt hatte, war bei weitem nicht so abscheulich wie die Wirklichkeit, diese Frau, die nicht in eigener Sache dort war, nicht streichelte, Anträge machte, ermunterte zu ihrem eigenen Vergnügen, um den zerzausten Engel mit nach Hause zu nehmen und mit seiner Verwirrung und seiner anmutigen Begierde ihr Spiel zu treiben. Im Hintergrund wartete der wahre Gebieter, unverschämt lächelnd, sich des Erfolgs schon sicher; er war nicht der erste, der eine Frau ausschickte, ihm Gefangene zu bringen, denen mit Schmeicheleien die Hände gebunden waren. Das Weitere würde ganz einfach sein, das Auto, irgendeine Wohnung, die Getränke, die erregenden Bilder, die zu späten Tränen, das Erwachen in der Hölle. Und ich konnte nichts tun, diesmal konnte ich absolut nichts tun. Meine Stärke war eine Photographie gewesen, diese dort, wo sie sich jetzt an mir rächten, indem sie mir unverhohlen zeigten, was geschehen sollte. Das Photo war gemacht, viel Zeit war verstrichen, wir waren weit entfernt voneinander, die Verführung war sicher begangen, die Tränen waren vergossen worden und der Rest war Vermutung und Traurigkeit. Plötzlich verkehrte sich die Ordnung, sie waren lebendig, bewegten sich, handelten und waren voller Energie; gingen ihrer Zukunft entgegen; und ich, von diesem Gesichtspunkt aus, Gefangener einer anderen Zeit, eines Zimmers in einem fünften Stock, ich wußte nicht, wer sie waren, diese Frau und dieser Mann und dieses Kind, ich war weiter nichts als die Linse meiner Kamera, etwas Starres, unfähig, dazwischenzutreten. Sie trieben ihren grausamsten Spott mit mir, indem sie angesichts meiner Machtlosigkeit handelten, indem der Junge noch einmal zu dem weiß gepuderten Clown hinsah und ich begriff, daß er annehmen würde, daß der Antrag mit Geld oder Betrug verbunden sein würde und daß ich ihm nicht zurufen konnte, zu fliehen, oder ihm einfach noch einmal zur Flucht verhelfen durch ein neues Photo, eine kleine, fast unbedeutende Einmischung, die das Gespinst aus Schleim und Parfüm zerstörte. Alles sollte ebendort, in diesem Augenblick sich entscheiden, es herrschte eine ungeheure Stille, die mit natürlicher Stille nichts zu tun hatte. Jene spannte sich, wurde bedrohlich. Ich glaube, daß ich schrie, fürchterlich schrie, und daß ich in dieser Sekunde wußte, daß ich mich zu nähern begann, zehn Zentimeter, einen Schritt, noch einen Schritt, im Vordergrund die Zweige des Baums bewegten sich harmonisch, ein Fleck an der Quaimauer trat aus dem Bild hervor, das Gesicht der Frau, die sich wie überrascht nach mir umsah, wurde größer und größer, und da schwenkte ich ein wenig, will sagen, die Kamera schwenkte ein wenig, und ohne die Frau aus den Augen zu lassen, begann ich, mich dem Mann zu nähern, der mich mit den schwarzen Löchern, die er anstelle der Augen hatte, halb überrascht, halb wütend anblickte, mich in der Luft festnageln wollte, und in dem Augenblick sah ich außerhalb des Brennpunkts so etwas wie einen großen Vogel, der mit einem Flügelschlag vor dem Bild vorbeiflog, und ich lehnte mich an die Wand meines Zimmers und war glücklich, weil der Junge soeben entwischt war, ich sah ihn laufen, jetzt wieder im Brennpunkt, mit wehendem Haar floh er, lernte endlich, über die Insel dahinzufliegen, erreichte die Stegbrücke, kehrte in die Stadt zurück. Zum zweiten Mal entwischte er ihnen, zum zweiten Mal verhalf ich ihm zur Flucht, gab ihm sein prekäres Paradies wieder. Keuchend blieb ich ihnen gegenüber stehen; ich brauchte nicht weiter auf sie zuzugehen, das Spiel war aus. Von der Frau sah man gerade nur eine Schulter und ein wenig vom Haar, vom Bildrand brutal beschnitten; den Mann aber sah man von vorn, mit halb geöffnetem Mund, in dem eine schwarze Zunge zitterte, und langsam hob er die Hände, näherte sie dem Vordergrund, für einen Augenblick noch mitten im Brennpunkt, und dann nahm er mit seinem Körper den ganzen Raum ein, löschte die Insel, den Baum aus, und ich schloß die Augen und wollte nicht mehr sehen und bedeckte mir das Gesicht und brach in Weinen aus wie ein Idiot.

Jetzt zieht eine große weiße Wolke vorbei, wie an allen diesen Tagen, dieser unermeßlichen Zeit. Was zu sagen bleibt, ist immer eine Wolke, zwei Wolken, oder lange Stunden völlig klarer Himmel, ein überaus helles Rechteck, mit Stecknadeln an der Wand meines Zimmers befestigt. Das war es, was ich sah, als ich die Augen öffnete und sie mir mit den Fingern trocknete: der reine Himmel, und dann eine Wolke, die von links kam, langsam ihre Anmut vorführte und rechts verschwand. Und danach noch eine, aber manchmal wird auch alles grau, ist alles eine riesige Wolke, und plötzlich prasselt der Regen, lange sieht man es auf das Bild herabregnen, wie ein In-sich-hinein-Weinen, und allmählich hellt das Bild sich auf, vielleicht kommt die Sonne hervor, und wieder kommen die Wolken, zu zweien, zu dreien. Und manchmal die Tauben und dann und wann ein Sperling.

Arno Geiger

Abschied von Berlin

Er hatte knapp anderthalb Jahre in Berlin verbracht, ohne dort richtig Fuß zu fassen. Er hatte kein schnelles Geld gemacht, nicht einmal langsames, und in dem Kinocenter, in dem er zuletzt als Vorführer gearbeitet hatte, war er aus heiterem Himmel eingespart worden. Sein ursprüngliches Ziel, New York, lag in noch weiterer Ferne als zuvor, denn auch das Geld, das ihm seine Mutter gegeben hatte, damit er *da oben nicht verlaust,* war aufgebraucht. Seine Rückkehr nach Wien war für den darauffolgenden Nachmittag fixiert.

Den letzten Abend verbrachte er mit Antonia, einer Dramaturgin italienischer Abstammung, die er zwei Monate vorher bei einer Kinopremiere kennengelernt und mit der er ein paarmal geschlafen hatte. Sie saßen im Ostteil der Stadt in einem Lokal, dessen Name ihm schon entfallen war, noch ehe er Platz genommen hatte; irgendeine Wortbildung mit *Palmen* oder *Perlen.* Dort tranken sie Rotwein und redeten viel belangloses Zeug, was weniger an Antonias und seiner Befangenheit lag als an einer gewissen Gleichgültigkeit angesichts der bevorstehenden Trennung. Dem Abschied und der damit verbundenen Notwendigkeit, auch das Wenige, das sie miteinander verband, in den Schoß der Götter zurückzulegen, sahen sie, um das mindeste zu sagen, mit ernüchternder Gelassenheit entgegen.

Antonia sagte:

»Wozu Krokodilstränen herausdrücken, wenn alle Beteiligten allein deshalb enttäuscht sind, weil sie immerzu an die Falschen geraten.«

»Es gibt nur Falsche, mehr oder weniger Falsche«, gab Lukas zu bedenken.

Auf das Ausmaß, *wie falsch* sie waren, gingen sie nicht ein, denn die Distanz, die sie trennen würde, sobald Lukas wieder in Wien war, beflügelte weder Antonias noch seine Phantasie, das genügte als Indikator vollauf. Sie konnten sich vorbehaltlos bescheinigen, daß sie beide nicht eingelöst hatten, was sie an einem der ersten Tage ihres Kennenlernens im Spaß formuliert hatten: Daß der Verlust des Verstandes in der Liebe das untere Limit sei, einmal vorausgesetzt, man wolle es in ihr zu etwas bringen.

Um halb zwei in der Nacht, als sich das Lokal schon so gut wie geleert hatte, trat die Kellnerin an den Tisch und verkündete, daß das Taxi warte.

»Wir haben kein Taxi bestellt«, sagte Lukas.

Im nächsten Augenblick stand Antonia auf, gab ihm einen Kuß auf die Wange und sagte einen dieser bei Indianern oder Eskimos angelesenen Sätze, mit denen sie sich regelmäßig über die Runden rettete, wenn sie nichts zu sagen hatte oder nichts sagen wollte:

»Halt die Ohren steif, wenn sie nicht dreckig genug sind, daß sie von alleine stehen.«

Antonia verschwand mit der Kellnerin in den vorderen Teil des Lokals, und obwohl Lukas Erleichterung empfand, daß sie den Abschied mit so wenig Gefühlsaufwand hinter sich gebracht hatten, ärgerte er sich über Antonias Abgang. Bestätigung, daß er gut beraten war, wenn er seine Berliner Solitude aufgab, brauchte er keine, soviel war sicher.

Die Deckenventilatoren wurden abgestellt. Wenig später kam die Kellnerin auch zu ihm, um abzukassieren, und dabei stellte sich heraus, daß nicht nur seine, sondern auch Antonias Rechnung offen war. Er zögerte einen Moment, auch, weil er Antonia für konsequenter gehalten hätte (es kann ja nicht reichen, daß man lediglich keine Gefahr läuft, danke sagen zu müssen). Und obwohl er sich gut in der Gewalt hatte, genügte der Kellnerin sein Zögern, um zu wissen, daß die Entscheidung, die Kosten des Abends ihm zu überlassen, von Antonia getroffen worden war.

»Ich dachte, es ist mit dir abgesprochen«, sagte die Kellnerin und machte eine entschuldigende Geste.

»Ist schon okay«, sagte er abwinkend, ein wenig getröstet, weil hier jemand war, der sich für einen Augenblick auf seine Seite schlug. Die Kellnerin gab ihm das Wechselgeld heraus und sagte:

»Ich habe ebenfalls genug für heute.«

Sie ging zurück zur Bar, wo auch er noch eine Weile herumhing, unwillig, sich damit abzufinden, daß auch der letzte Abend einen Hauch Schäbigkeit abbekommen hatte, mehr als nur einen Hauch. Die Kellnerin pfropfte Vakuumstöpsel auf die Weinflaschen. Offensichtlich hatte sie nichts dagegen, sich noch ein wenig mit ihm zu unterhalten.

»Das vorhin, eigentlich macht es mir nichts aus. Nicht viel«, sagte er.

»Klingt ganz danach«, sagte sie.

»Ist aber so. Ich bin ohnehin dabei, Bilanz zu ziehen, und da kommt es mir als Schlußstrich auf meiner Seite gerade recht.«

»Und wie sieht die Bilanz so aus?« fragte sie.

Er sagte:

»Ich habe ihren Raucherhusten von Anfang an gemocht« – das war die Wahrheit – »ebenso den breiten Spalt vorne zwischen ihren Zähnen, ihr Lachen und ihre Direktheit. Dem steht lediglich entgegen, daß ich mir ständig als ihr Publikum vorgekommen bin. Aber selbst das hat mir irgendwie gefallen.«

Die Kellnerin schaute von ihrer Arbeit auf, mit einem auf freundliche Art durchdringenden Blick, als wisse sie über alles Bescheid. Lukas dachte, die Frau halte ihn bestimmt für einen hoffnungslosen Fall. Rasch fuhr er fort:

»Außerdem sind meine Finger hängengeblieben, sooft ich über Antonias seltsam rauhe Haut gefahren bin.«

»Die Haut von Südländern ist einfach dicker«, sagte die Kellnerin. »Ich glaube, die ist einfach dicker.«

»Es war mehr als nur das«, sagte er. »Richtig hängengeblieben.«

Die Unterhaltung ging fast ausschließlich über Antonia, geradezu zwanghaft, seinerseits, obwohl er nicht selbstmitleidig erscheinen wollte (was er zweifellos war). Immerhin bemühte er sich, seine Enttäuschung nicht mehr als nötig merken zu lassen und die Kellnerin möglichst oft zum Lachen zu bringen. Unter anderem erzählte er ihr von einem der ersten Abende, als Antonia einen Block aus ihrer Umhängetasche gezogen, ihre Finger befeuchtet und nach der Liste mit den *42 Punkten* gesucht hatte. Bei den *42 Punkten* handelte es sich um eine detaillierte Aufstellung der Gründe, weshalb Antonias Noch-Lebensgefährte, ein Filmproduzent, Gift für sie war. Die Glanznummern trug sie theatralisch vor, sie bog sich vor Lachen, zwischendurch merkte sie augenzwinkernd an, daß dieser oder jener Punkt ein schlechtes Licht auf sie werfen könnte, dann lachte sie noch lauter und ließ den Notizblock wieder verschwinden.

»Punkt 14: Weil ich wegen deiner ewigen Kompliziertheit gelernt habe, es mir selber zu machen.«

Die Kellnerin lachte ebenfalls, und das gemeinsame Lachen, die Vertrautheit, die darin lag und mit der Lukas in dieser Nacht nicht mehr gerechnet hatte, besserte seine Laune. In letzter Zeit, seit alles aus dem Ruder lief, schaffte er es immer seltener, ausgelassen zu sein, und das, obwohl ihm das instinktive Zurückweichen von Frauen, wenn einer durchhängt, schon aufgefallen war.

Sie brachen gemeinsam auf.

»Bin ganz schön müde«, sagte die Kellnerin, als sie auf der Straße standen. Er steckte verlegen die Hände in die Jackentasche, zog sie aber sogleich wieder heraus, weil ihm einfiel, daß dies der Moment war, in dem er sich verabschieden mußte.

»Ist in der Nähe ein Bankomat?« fragte er. »Für das Taxi«, fügte er hinzu. Er hatte Zweifel, daß die knapp vierzig Euro, die er noch in der Tasche hatte, für die Fahrt nach Wannsee reichen würden. Auch einem Mitbewohner schuldete er Geld und mußte es vor dem Abflug zurückgeben; lauter Dinge, die ihm vor Augen hielten, daß er keuchend und mit leeren Taschen auf die Zielgerade seines hiesigen Aufenthalts bog.

»Wenn du willst, kannst du bei mir auf der Couch schlafen.«

Die Kellnerin machte ihm das Angebot ohne Zwischentöne. Dabei zog sie die rechte Schulter nach vorn, die linke zurück, wie um mit dieser Achsendrehung die Richtung anzudeuten, in der ihre Wohnung lag.

Sie gingen die Schwedter Straße, über die Kastanienallee, zur Rheinsberger Straße. Außer ihnen war kaum jemand unterwegs, kaum Verkehr. Die Kellnerin schlurfte beim Gehen, obwohl sie sich kerzengerade hielt. Beinahe synchron zu ihrem Schlurfen wetzten die Hosenröhren seiner Jeans aneinander, was gut zu hören war, denn sie führten die Unterhaltung nicht fort. Lukas hatte schon genug über Antonia geredet, fast schon zuviel. Außerdem verstärkte die frische Luft die Wirkung des Alkohols, und sein Denkvermögen trübte sich ein, was er widersinnigerweise sehr klar registrierte. Er fühlte sich seltsam undefiniert, und auch die wenigen Minuten, während derer die Wohnung der Kellnerin hell beleuchtet war, kamen ihm als eine Art Auszeit vor, als irgendwie aus der Welt gefallenes Terrain. Zwar tauchte am Rande der Gedanke auf, mit der Kellnerin zu schlafen und sich so für die Misere mit Antonia zu entschädigen, aber das schlug sich nicht in Erregung nieder. Seine Müdigkeit und die Angst, einen Korb zu erhalten, waren stärker.

»Sie ist nicht sonderlich bequem«, sagte die Kellnerin, während sie die Couch auseinanderklappte.

»Ich habe bestimmt schon Schlimmeres erlebt.«

Er sah die Kellnerin an. Sie machte eine einladende Geste. Er nickte und fingerte die Knöpfe der Hemdsärmel aus ihren Löchern, ehe er sich auf die schaumstoffgestopften Polster legte. Die Kellnerin entschuldigte sich, daß sie keine zweite Decke besitze, sie könne einen Mantel bringen. Aber Lukas schlug das Angebot mit der Begründung aus, daß er es vorziehe, in den Kleidern zu schlafen.

Die Kellnerin ließ ihn allein und ging ins Bad zum Zähneputzen. Sowie sie weg war, war Lukas in Gedanken wieder bei Antonia und fragte sich, ob auch er Stoff für 42 Punkte abgeben würde. Er bezweifelte es, und das kränkte ihn, grad so, als ginge es um Gutpunkte, nicht um Schlechtpunkte. Unterdessen hörte er aus dem Bad Gurgeln. Eine sehr aus der Mode gekommene Eigenart; und das sagte er der Kellnerin auch, als sie zurück ins Zimmer trat. Sie schaute ihn unsicher an, ohne auf die Bemerkung einzugehen, sie drehte am quietschenden Reguliergriff der Heizung, knipste sämtliche Lichter aus, zuletzt die Stehlampe zwischen Couch und Fenster. Dann tappte sie im Dunkeln an ihm vorbei, bereits barfuß, um Sekunden später das Hochbett zu erklimmen, das am anderen Ende des relativ großen Wohn- und Schlafraums aufragte.

»Gute Nacht«, sagte sie.

Er wünschte ebenfalls eine gute Nacht, recht kleinlaut. Er lag auf dem Rücken, die Hände im Nacken, und hörte, wie sich die Kellnerin auszog, innehielt und dann die Kleider vom Bett herunter aufs Parkett warf. Er mochte diesen Moment, obwohl er ihn genausogut nicht hätte mögen können. Das Bettzeug raschelte heftig. Diesem Geräusch wandte er sich zu, horchte jetzt aber in eine dichte Stille hinein, die nur allmählich an Durchlässigkeit gewann. Nach einer Weile vermeinte er ein flaches Atmen auszumachen. Er streckte sich seltsam beruhigt aus. Aber die Vorstellung, daß die Kellnerin bereits in tiefen Schlaf gefallen war, brachte ihn dann doch an den Punkt, sich zu sagen, daß sie ihm ihre Couch nur wegen Antonia angeboten hatte, als Vertreterin weiblicher Barmherzigkeit sozusagen. Er fragte sich, wie es mit ihm weitergehen werde. Er dachte an seine Mutter, an ihre Wohnung im elften Bezirk, wo er vorübergehend wieder Unterschlupf finden würde. Aber wenigstens dieses Bild gewann keine Schärfe mehr, denn vom Alkohol geschwächt und moralisch erschöpft, schlief er ebenfalls ein, ohne es zu merken. Als ihn die Türklingel weckte, glaubte er zunächst, sich die ganze Zeit in seinen Überlegungen gedreht zu haben, so präsent waren sie von der ersten Sekunde an. Dabei war es schon hell.

Es klingelte, zuerst einmal, dann zweimal kurz hintereinander. Das Tageslicht hatte die Distanz zwischen Hochbett und Couch verkürzt und alles irgendwie verschoben, was gut zu Lukas' Benommenheit paßte. Er schaute in die Richtung des Hochbetts, er wartete, ob die Kellnerin auf das Klingeln reagieren und herunterklettern würde. Tatsächlich hob sie ihren Oberkörper, der Lattenrost knarrte. Sie beugte sich zu Lukas, blinzelte und sagte mit belegter Stimme, er solle so nett sein und die Türe öffnen, das sei der Installateur. Es klingelte erneut, heftig. Die Kellnerin stöhnte:

»Hatte ich ganz vergessen, tut mir leid. Es ist wegen dem Abfluß der Badewanne, der ist seit zwei Wochen undicht.«

Der Kopf der Kellnerin sank zurück ins Kissen, und Lukas zweifelte nicht daran, daß sie augenblicklich weiterschlafen würde. Für ihn hingegen hatte der Tag begonnen, und zwar mit einem Auftrag. Er stemmte sich hoch und trat aus der diffusen Situation, in der ihn die Nacht und das langsame Wachwerden der Kellnerin festgehalten hatten, zur Wohnungstür.

»Dachte schon, es ist niemand zu Hause«, sagte der Installateur.

Der Mann manövrierte zwei Kisten an Lukas vorbei in die Diele, hielt inne, um Lukas den Vortritt zu lassen. Lukas schloß die Wohnungstür, und während er sich umständlich das Hemd in die Hose steckte, überlegte er, wo das Badezimmer liegen mochte. In mechanischer Eile setzte er die zur Verfügung stehenden Türen ins Verhältnis zu Küche und Klo, über die er Bescheid wußte. Dann öffnete er die in Frage kommende Tür und lag auf Anhieb richtig. Im Vorbeigehen schloß er mit Schwung den Spiegelschrank über dem Waschbecken, als behebe er seine eigene Nachlässigkeit vom Vortag. Anschließend, nachdem er bisher in einsilbiger Schläfrigkeit nur die gebräuchlichen Höflichkeitsfloskeln herausgebracht hatte, sagte er:

»Es handelt sich um den Abfluß der Badewanne, der ist seit zwei Wochen undicht.«

Tatsächlich sah man am Boden, dort wo die geflieste Verkleidung der Badewanne näßte, ein schmutziges Handtuch liegen.

Der Installateur, ein Mann um die Vierzig, dem man ansah, daß er auch am Samstag nichts Besseres zu tun hatte, als zu arbeiten, setzte Werkzeug- und Materialkasten vor dem Waschbecken ab, schnalzte die Schnallen am Werkzeugkasten mit den Daumen auf und holte einen Hammer hervor. Er klopfte mit dem Ende des hölzernen Stiels gegen mehrere der geblümten Fliesen der Badewannenverkleidung, bis er geprüft hatte, hinter welchen Fliesen es hohl klang. Dann sagte er:

»Ich muß die Fliesen einschlagen, damit ich mir das ansehen kann. Wird auch besser sein, wenn Sie das Fenster öffnen, für alle Fälle.«

Lukas drehte den Riegel des einflügeligen Fensters in die Horizontale, öffnete es und schaute in einen von Wohnhäusern umgebenen, mit Fahrrädern und Kinderwägen vollgestellten Hinterhof. In den leicht bewölkten Himmel sickerte Farbe ein, der Blick nach oben erinnerte ihn daran, daß irgendwo da draußen der Flugplatz lag, wo am Nachmittag die Maschine nach Wien abgehen würde. Er mußte Koffer packen. Auch einen Nachsendeauftrag mußte er erteilen. Aber wie die Dinge lagen, würde daraus wohl nichts mehr werden.

Lukas quetschte sich am Installateur vorbei und schloß die Tür des Badezimmers von innen, dabei gab er sich Mühe, möglichst leise zu sein.

»Sie schläft noch«, sagte er. Und noch während er das sagte, stellte sich ein Gefühl ein, als hätte er den Vorabend und alle Beteiligten ausgetrickst und wäre hierher entkommen, in dieses Badezimmer, wo er sicher war.

Gähnend fuhr er fort:

»Wenn man als Kellnerin ein gutes Herz hat, kommt man nicht vor vier Uhr ins Bett.«

Der Installateur nickte und zertrümmerte mit mehreren gezielten Hammerschlägen vier Fliesen. Er schlug die Ränder des entstandenen Lochs ab, damit er beim Hantieren unter der Wanne möglichst viel Platz hatte.

»Eine hübsche Frau«, sagte der Installateur wie zu sich selbst.

Ein Rinnsal schmutzigen Wassers breitete sich in den Bodenfugen aus.

»Worauf ich verdammt stolz bin«, sagte Lukas, verblüfft, daß ihm der Satz so leicht über die Lippen ging. Er rechtfertigte sich sogleich: »So eine Frau findet man nicht alle Tage, da darf man schon ein wenig stolz sein.«

»Dazu haben Sie allen Grund«, sagte der Installateur. Er schob die Fliesenscherben beiseite und wischte das Wasser mit dem dreckigen Handtuch auf, ehe er Lukas einen Stecker reichte, an dem eine von einem Drahtkäfig umschlossene Glühbirne hing.

»Es ist schließlich nicht selbstverständlich so«, sagte Lukas, »ich habe auch meine Enttäuschungen erlebt, und was für welche.«

»Wer nicht«, sagte der Installateur.

Der Mann beförderte das Arbeitslicht in den Hohlraum unter der Wanne, lag dann rücklings am Boden und hantierte ächzend mit einem großen Gabelschlüssel in dem hell ausgeleuchteten Bereich unter dem Abfluß. Was genau dort passierte, konnte Lukas nicht sehen, denn Arme und Oberkörper des Mannes füllten und verdeckten das in die Fliesen geschlagene Loch.

Lukas sagte:

»Die davor war Italienerin, wie aus dem Bilderbuch, mit solchen Haarbüscheln unter den Achseln. Bei der haben immerzu die Türen geknallt, daß der Schlüssel einen Meter weit ins Zimmer gesprungen ist.«

»Da wird einem wenigstens nicht langweilig«, keuchte der Installateur. Und kurz darauf:

»Sie sind auch kein Berliner, was?«

»Österreicher. Ich arbeite als Filmvorführer in einem Kino in Charlottenburg. Nichts Besonderes. Hauptsächlich 35-mm-Telleranlagen. Aber recht gut bezahlt. Das wichtigste ist, ich kann mich hier halten.«

Der Installateur kam mit dem Oberkörper hoch. Er

warf den Schraubenschlüssel auf das dreckige Handtuch, besann sich aber und verwendete das Handtuch zum Abtrocknen der Hände. Der Schlüssel klimperte mit einem hellen Geräusch auf die Fliesen. Der Installateur fragte:

»Schon lange mit ihr zusammen?«

»Seit vier Monaten«, behauptete Lukas und genoß es, Antonia und die Zeit mit ihr einfach zu überspringen. Er spürte den Puls im Hals, ihm war, als erlebte er in diesem Moment die erste glückliche Liebesbeziehung seit langem.

»Wir haben ein Hochbett«, sagte er, »das ist großartig. Wenn man als erster im Bett ist, und der andere kommt nach, fühlt man sich wie ein König.«

In seinen Handflächen bildete sich Schweiß. Aber der Installateur lehnte sitzend an der Badewanne, ohne den geringsten Argwohn, und schraubte zwei Rohrteile auseinander. Er blickte auf, nickte und wendete sich wieder dem Loch zu. Von dem Hohlraum verzerrt, hörte Lukas ihn sagen:

»Ich war auch einmal mit einer Frau mit einem Hochbett zusammen. Ist schon ein paar Jahre her. Sie hat im Bett immer geschrien.«

»Wie meine!« platzte Lukas heraus. »Meine schreit auch!«

Er lachte vor Freude über diese unverhoffte Gemeinsamkeit, riskierte einen Blick in den Spiegel und war nicht überrascht, daß er trotz der anstrengenden Nacht einen sympathischen Eindruck auf sich machte.

»Sie hat eine wunderschöne Stimme«, sagte er, »das allererstaunlichste aber ist ihre Haut, so was von –«

Er lachte neuerlich, trotz oder wegen seiner Nervosität, dabei überlegte er, ob es ihn in den Augen der Kellnerin attraktiver machen würde, wenn er behauptete, daß er Drehbücher verfasse. Er war drauf und dran, dieser Idee ein wenig Substanz zu verschaffen, indem er dem Installateur davon erzählte. Doch dieser kam ihm zuvor, indem er fragte, ob der Abfluß öfters mal verstopft war.

Lukas nickte bedeutungsvoll.

»Reinigungssäure hat einen Dichtungsring durchgefressen, das kann vorkommen. Am besten, ihr kauft euch ein Abflußsieb, das erspart euch in Zukunft Ärger.«

Der Installateur entnahm einem der oberen Fächer seiner Materialkiste einen Gummiring und beschmierte ihn mit Fett aus einer großen roten Dose. Auf Lukas machte der Mann nicht den Eindruck, als ob er gleich weiterreden wolle, also lenkte er die Unterhaltung auf das, was seine Phantasie, seit er Antonia kannte, wieder stärker beschäftigte.

»Ich schreibe Drehbücher«, sagte er. »Die Geschichten, die ich mir ausdenke, erzähle ich ihr immer. Das sind so Momente. Ich meine, sie hat ein so feines Gespür für Schattierungen, ohne sich je selber in den Vordergrund zu drängen.«

Aber den Installateur schien weder Lukas' Karriere beim Film noch das Gespür der Kellnerin zu interessieren. Vermutlich war er zu sehr von seiner Arbeit beansprucht, die in die schwierige Phase getreten war. Unterhaltung kam keine mehr in Gang. Der Installateur ließ probehalber aus beiden Hähnen Wasser laufen, er gab Lukas den Tip, das Loch in den Fliesen mit einem Blech zu verkleiden, solche Deckel gebe es in jedem Baumarkt zu kaufen. Dann räumte er das Werkzeug ein, schaute auf die Uhr und errechnete die Kosten, schwarz.

»Dreißig Euro.«

»Dreißig Euro«, wiederholte Lukas, deprimiert, daß die Unterhaltung keine Fortsetzung fand. Außerdem schwankte er, was er tun sollte. Nach den vertraulichen Lügen, die er dem Installateur erzählt hatte, konnte er die Kellnerin nicht gut wecken. Was blieb ihm übrig. Er ging voraus in die Diele, zog seine Geldtasche aus der Jacke und gab dem Installateur zusätzlich zur verlangten Summe ein kleines Trinkgeld, so ziemlich alles, was ihm nach dem Abend mit Antonia geblieben war.

»Danke für die Mühe«, sagte Lukas, weiterhin voller Bedauern. Die Arglosigkeit des Installateurs hatte seinem Glück mit der Kellnerin eine Zeitlang eine gewisse Basis verschafft. Doch ohne den Installateur? Blieb nicht viel. Lukas wäre gerne nochmals auf die Badewanne zu sprechen gekommen, wie froh ihn die geglückte Reparatur mache, da die Badewanne aus seinem Leben mit der Kellnerin nicht wegzudenken sei. Aber zum Wohn- und Schlafzimmer gab es lediglich einen offenen Durchgang, so daß er es nicht wagte, das Thema anzusprechen. Er hatte Angst, die Kellnerin könnte aufwachen und alles hören.

»Nichts zu danken und schöne Grüße«, sagte der Installateur.

Lukas hörte den einzigen Mitwisser und mutmaßlichen Neider seiner häuslichen Seligkeit die Treppe hinunterstapfen. Mit erhobenem Kopf horchte er den schweren Tritten hinterher, bis das Geräusch verstummte. Dann stand er zwei weitere Minuten regungslos vor der halboffenen Tür, und die Verlassenheit rauschte ihm in den Ohren wie schon lange nicht mehr. Er mußte los, er mußte die Kellnerin aus dem Schlaf holen, wenn er sich von ihr verabschieden wollte. Dabei wußte er noch nicht einmal ihren Namen, um sie damit zu wecken. In der Aufregung, als sie sich vorgestellt hatte, war ihm ihr Name sogleich wieder entglitten; und draußen an der Tür – er vergewisserte sich – war lediglich ein Nachname angebracht, und selbst der gehörte, dem vergilbten Schild nach zu schließen, einem fernen Vormieter.

Lukas trat dennoch in den Durchgang zum Wohnzimmer. Von dort aus konnte er die Kellnerin sehen, die Wölbung ihres Körpers unter der Decke und ihre linke Hand, die über den Bettrand hing. Er betrachtete die Hand, die Finger krümmten sich zu einer halben Faust, um sich sogleich wieder zu lösen. Die Haut der Kellnerin war erstaunlich blaß, die Adern am Handrücken schimmerten grünlich durch. Er folgte dem Aderngeflecht mit den Augen, er wünschte sich, daß irgend etwas passierte, daß die Kellnerin aufwachte. Gleichzeitig empfand er ein heftiges Bedauern angesichts all dessen, was nicht war, aber sein könnte, und doch nicht sein würde, weil er sich im Gespräch mit dem Installateur schon alles genommen hatte.

Wenn er wieder in Wien war, würde er ausreichend Gelegenheit haben, über all das nachzudenken; mehr als ausreichend.

Addio sagte er bei sich (was er eigentlich zu Antonia hätte sagen wollen), ging in die Küche und schrieb ein paar Worte auf einen Zettel, die sogar irgendwie zu passen schienen. Er trank ein Glas Wasser. Dann langte er nach seiner Jacke und seinen Schuhen, die er aber erst anzog, als er die Wohnungstür hinter sich geschlossen hatte und im Hausflur stand.

Dora Heldt

Helgoland oder Der Anfang vom Ende

Jede Erinnerung hat ihren Ort und dieser Ort bekommt dadurch einen gewissen Zauber. In Hamburg habe ich meinen ersten Kuss bekommen, in Berlin war ich zum ersten Mal richtig verliebt, in Bad Godesberg zog ich mit meinem damaligen Freund zusammen, in Bremen bekam ich meinen ersten Heiratsantrag und … dann gibt es da noch Helgoland. Damit verbinde ich ganz besondere Erinnerungen, wenn auch nicht die besten. Aber auch die sind immer für irgendetwas gut.

Mein Mann Lars hat im Sommer Geburtstag. Und zwar mitten im Sommer. In einem Monat, in dem immer schönes Wetter ist, mit blauem Himmel, lauen Nächten, Grillengezirpe und Froschkonzerten. Als Novembergeborene habe ich ihn immer darum beneidet: Geburtstagsfrühstück im Garten, selbst gepflückte Blumensträuße, Erdbeertorte, Geburtstagsgäste in leichten Sommerkleidern und kurzen Hosen, mit braungebrannten Gesichtern, Sommersprossen und guter Laune.

Lars hingegen interessiert das alles gar nicht, übrigens genauso wenig wie sein Geburtstag. Er mag keine Partys, mehr als vier Leute zu Besuch sind ihm sowieso zu viel, er hat keine Lust, an Termine zu denken, und hasst Großeinkäufe. Viel lieber geht er an freien Wochenenden mit seinem Freund Paul segeln. Der hat ein eigenes Boot, das Lars auch gern hätte. Dafür reicht aber unser Geld nicht.

Das nächste Problem ist sein Geschenk. Wir führen

zweimal im Jahr das gleiche Gespräch, einmal im Sommer, einmal kurz vor Weihnachten:

»Sag mal, was wünschst du dir eigentlich?«

»Keine Ahnung.«

»Aber du musst doch irgendeinen Wunsch haben.«

»Ein Boot.«

»Haha. Und jetzt mal im Ernst?«

»Mein Akkuschrauber muckt.«

»Ich kann dir doch zum Geburtstag keinen Akkuschrauber schenken.«

»Wieso nicht?«

»Den kannst du dir doch selbst kaufen. Außerdem hasse ich Baumärkte.«

»Ja, dann weiß ich auch nicht.«

Ich kaufe ihm dann immer ein Hemd, zum Geburtstag mit kurzen, zu Weihnachten mit langen Ärmeln. Und wenn ich Geld und gute Laune hatte, noch einen Gutschein für den Baumarkt. Das alles war mittlerweile genauso langweilig wie er und ich und wie unsere Ehe. In diesem Sommer sollte endlich einmal alles anders werden.

Wir hatten seit über vier Wochen traumhaftes Wetter. Jeden Tag ein wolkenloser Himmel und fünfundzwanzig Grad. Ideales Wetter für einen romantischen Ausflug. Und ich wusste auch schon, wohin: nach Helgoland, Deutschlands einziger Hochseeinsel, mit der Langen Anna und den Lummenfelsen, dem Unter-, Mittel- und Oberland, den bunten Hummerbuden, den Schiffen, den Flaggen, der Sonne – und mit Lars und mir mittendrin.

Ich hatte herausgefunden, dass es von unserem nah gelegenen kleinen Flughafen günstige Direktflüge zur Insel gab. Morgens hin, abends zurück, dazwischen zollfrei einkaufen und alles für weniger Geld, als eine Gartenparty gekostet hätte. Die Idee war glänzend und ich würde zwei Fliegen mit einer Klappe schlagen.

Die erste Fliege: Ich hatte ein richtig originelles Geburtstagsgeschenk. Zweite Fliege: Lars brauchte unbedingt eine neue Segelkombi, also Hose und Jacke, und hatte sich in eine ganz bestimmte verliebt. Nicht nur schön, sondern auch auf dem neuesten Stand der Segeltextiltechnik. Die, aber auch nur die, sollte es sein. Im Internet hatte Lars vor einiger Zeit gesehen, dass dieses Teil in einem Seglerladen auf Helgoland nicht nur mehrwertsteuerfrei, sondern auch erheblich reduziert angeboten wurde. Lars hatte mehrere Freunde gefragt, ob sie mit ihm nach Helgoland segeln würden, alle hatten abgewinkt, es gäbe nur einen einzigen Grund, nach Helgoland zu segeln, das ist die Pfingstregatta, und die ist an Pfingsten und somit schon gewesen. Aber vielleicht nächstes Jahr. Bestellungen übers Internet lehnte Lars ab, da war er komisch, und deshalb hatte er seit zwei Wochen schlechte Laune. Nur weil er nicht in diesen Laden am Helgoländer Hafen kam. Jetzt könnte er. Dank meiner Idee.

Ein kleines Problem gab es allerdings: Ich habe Flugangst. Nicht nur ein bisschen, sondern ganz massiv. Ich schlafe vorher nicht, mir wird an Bord schlecht, ich werde regelrecht hysterisch, muss mich übergeben und werde irgendwann ohnmächtig. Nachdem ich zweimal dieses Spektakel im Beisein mir völlig fremder Menschen überlebt hatte, beschloss ich, mir eine Bahncard zu kaufen und Urlaube nur noch in Autonähe zu planen. Das ist auf Dauer etwas umständlich. Man kann seine Flugangst auch bekämpfen. Dafür gab mir ein befreundeter Kollege einen bombensicheren Tipp: »Du musst mal mit einem ganz kleinen Flugzeug fliegen. So richtig mit Kontakt zur Crew und als Sichtflug. Dann bist du damit durch. Das hat bei meiner Schwester auch geholfen.«

Dieser Rat fiel mir jetzt wieder ein. Vielleicht war das

beste Geburtstagsgeschenk aller Zeiten auch eine wunderbare Therapie gegen meine blöde Flugangst. Wir würden es ja sehen, dachte ich mir.

Eine Woche später hatte Lars Geburtstag. Ich deckte den Frühstückstisch im Garten, pflückte einen riesigen Blumenstrauß und zog mir ein leichtes Sommerkleid an. Die beiden Flugtickets hatte ich hübsch eingepackt und sogar noch eine kleine Flasche von Lars' Lieblingswhiskey gekauft. Entspannt lehnte ich mich zurück und wartete auf seine begeisterte Reaktion.

Lars starrte auf die Tickets, drehte sie mit gerunzelter Stirn um, hob den Kopf und fragte: »Samstag? Diesen Samstag?«

Ich nickte lächelnd. Liebevoll lächelnd.

»Das ist aber dumm. Da wollte ich mit Paul nach Brunsbüttel segeln. Kannst du die zurückgeben?«

Jetzt lächelte ich bemüht. »Nein. Kann ich nicht. Dann ist das Geld weg.«

»Was willst du denn auf Helgoland? Das ist doch total langweilig.«

Mein Lächeln war nun angestrengt. »Du warst noch nie da. Wir können uns doch mal einen schönen Tag machen. Bei diesem Wetter wird das bestimmt toll.«

Lars schob die Tickets wieder in den Umschlag zurück. »Das ist nur schön, wenn man da übernachtet. Das sagen zumindest alle, die mal da waren. Und das können wir uns ja wohl nicht leisten.«

Ich hatte keinerlei Ambitionen, auf Helgoland zu übernachten. Ich wollte meine Flugangst besiegen, das Segelkombi-Schnäppchen kaufen, zwei bis drei Fischbrötchen essen und danach wieder nach Hause. Nicht mehr und nicht weniger. Und jetzt freute sich Lars überhaupt nicht. Mein Lächeln war endgültig weg, die Anstrengung noch da.

»Meine Güte, du kannst jeden anderen Samstag segeln. Außerdem hast du dir nichts gewünscht, ich habe dich doch dreimal gefragt. Jetzt denke ich mir was aus und du meckerst rum. Super.«

Ich hatte jetzt diesen nörgeligen Ehefrauenton, den Lars mindestens so hasste wie Gartenpartys. Ich riss mich zusammen und fuhr in halbwegs normalem Ton fort: »Und außerdem kannst du dir da die Segelkombi kaufen, über die du seit Wochen redest.«

Ich fand mich sehr souverän und wurde tatsächlich mit einem Lächeln belohnt, das über das Gesicht meines Angetrauten huschte.

»Ach ja, das Angebot, das stimmt ja. Das ist ja gut, das machen wir. Schön. Vielen Dank.«

Er stand sogar auf, um mich auf die Wange zu küssen. Na bitte, dachte ich, geht doch.

Am Samstag mussten wir um sechs Uhr aufstehen, der Flug ging um acht Uhr. Mir war nicht besonders gut. Ich hatte kaum geschlafen, mein Puls raste, ich hatte Schweißausbrüche und war unkonzentriert. Ich hoffte nur, dass genau dieser Flug mich davon heilen würde.

Lars gähnte sechsmal hintereinander, während wir Kaffee tranken.

Als ich aus Versehen aufstöhnte, sah Lars mich nur kurz von der Seite an.

»Wieso stöhnst du denn?«

»Ich stöhne nicht.«

»Doch.«

»Nein.«

»Kriegst du jetzt wieder deine Flugangst?«

Ich fand sein Lächeln zynisch, hatte aber viel zu viel mit den Katastrophenszenarien in meinem Kopf zu tun, um mich auf eine unserer albernen Streitigkeiten einzulassen. Also schwieg ich und versuchte, an der Schläfe den Akupressurpunkt zu finden, der Schwindelanfälle mildert.

Lars legte nach: »Ich habe mich sowieso gewundert, dass du fliegen willst. Sonst machst du doch immer so einen Aufstand.«

»Ich mache keinen Aufstand. Ich habe Flugangst.«

»Sag ich doch.«

»Wir müssen los.« Abrupt stand ich auf. »Und du könntest auch mal anerkennen, dass ich dir zuliebe in ein Flugzeug steige.«

»Mal sehen«, sein skeptischer Blick folgte mir, als ich an ihm vorbei in die Küche ging.

Eine halbe Stunde später fuhren wir auf den Parkplatz des Flughafens. Es standen nur zwei Autos vor dem Gebäude, beide auf dem Personalparkplatz, sehr viele Fluggäste gab es wohl nicht. Lars stieg umständlich aus und sah sich um.

»Bist du sicher mit der Uhrzeit? Es ist halb acht und kein Mensch ist da.«

Mittlerweile hielt mich die Angst wie eine Kralle am Nacken. Ab und zu fühlte ich mich von ihr geschüttelt. Mir war furchtbar schlecht, meine Beine waren wie aus Gummi. Ich wollte überhaupt nicht fliegen. Nie mehr. Aber wir waren ja schon am Flughafen.

»Das steht doch auf dem Ticket.« Mit zitternden Händen kramte ich den Umschlag aus meiner Tasche. »Ja, hier, Abflug acht Uhr fünf. Und wir sollen eine halbe Stunde vorher da sein.«

Lars nahm mir die Tickets aus der Hand und überflog das Gedruckte. Vielleicht war es ein Zeichen. Der Flug würde gar nicht stattfinden, weil zu wenige Fluggäste gebucht hatten. Wir bekämen das Geld zurück, ich bräuchte nicht fliegen, Lars könnte nach Brunsbüttel segeln und ich würde mich mit meinem Krimi auf die

Terrasse setzen. Mein Puls verlangsamte sich etwas. Tief ausatmend streckte ich mich und sah meinen Mann hoffnungsvoll an.

»Dann fliegt der Vogel wohl nicht. Dann gehen wir jetzt schnell rein und geben die Tickets zurück. Ein anderer Tag kommt ja wohl nicht in Frage.«

Ich hatte keine Ahnung mehr, warum ich das ganze Unternehmen überhaupt angeleiert hatte. Was wollten wir denn auf Helgoland? Nur wegen dieser Segelkombi diese ganze Anstrengung? Von dem Geld könnte sich Lars ja ein schönes neues Hemd kaufen. Oder einen weiteren Akkuschrauber. Da war ich jetzt großzügig.

Lars blickte sich um. »Die können doch den Flug nicht kurz vorher absagen. Das sind kleine Maschinen. Also, ich will jetzt nach Helgoland. Das wäre sonst wirklich ärgerlich.« Er schloss das Auto ab und ging auf das Gebäude zu.

»Kommst du? Schatz?«

Lieber Gott, mach, dass wir nicht in ein Flugzeug müssen! »Ja. Ich komme schon.«

Mit schweren Schritten folgte ich Lars. So eine schwachsinnige Idee!

Die blonde Frau hinter dem Schreibtisch sah lächelnd auf. »Guten Morgen. Sie wollen nach Helgoland?«

Nein, dachte ich und hörte Lars antworten: »Genau. Sind wir die Ersten? Oder kommt keiner mehr?«

»Doch, doch«, sie streckte die Hand nach den Tickets aus, »es kommen noch drei Personen. Danke. Sie können da vorn einen Moment Platz nehmen.«

»Und wenn die anderen nicht kommen?« Meine Stimme klang belegt.

Die Blonde sah hoch. »Dann verfallen deren Tickets. Dann haben sie Pech. Aber fünf Minuten geben wir ihnen noch. Die Maschine ist auch noch nicht fertig.«

»Aber sie fliegt?« Jetzt klang ich wie ein Kind. Wie ein weinerliches Kind.

»Selbstverständlich.«

Lars schüttelte mich leicht an der Schulter, um mich aus meiner Schockstarre zu befreien. Wir setzten uns mit Blick auf den Parkplatz auf die Bank, die neben dem Eingang stand. Und warteten. Lars ungeduldig, ich ängstlich. Drei Minuten später hielt ein silberfarbener Kombi mit Recklinghauser Kennzeichen neben unserem Auto. Drei Menschen stiegen aus. Drei dicke Menschen. Der größte war vermutlich der Vater. Um die vierzig, wenig Haar, rote Bermudashorts, kariertes kurzärmeliges Hemd, Socken, Wanderschuhe, Herrentasche. Die Frau war etwas kleiner, dafür noch dicker, blonde Dauerwelle, die gleichen Bermudashorts, T-Shirt mit einem applizierten Glitzerflamingo, Wanderschuhe, kleiner silberfarbener Rucksack. Der Junge war ungefähr zwölf, mindestens so dick wie seine Eltern, mit blauen Bermudashorts, einem Schalke-Trikot und einem Gesichtsausdruck, der meiner Gemütsverfassung entsprach.

»Mutti, nimm die Regenjacken mit. Und Kay-Uwe, jetzt mach nicht so ein Gesicht, sonst fängst du dir gleich eine.«

Kay-Uwe trat kurz gegen die Felge, was Vati zum Glück nicht sehen konnte, weil er aus dem Kofferraum Aluplanen nahm, die er als Sonnenschutz vor die Autoscheibe klemmte.

»So. Habt ihr alles? Jetzt los, los. Die warten nicht auf uns.« Er hob den Kopf und sah uns. »Moin, moin. Auch nach Helgoland?«

Ich nickte nur lahm, während Lars demonstrativ auf die Uhr deutete. »Wir warten schon.«

»Ja, ja«, der Mann wischte sich den Schweiß von der Stirn, »fahren Sie mal mit Frau und Kind in Urlaub. Das dauert, bis die fertig sind, da wird man ja verrückt.

Kommt ihr jetzt?« Der letzte Satz wurde über den Platz gebrüllt.

Kay-Uwe lehnte mit unverändertem Gesichtsausdruck am Auto und starrte böse seine Mutter an, die aus drei Regenjacken kleine Würstchen drehte, um sie in den Rucksack zu stopfen. »Schrei doch hier nicht so rum, wir kommen ja schon. Los, Schätzchen, jetzt wollen wir fliegen. Sei lieb.«

Kay-Uwe trat als Antwort wieder gegen die Felge.

»Kay-Uwe! Jetzt reicht's aber!« Sein Vater schnappte mit hochrotem Kopf nach Worten.

»Familie Oldenkötter?« Die Flughafenangestellte verhinderte einen offenen Vater-Sohn-Konflikt.

»Ja, zur Stelle.« Vati warf seiner Familie einen bösen Blick zu, bevor er sich wieder der Flughafenangestellten zuwandte. »Wir sind doch wohl nicht zu spät?«

»Ich brauche Ihre Tickets. Die Maschine ist schon zum Einsteigen bereit.«

Das traf mich wie ein Keulenschlag. Vor lauter Oldenkötters hatte ich völlig vergessen, warum ich überhaupt hier saß. Lars stand sofort auf.

»Na bitte. Komm, steh auf.«

»Aber wir ...«

Lars zog mich am Arm. Ich schüttelte ihn ab. »Aber wir haben gar keine Regenjacken mit.«

Mit einer Mischung aus Resignation und Verwunderung sah er mich an. »Es ist nicht eine Wolke zu sehen. Und auch kein Regen angesagt.«

»Doch«, trompetete Herr Oldenkötter in unsere Richtung. Er hatte anscheinend gute Ohren. »Gegen Nachmittag soll's erste Gewitter geben. Seewetterbericht. Tja, man sollte sich informieren, wenn man auf Reisen geht.«

Lars hob nur leicht die Augenbrauen. Dann sagte er leise: »Totaler Blödsinn. Und jetzt komm.«

Er zog mich an der Hand und folgte der Frau, die um

das Gebäude herumging, um dann sofort auf dem Flugfeld zu stehen. Ich hatte mir zu keinem Zeitpunkt Gedanken darüber gemacht, *was* für ein Flugzeug von hier aus nach Helgoland flog. Aber dass es eine so kleine Maschine war, das wäre mir nicht im Traum eingefallen. Ich schluckte und kämpfte die anrückende Hysterie nieder.

»Guck mal, Vati, das Flugzeug hat genau dieselben Reifen, die du unter unsere Gartenschubkarre geschraubt hast. Ist ja lustig.«

Frau Oldenkötter schmiss sich fast auf den Rasen vor Begeisterung, ich betrachtete die winzigen Reifen und war davon überzeugt, dass das nicht gutgehen würde.

»Gundula, sagst du deinem Sohn bitte, dass er seine Jacke nicht so über den Rasen schleifen soll, ich rege mich sonst nur wieder auf.«

»Kay-Uwe, Schätzchen, gib Mutti mal die Jacke. Guck, da steht der Pilot. Sag ihm schön Guten Tag.«

Kay-Uwe ließ die Jacke auf den Rasen fallen und kickte einen Stein weg. Er traf mich am Bein. Ich drehte mich um, das dicke Kind starrte mich an und grinste. »Lars, ich steige da nicht ein.«

»Oh doch«, die Hand meines Mannes lag plötzlich auf meinem Rücken und schob mich, »du steigst da ein, wir beide steigen da ein. Wir ignorieren diese Leute und machen uns einen schönen Tag. Es kann nichts passieren, die fliegen jeden Tag hin und her, es dauert keine zehn Minuten, und ich bin ja bei dir.«

Ehrlich gesagt war mir das ziemlich egal, auch wenn Lars es nett gemeint hatte.

»Was ist denn nun?« Die dröhnende Stimme von Oldenkötter ließ Lars noch mehr schieben. »Kay-Uwe, wir lassen dich gleich hier stehen.«

»Mama!«

Kay-Uwe konnte sprechen. Und ich wusste nicht,

was ich schlimmer fand: die drei dicken lauten Menschen hinter mir oder den sehr kleinen, sehr dünnen, etwa fünfundsechzigjährigen Piloten vor mir. Er trug eine Brille mit Glasbausteinen, die auf etwa sechzehn Dioptrien hinwies, und lächelte uns schüchtern an.

»Tag.«

Ich konnte nicht antworten, es war auch egal, es war alles egal, es kam auf nichts mehr an. Höflichkeit, Anstand, nichts zählte mehr, ich würde als unhöflicher Mensch abstürzen. Wen interessierte es noch?

Lars schob mich über die winzige Treppe durch die winzige Tür in das winzige Flugzeug und drückte mich auf den Sitz direkt hinter den Platz des halbblinden Piloten. »Hier kannst du alles gut sehen, es nimmt dir die Angst. Also, bleib ganz ruhig.«

Ich schloss die Augen, ließ mich von meinem Mann anschnallen und dachte über mein bisheriges Leben nach. Wenn ich das hier überlebte, was nicht sehr wahrscheinlich war, wollte ich meine Ehe verändern, mich mehr um Familie und Freunde kümmern, nicht immer so ungeduldig sein …

»Kay-Uwe, jetzt steig ein oder es knallt!«

»Ich steig da nicht ein, ich muss spucken.«

… ganz geduldig werden, wieder Sport machen …

»Wenn du spucken musst, dann mach es jetzt, aber dalli!«

»Dieter, jetzt schrei den Jungen nicht an. Ihm ist übel.«

… freundlich zu Kindern sein, mich nicht mehr in fremde Angelegenheiten einmischen …

»Ich schreie nicht. Ich steige jetzt ein. Hallo, der Herr Pilot, dann wollen wir mal in die Lüfte, was?«

Die Maschine wackelte, als Dieter Oldenkötter sich in den Sitz hinter mir fallen ließ. »Gundula, komm schon. Wir warten auf euch.«

Lars drückte meine Hand und schnallte sich an.

… auf keinen Fall aggressiv und ungerecht werden, positiv denken …

»Kay-Uwe!« Oldenkötters Organ ließ fast mein Trommelfell platzen. Ich öffnete die Augen und drehte mich um. »Herrgott! Geht das nicht noch lauter?«

Lars musterte mich kurz von der Seite und sagte dann sehr deutlich zu Kay-Uwe: »Mein Junge, wenn du nicht sofort deinen Hintern in dieses Flugzeug kriegst, nagele ich dich auf die Tragfläche.«

»Also, was fällt Ihnen …«

»Können wir jetzt?« Der Pilot sah die empörte Gundula durch die dicke Brille beschwörend an, woraufhin sie den heulenden Kay-Uwe an uns vorbei auf den Sitz neben seinen Vater führte.

»Solche Kinderhasser«, zischte sie ihrem Mann zu und ließ sich auf ihren Platz fallen. Die Maschine bebte bei der Bewegung. »Sie haben wohl keine Kinder, was?«

Kay-Uwe trat gegen meine Rückenlehne.

… und ich werde Kinder lieben, ihnen ein Eis kaufen …

Lars atmete tief durch den Mund ein und durch die Nase wieder aus. Das machte er immer, wenn er schlechte Laune bekam. Es war eine Art Schnüffelatmung.

Ich schloss die Augen fester. Ich versuchte, autogenes Training zu machen. Mein rechter Arm sollte schwer werden, mein linker Arm sollte schwer …

Kay-Uwe trat wieder zu. Langsam drehte ich mich um und fixierte ihn. »Lass das!« Ich zischte wie eine Schlange. Jedes S scharf. Kay-Uwe heulte wieder und der Pilot warf die Maschine an. Mir wurde schwindelig. Und Lars atmete hörbar ein.

Als ich die Augen wieder öffnete, sah ich unter mir die Nordsee und vor mir Helgoland. Hinten war Ruhe und Lars atmete wieder normal. »Schön, nicht?«, sagte er und beugte sich nach vorn. »Du kannst sogar die Segelschiffe sehen.«

»Ja, das ist doll!« Dieter Oldenkötter schien kein Problem mehr mit Kinderhassern zu haben. »Das ist wirklich doll. Guck doch mal, Gundula. Das ganze Wasser. Das gibt's in Castrop nicht.« Er hieb Lars die Hand auf die Schulter. »Wir kommen nämlich aus Castrop-Rauxel, sind das erste Mal an der Nordsee. Schöner Urlaub, tolle Ferienwohnung in Cuxhaven, kostet ein paar Scheinchen, aber was soll's. Klotzen, nicht kleckern, sagt Vati immer. Nicht, Kay-Uwe, das gefällt dir doch auch. Da kannst du in der Schule doch ordentlich was erzählen.«

Kay-Uwe trat wieder zu. Ich schloss die Augen.

Und dann begann der Landeanflug. Es ruckelte, mein Magen rutschte weg, Kay-Uwe heulte und Gundula Oldenkötter rief: »Ach Gott, das ist ja eine kurze Landebahn. Mallorca ist länger. Das schaffen wir doch nie. Wir fallen ins Was ...«

Hart setzte die Maschine auf und bremste, bremste, bremste. Als wir standen, öffnete ich langsam die Augen. Geschafft. Wir hatten es geschafft. Oldenkötters applaudierten. Der Pilot drehte sich zu uns um und sagte freundlich: »Herzlich willkommen auf Helgoland. Ich wünsche Ihnen einen schönen Tag und wir sehen uns ja heute Abend wieder.«

Ich taumelte neben Lars auf das Flughafengebäude zu und sagte: »Das war knapp, oder?«

Verständnislos sah er mich an. »Wie? Knapp? Das war doch ein total ruhiger Flug. Kein Wind, kein Gewackel und so eine sanfte Landung. Du stellst dich wirklich immer mehr an. Nur diese Oldenkötters gingen mir auf die Nerven. Grauenhafte Personen. Und dieses dicke Kind trat dauernd gegen die Sitze.«

»Du hättest ja auch mal was sagen können.«

»Wozu? Dann denken die noch, ich will mich unterhalten. Wie geht es jetzt weiter?«

»Ich glaube, ich brauche erst mal einen Kaffee.« Ich verdrängte den Gedanken an den heutigen Abend, es war ja noch nicht einmal halb neun.

»Jetzt lass uns doch erst mal auf die Hauptinsel fahren. Ich habe keine Lust, mich da an den Kiosk zu setzen. Wir können am Hafen ein Café suchen.«

»Wieso am Hafen? Willst du sofort in den Seglerladen? Dann müssen wir doch die ganze Zeit die Klamotten mitschleppen. Lass uns das doch zum Schluss machen.«

Lars überlegt kurz. Dann nickte er. »Können wir auch. Mir ist warm. Das ist vielleicht schwül heute. Ich bin zu dick angezogen.« Er trug Jeans und T-Shirt und hatte sich einen Pullover über die Schultern gelegt. »Auf dem Boot wäre es jetzt schöner.«

Ich hob den Blick gen Himmel. Ganz weit hinten sah ich plötzlich Wolken. Aber sie waren sehr weit weg. Im selben Moment sah ich Familie Oldenkötter in Richtung Kiosk laufen. Ich zog Lars am Arm. »Die dicken Oldenkötters gehen Pommes essen. Wir gehen besser zur Fähre.«

Eine Viertelstunde später standen wir auf dem Deck des Bördeboots und tuckerten Helgoland entgegen. Irgendwie sah der Himmel komisch aus. Die Schwüle wurde von einem leichten Wind abgelöst. Eigentlich war das ganz angenehm. Lars betrachtete jetzt auch den Himmel. »Das sieht nicht gut aus«, bemerkte er, »das fehlt ja noch, dass es anfängt zu regnen, und wir müssen bis heute Abend hier rumhängen.«

»Wieso rumhängen?« Sein Pessimismus ging mir auf die Nerven. »Wir trinken erst mal einen Kaffee, dann wollen wir aufs Unterland, dann aufs Oberland, dann über den Klippenrandweg zur Langen Anna, dann zum

Lummenfelsen, dann Mittagessen, dann shoppen. Wann hängen wir denn rum?«

»Ich habe überhaupt keine Lust, bei der Hitze stundenlang durch die Gegend zu rennen.«

»Ich denke, es gibt gleich Regen?«

»Dann habe ich erst recht keine Lust.« Er atmete tief ein. Und ganz weit weg hörte ich ein sehr leises Donnergrollen. Das passte zur Stimmung.

»Egal.« Ich stülpte mir eine Schirmmütze auf. Lars konnte Frauen mit Schirmmützen nicht leiden.

»Es hilft auch nichts, der Flieger geht sowieso erst um achtzehn Uhr. Und ich habe keinen Bock, mich mit dir zu streiten.«

Lars hatte wieder Schnüffelatmung und das Boot legte an.

Die bunten Hummerbuden am Hafen waren zwar sehr hübsch, hatten aber nicht geöffnet. Wir stellten fest, dass wir eine Stunde zu früh waren. Mittlerweile musste ich dringend zur Toilette und wechselte vom entspannten Schlendern zum Stechschritt.

»Wieso rennst du denn so?« Lars' Schnüffelatmung war einer Schnappatmung gewichen.

»Ich muss mal. Ich gehe in den nächsten Imbiss.«

»Das hättest du ja auch am Flughafen erledigen können. Da waren Toiletten.«

»Da musste ich noch nicht.«

»Man muss doch nicht so plötzlich. Das merkt …«

»Lars! Ich diskutiere das nicht! Da hat was auf.«

Die Kneipe hieß »Bei Manni«. Wir traten ein und standen in einem dunklen Gastraum, der aus allen Ritzen nach altem Pommesfett stank.

»Moin. Bitte schön?«

Meine Augen gewöhnten sich nur langsam an die Dunkelheit, ich erkannte erst eine wasserstoffblonde

Frau hinter dem Tresen, dann ein Schild, auf dem »Toiletten« stand.

Erleichtert lächelte ich die Bedienung an und sagte: »Einen Milchkaffee bitte«, bevor ich auf meine Rettung zusteuerte.

»Ham wir nicht, nur Filterkaffee.«

»Egal, nehme ich auch.« Ich hatte den Türgriff schon in der Hand, als ich Lars hörte. »Können wir draußen sitzen?« Die Tür schlug hinter mir zu. Als ich zurückkam, saß Lars am Tresen. Vor ihm standen eine Cola und mein Kaffee. Etwas umständlich kletterte ich auf den wackeligen Hocker neben ihm.

»Wolltest du nicht raus?«

»Die Dame muss erst die Stühle abwischen. Das dauert noch, hat sie gesagt.« Er verzog sein Gesicht zu einer Grimasse.

Ich probierte den Kaffee. »Ich hätte was anderes bestellen sollen.«

Lars tippte vorsichtig auf den Tresen. »Alles schmierig. Wir hätten woanders hingehen sollen. Was ist denn mit dem Kaffee?«

»Lauwarm.«

»Die Cola auch. Ohne Kohlensäure. Und dafür müssen wir Geld ausgeben.«

Sein Gesicht passte in dieses düstere Loch. Ich stupste ihn an, er zog seinen Arm weg. »Jetzt entspann dich. Wir müssen ja nicht austrinken.«

»Und meine Klamotten riechen, als wenn ich in der Fritteuse gelegen hätte.« Er schnupperte am Ärmel. »Widerlich.«

»Jetzt steigere dich nicht rein. Wir können ja gleich gehen.«

Wir mussten noch zehn Minuten warten, bis die Bedienung wieder reinkam. Wir sprachen kein Wort. Und Lars schnüffelte.

Als wir vor die Tür traten, donnerte es. In der kurzen Zeit hatte sich der Himmel verdunkelt. Der Wind war stärker geworden.

»Und nun?« Ich starrte in den Himmel. Seit vier Wochen das beste Sommerwetter und ausgerechnet jetzt kam das erste Gewitter. Vielleicht war es ja nur ein ganz kurzes. »Wo willst du jetzt hin?«

Lars sah sich kurz um und deutete ein paar Meter weiter. »Da vorn ist ein Eiscafé. Das ist überdacht. Von da aus können wir das Ausbooten sehen. Die ersten Schiffe kommen doch gerade an. Ansonsten kriegen wir gleich einen nassen Hintern.«

Die ersten dicken Tropfen fielen. Es grummelte weiter, ein Blitz erhellte plötzlich den Himmel und dann prasselte der Regen wie ein Wasserfall auf den Platz.

»Na super.« Lars sah mich mit zusammengezogenen Augenbrauen an.

Ich hob die Hände. »Entschuldigung, ich habe nicht gewusst, dass meine Regentänze dermaßen gut funktionieren. Guck mich nicht so an, ich kann doch nichts dafür.«

»Na? Wollen Sie nicht lieber drinnen warten?« Die Blondine stand mit verschränkten Armen hinter uns. »Das kann dauern. Und weiterlaufen würde ich nicht. Ohne Regenjacke schon gar nicht.«

Eine Stunde lang sah es aus, als ob die Welt unterging. In dieser Zeit saßen wir in der dunklen Gaststube und klebten fast mit den Händen an dem schmierigen Tisch fest. Lars trank mittlerweile Helgoländer Eiergrog, dessen Geruch mich fast betäubte. Wir stritten. Während im Hintergrund auf »Welle Nord« verschiedene Schlagersänger die Liebe, die Sehnsucht und den Sommer anpriesen, stritten wir über meine spontanen Einfälle, über seine Launen, über Eiergrog am Vormittag und später über ihn und mich im Allgemeinen. Natürlich stritten wir nicht laut, sondern zischten uns nur über den klebrigen

Tisch hinweg an, was es aber in der Sache nicht besser machte. Schließlich bestellte ich mir auch einen Eiergrog. Er schmeckte genauso grauenhaft, wie er roch, aber er wärmte, machte mich ein bisschen heiter, und überraschenderweise schien er Lars zu versöhnen. Er prostete mir zu und sagte: »Es hört langsam auf zu regnen. Jetzt lass doch diese Diskussionen, es bringt doch nichts.«

Mein Glas war leer, ich war weder Alkohol am Vormittag, geschweige denn diese Inselmixtur gewöhnt. Mein Hirn war weich und entspannt, ich lächelte meinen Mann schief an und sagte: »Lass uns gehen.«

Wir verließen die Kneipe etwas wackelig und liefen die Hauptstraße, den Lung Wai, entlang. Die Läden und Lokale hatten mittlerweile alle geöffnet, es nieselte und die Temperatur war um gefühlte zwanzig Grad gefallen. Ich fror, trotz des Eiergrogs und meines warmen Gesichts. Vor einer kleinen Boutique blieb ich stehen. »Ich kaufe mir jetzt eine Jacke.«

Lars lief weiter.

»Lars!« Ich hatte einen fiesen Geschmack im Mund und sehnte mich nach einer Flasche Wasser. »Ich muss was trinken. Ich habe so einen Durst.«

Lars blieb stehen und drehte sich langsam um. »Was denn jetzt? Wir haben doch gerade was getrunken. Und einkaufen wollen wir zum Schluss.«

»Mir ist kalt. Und ich habe einen Pappmund. Ich kaufe mir etwas zum Anziehen und hier nebenan eine Flasche Wasser. Wartest du oder willst du mit rein?«

Eine leere Coladose traf mich am Fuß.

»Kay-Uwe, nicht mit der Dose kicken, davon gehen die Schuhe kaputt. Oh, hallo, wen haben wir denn da? Na? Da habe ich ja wohl recht gehabt, mit dem Wetter, was?«

Ich floh in den Laden und sah Dieter Oldenkötter, der Lars auf den Rücken schlug.

Während ich in der Umkleidekabine stand und eine wasserfeste Kapuzenjacke anprobierte, hörte ich eine leise Stimme. »Bist du da drin? Oh, Entschuldigung.« Ich zog den Vorhang auf und sah Lars, der mit hochrotem Kopf vor einer anderen Kabine stand.

»Ich bin hier. Suchst du mich?«

Mit schnellen Schritten ging er auf mich zu. »Du hättest ja warten können. Die Frau da hinten hat dieselben Schuhe wie du. Ich dachte, du bist das, und reiße den Vorhang auf. Peinlich.«

»Du hättest ja die Antwort abwarten können. Willst du dir nicht doch eine Regenjacke kaufen?«

»Ich kaufe nachher die Segelkombi. Deswegen sind wir hierher gefahren. Shoppen kann ich auch zu Hause.«

Manchmal muss man auch nicht antworten. Ich bezahlte die Jacke, die ich gleich anbehielt, und folgte Lars nach draußen. Wir liefen direkt in die Oldenkötters hinein. »Aha. Doch was eingekauft. Tja, wir haben sicherheitshalber alles dabei. Was haben Sie denn für die Jacke bezahlt? Die ist ja schick. Guck doch mal Dieter, würde mir so was auch stehen?«

Gundula Oldenkötter rieb den Stoff meines Ärmels zwischen zwei Fingern. Unterdessen trat Kay-Uwe gegen einen Ständer mit Windrädern und Helgolandflaggen, der mit einem Heidenkrach umstürzte. Frau Oldenkötter ließ von meiner Jacke ab und drehte sich zu ihrem Sohn. »Das macht doch nichts, Kay-Uwe, das steht auch alles so eng. Komm, Mutti hilft dir.«

Während sie sich abmühte, den Ständer wieder aufzustellen, streckte ihr Balg mir die Zunge heraus.

»Komm, Lars, wir müssen los. Tschüss, viel Spaß noch.« Ich zog Lars an der Hand mit, weg von diesen Leuten, weg von der immer voller werdenden Straße. Mittlerweile waren die Ausflugsschiffe angekommen und hatten zehntausende Tagesgäste auf die Insel gespült. Im andauernden Nieselregen eilten alle ins Unterland zu den Geschäften und Lokalen. Wir schlängelten uns durch den Menschenstrom, ich vorneweg, Lars trottete hinterher. »Wo willst du eigentlich hin?«

»Zum Oberland. Da sind nicht so viele Leute. Wir wollten doch auf den Klippenweg.«

»Du wolltest. Ich müsste jetzt auch so langsam mal zur Toilette.«

Ich schluckte eine scharfe Bemerkung runter, weil mir eine Dame von rechts ihren Schirm ins Gesicht stach und mir ein Kinderwagen in die Kniekehlen geschoben wurde. Lars griff plötzlich nach meinem Arm. »Komm weg hier. Das ist ja nicht auszuhalten. Diese Massen. Was wollen die alle hier? Es gibt doch einen Fahrstuhl auf Oberland. Wo ist der?«

Stumm deutete ich zum Ende der Straße. Jetzt übernahm Lars die Führung. Etwas später standen wir vor dem Kassenhäuschen des Fahrstuhls. Leider nicht nur wir. Vor uns standen ungefähr fünfzig Menschen und zu allem Überfluss reihten sich gerade die Oldenkötters ein. Ich schüttelte entschlossen den Kopf. »Ich stelle mich hier nicht an, um Geld für einen Aufzug zu bezahlen. Und dann muss ich noch mit den drei Dicken zusammen da hoch. Im Leben nicht. Ich laufe.«

Mit skeptischem Blick sah Lars mich an. »Das ist aber ganz schön hoch. Bist du sicher? Und es regnet.«

»Es hört gleich auf. Guck mal, da hinten wird es schon hell. Außerdem bin ich fit. Los, komm schon.« Entschlossen ging ich auf die Treppen zu. Lars folgte in kleinem Abstand. Betont munter und locker begann ich den Aufstieg. Ich kannte diesen Aufstieg zwar aus der Beschreibung in dem kleinen Reiseführer, den ich letzte Woche gekauft hatte, aber niemals hatte ich überlegt, wie sich zweihundertsechzig Stufen in den Beinen anfühlten. Falls ich diese Treppen, diese unglaublich vielen, schiefen Treppen mit guter Laune und ohne allzu große Mühe überstehen würde, dann hätte ich sicherlich auch die Fähigkeit, meine Ehe in die richtigen Bahnen zu lenken. Wenn nicht – ja, dann müsste ich noch mal richtig über alles nachdenken.

Bis zur siebzigsten Stufe hatte ich noch die Illusion, dass ich gleich meinen toten Punkt überwinden würde, dass der Endorphinausstoß käme und ich wie von selbst Stufe um Stufe erklimmen könne. Aber der tote Punkt ließ sich nicht überwinden. Er war noch nicht einmal mehr nur ein Punkt. Es war eine riesige tote Fläche. Ich pfiff bereits beim Atmen, meine Beine hatten sich in zwei schlappe, schwere Säcke verwandelt, mein Rücken brach fast durch und ich schwitzte. Der mittlerweile wieder stärker gewordene Regen störte mich kaum noch, so konnte man wenigstens nicht sehen, ob meine Haare verschwitzt oder einfach nur regennass waren. Auf der Hälfte der Strecke sah ich endlich eine freie Bank, auf die ich wie in Trance zusteuerte und mich sinken ließ. Mir tat alles weh. Mit einem Stöhnen fiel Lars neben mir auf die Sitzfläche und wischte sich den Schweiß oder Regen aus dem Gesicht.

»Was für ein Schwachsinn«, ächzte er und ich gab ihm Recht, konnte aber nicht antworten, weil mir immer noch die Luft dazu fehlte. »Und ich glaube, wir haben noch mal dasselbe vor uns. Ich sage es dir, das war das erste und letzte Mal.«

Irgendwie schafften wir es, nach gefühlten drei Stunden und sechzig Litern Regenwasser das Oberland zu erreichen. Das Erste, was wir sahen, war Kay-Uwe Oldenkötter. Er hielt ein Fernglas vor sein rundes Gesicht und starrte uns unbewegt entgegen.

»Da sind ja zwei nass geworden.« Dieter Oldenkötter stand nebst Gattin Gundula unter einem Regenschirm.

Beide trugen die gleichen gelben Regenjacken. »Wie war der Aufstieg?«

»Schön.« Das Wasser troff Lars über das Gesicht. Seine Haare waren angeklatscht, der Pullover klumpig. »Und es hält schlank und fit.«

Die Antwort war gut, seine Laune nicht. Von einem Spaziergang am Klippenrandweg war keine Rede mehr, schweigend machten wir uns auf den Weg zum Aufzug.

Als wir endlich wieder auf dem Unterland waren, spürte ich zwar weder meine Beine noch meinen Rücken, aber frieren konnte ich noch.

»Wir suchen uns jetzt ein Lokal, wo es warm und trocken ist, essen was richtig Tolles, bleiben zwei Stunden da und gehen dann in den Seglerladen.« Lars hatte seine Sprache wiedergefunden.

Wir zwängten uns durch die Menschenmassen und versuchten verzweifelt, in irgendeinem Lokal zwei freie Plätze zu finden. Es war aussichtslos.

Lars blieb stehen und sah sich um. »Das ist ja wohl der blödeste Tag seit langem. Wenn ich nicht gleich was zu essen kriege, bekomme ich schlechte Laune.«

»Ach. Und was hast du jetzt?« Ich hätte das besser nicht fragen sollen, aber ich hatte auch Hunger. Und auch ich fand diesen Tag blöd. Aber ich konnte das nicht sagen, weil es ja meine Idee gewesen war. Lars schüttelte den Kopf und ging mit wütenden Schritten weiter. Wir waren schon wieder kurz vor dem Hafen. Es musste doch irgendetwas Überdachtes und Warmes geben, wo man sich etwas zu Essen kaufen könnte. Es regnete weiter wie in Bindfäden.

»Juhu.« Dieter Oldenkötters Stimme röhrte über den Platz.

Lars blieb stehen und hob die Hand. »Vielleicht sitzen die irgendwo und haben noch was frei.«

»Lars! Ich will nicht mit denen essen.«

»Oh, doch.« Langsam ging er auf den winkenden Oldenkötter zu. »Ich will trocken essen. Egal mit wem. Von mir aus kannst du weiter im Regen stehen. Mir reicht es. Hallo, Herr Oldenkötter.«

»Na, Mensch, hier trifft man sich ja dauernd.« Der trockene Dieter Oldenkötter war uns entgegengekommen. »Sie sind ja ordentlich durchweicht. Wir sitzen da in der Bude. Eigentlich hatten wir einen Tisch bestellt, gleich als wir angekommen waren. War eine Empfehlung von Gundulas Schwester. Aber jetzt will unser Kay-Uwe unbedingt ins Nordseemuseum. Also, wenn Sie wollen, dann können Sie den Tisch übernehmen.«

Ich lächelte Oldenkötter fast dankbar an. Kay-Uwe hin oder her, jetzt hätte ich seinen Vater küssen können. Das Wasser sammelte sich in meinen Schuhen. »Sehr gerne.« Mit seinem ganzen Charme schüttelte Lars ihm die Hand. »Das ist sehr schön, bei dem Wetter ist ja alles voll. Dann gehen wir da gleich hin. Wo ist das Lokal denn?«

»Gleich da drüben, an der Ecke. ›Bei Manni‹. Und wie gesagt, auf Oldenkötter bestellt, nicht dass da was durcheinander kommt.«

Wie gut, dass ich ihn nicht geküsst hatte.

Die wasserstoffblonde Bedienung lehnte rauchend an der Eingangstür und nickte uns zu. »Ja, der hat 'n Tisch bestellt. Um vier. Aber die Küche hat zu. Hab ich ihm gesagt.«

Lars krächzte verzweifelt. »Und jetzt gibt es nichts mehr zu essen? Irgendwas. Egal was. Mir hängt der Magen sonstwo.«

Die Blonde setzte sich träge in Bewegung und ging in die dunkle klebrige Gaststube. »Schmalzbrot. Und Gulaschsuppe kann ich anbieten. Eiergrog dazu? Ist auch warm.«

Wir saßen am gleichen Tisch wie vorhin, aßen die schlechteste Gulaschsuppe der Welt, tranken Eiergrog, der überhaupt nicht mehr heiter machte, und schwiegen. Mir fiel nichts ein und Lars konzentrierte sich auf das Trocknen und den Eiergrog. Was war das nur für ein schrecklicher Tag? Und dann musste ich auch noch zurückfliegen. Unauffällig sah ich auf die Uhr. In zwei Stunden bereits.

Mein Mann rührte in seinem Becher und starrte auf den Fernseher, der in einer Ecke stand. Es lief eine Talkshow ohne Ton.

»Lars, es ist schon nach vier. Wann müssen wir denn zum Flughafen?«

»Was?« Elektrisiert sah er mich an. »Nach vier? Dann müssen wir sofort los. Ich bin nur wegen der Segelkombi hier, das wäre ja wohl der Witz, wenn wir das jetzt vertrödeln. Zahlen bitte.«

Wir traten hinaus in den strömenden Regen. Der Seglerladen war nicht weit weg, aber der Weg reichte aus, um wieder komplett nass zu werden. An Lars' straffer Körperhaltung sah ich aber, dass seine Laune um einiges gestiegen war. Er war auf dem Weg zur tollsten Segelkombi seines Lebens. Später würden wir auf Partys lässig erzählen, dass wir manchmal nach Helgoland fliegen, um Segelkombis zu kaufen, auch wenn das Wetter da oft schlecht ist. Und alle würden lachen.

Inzwischen waren wir vor dem Laden angekommen. Lars drückte an die Tür. Drinnen sah es dunkel aus. Lars drückte etwas kräftiger, verharrte und beugte sich vor, um ein Schild zu lesen. Ich blickte über seine Schulter auf das Schild: »Liebe Kunden. Aufgrund einer Familienfeier schließen wir heute um fünfzehn Uhr dreißig. Wir danken für Ihr Verständnis und sind morgen wieder für Sie da.« Als ich Lars anschaute, war mir auf einmal alles klar.

Vor ein paar Tagen habe ich Lars wieder getroffen. Mein Exmann war braungebrannt und erzählte mir, dass er mit seinem Freund Paul die Pfingstregatta nach Helgoland gewonnen habe. Anschließend haben sie »Bei Manni« gefeiert. Die Wasserstoffblonde sei immer noch da, sie heiße Belinda und habe ihn sofort wiedererkannt.

Ich komme gerade von einem Norderney-Urlaub zurück. Das Hotel mit Sauna und Schwimmbad war sehr schön. Da hat der Regen gar nicht gestört. Außerdem war ich nicht allein dort, sondern mit David. Wir haben uns auf einem Flugangstseminar kennengelernt. Und David war der Pilot. Er leidet übrigens unter Seekrankheit, deshalb fliegen wir jetzt immer. Ist ja kein Problem.

Alex Capus

Eigermönchundjungfrau

Am Tag, an dem ich starb, machte ich einen Fehler: Ich stieg auf Gleis 11 in den Zug und fuhr nach Bern. Das hat mich das Leben gekostet. Die Berner Altstadt hat mich mit all ihrer Schönheit umgebracht. Natürlich hätte die ganze Sache an vielen anderen Orten auch geschehen können, aber Bern war eben ganz besonders gefährlich. Ich hätte es wissen müssen. Ich hätte nicht fahren dürfen. Jetzt ist es zu spät.

Dabei wäre auch unterwegs noch Zeit zur Umkehr gewesen. In Langenthal hätte ich aussteigen können, in Herzogenbuchsee oder allerspätestens in Burgdorf. Ein höhnisches Lächeln hätte ich dem nach Bern eilenden Zug hinterherschicken können; »Mit mir nicht«, hätte ich gezischt, den Bahnsteig hätte ich gewechselt, um einfach wieder zurückzufahren an jenes Ende der Welt, das Orten wie Bern entgegengesetzt ist.

Statt dessen blieb ich in meinem Abteil sitzen und musterte durchs Fenster mißtrauisch die unfaßbare Idylle des Berner Hinterlandes. An mir zogen vorbei: schmucke Bauernhöfe, sanfte Hügellandschaften, goldene Herbstwälder, weidendes Simmentaler Fleckvieh. Aufrechte Bauern zogen auf ihren von den Ahnen ererbten Äckern schnurgerade Furchen zum Horizont hin, gesunde Buben und Mädchen in kurzen Hosen und rotweiß-karierten Röcken fuhren auf ihren Rädern zur Schule, auf einer Bank saß ein zufriedener Greis und winkte mit dem Stock dem vorbeifahrenden Zug.

Ich wurde argwöhnisch. Dieser Friede, diese Eintracht, diese Harmonie – gab es so etwas wirklich? Oder wollte mich da jemand hereinlegen, unter Vorspiegelung falscher Tatsachen? Wie auch immer; solange wir mit 120 Stundenkilometern durch die Landschaft preschten, konnte nicht viel passieren.

Wenn jetzt bloß die Lokomotive keine Panne hat, dachte ich. Dann fühlte ich erste Anzeichen dafür, daß mein Verdauungstrakt durcheinandergeriet. Es rumpelte und polterte in meinem Magen, daß ich den Taktschlag der Räder auf den Schienen kaum mehr hören konnte. Ich kannte das: So reagierte ich zu Lebzeiten immer, wenn ich nervös wurde.

Die Lokomotive hielt durch, der Zug blieb nicht stehen. Nach Burgdorf verbesserte sich das Bild. Ein paar Lagerhäuser zeigten sich, zwei oder drei große Einkaufszentren, der Schweizer Hauptsitz einer japanischen Autofirma. Links bauten Bagger Autobahnspuren, rechts pflügten Bulldozer eine neue Bahnlinie durch den Wald. Mein Magen beruhigte sich.

Aber bei der Einfahrt in die Stadt Bern ging es wieder los, kurz vor sieben Uhr morgens. Ich röhrte wie ein Bauchredner, der einen brünstigen Elch nachahmt: Tief unter der Brücke zog die Aare ganz naturfarben, smaragdgrün und träge dahin, in der Morgendämmerung begrüßte mich die Skyline von Bern – Münster, Altstadt, Bundeshaus und so weiter –, und dahinter, es durften keine anderen Berge sein, glühten doch tatsächlich Eiger, Mönch und Jungfrau im Morgenrot. Die Postkarte.

Was ich eigentlich an jenem Morgen in Bern zu schaffen hatte, weiß ich nicht mehr. Etwas Berufliches wird es wohl gewesen sein; solche Dinge verlieren erstaunlich schnell an Bedeutung, wenn man tot ist. Ich erinnere mich aber deutlich, daß sich mein Magen umgehend entkrampfte, als wir in den Bahnhof einfuhren. Es war ein guter Bahnhof: massive Betonkonstruktion von international gültiger Häßlichkeit, frei von jedem Anspruch, heimelig oder gemütlich oder nett oder hübsch zu sein. Ich war erleichtert. Nach dem Anblick von Eigermönchundjungfrau hatte ich Schlimmeres erwartet: eine Chalet-Imitation vielleicht, oder eine Kopie der Bruder-Klaus-Kapelle. Aber nichts dergleichen – in diesem Bahnhof gab es kein Holz, keine Geranien, keine Berner Trachten, nichts. Mein Magen fand sein Gleichgewicht wieder. Beruhigt und voller Selbstvertrauen stieg ich hinunter auf den Bahnsteig. Vorsichtshalber würde ich mich trotzdem mit einem Kaffee stärken, bevor ich mich dieser glücklichen Stadt stellte. Die Bahnhofscafeteria mit ihrem hellblauen Neonlicht schien mir geeignet.

Der Angriff kam hinterrücks und unerwartet. »Weit der o grad no nes Gaffää?« fragte mich eine pausbäckige Kellnerin und strahlte mich rosig an. Giftige Gase begannen meinen Magen aufzublähen. Die Frau war glücklich, ganz ohne Zweifel – aber weshalb, um Himmels willen? Weil sie mir am Montag morgen um sieben Uhr einen Kaffee bringen durfte? Mein Mißtrauen steigerte sich zu panikartiger Wachheit. Zwar machte ich der pausbäckigen Kellnerin die Freude und bestellte einen Kaffee; gleichzeitig aber befiel mich eine wilde Sehnsucht nach den Quartierkneipen x-beliebiger Industriestädte, wo einem übellaunige Serviertöchter den Kaffee auf den Tisch knallten. Ich leerte meine Tasse und flüchtete.

Kaum hatte ich den schützenden Beton des Bahnhofs verlassen, stand ich auch schon mitten in der Altstadt, unbestrittenermaßen eine der schönsten Altstädte Europas, wenn nicht der ganzen Welt, jawohl. Aus Japan und den USA reisten die Leute an, um in Sandstein gebaute Lauben zu bestaunen, aus Südafrika, Schweden und Arabien kamen sie, um die Gassen zu fotografieren und die Brunnen und das Kopfsteinpflaster, den Zeitglockenturm, das Münster und all das. Und wenn die Touristen alles gesehen hatten, wurden sie aufgesogen von den Hunderten von Ladenpassagen, welche die mittelalterlichen Häuserzeilen zerfressen hatten wie der Rinderwahnsinn das Gehirn einer Kuh. Dort konnten sie dann alles kaufen, was sie zu Hause auch bekommen hätten, und waren glücklich.

Ich sah das alles und litt Schmerzen. Mein Bauch blähte sich wie eine riesige Kaugummiblase. Ich schnallte den Gurt zwei Löcher lockerer und ging weiter.

Die Altstadt war voller Menschen. Widerwillig ließ ich mich treiben durch die glückliche Herde, weiter und weiter durch die Gassen, die abwärts zum Fluß führten, und schaute in die Gesichter der Menschen, die an mir vorüberzogen. Ich geriet in Panik: Nicht nur die Touristen waren glücklich und jene perverse Kellnerin am Bahnhof – sondern alle, alle, alle! Am glücklichsten waren die Einheimischen: So zufrieden waren sie, so im reinen mit sich und der Welt, so glücklich, »o vo Bärn« zu sein, daß ich mir einsam und verdreckt vorkam wie ein Kohlegrubenarbeiter in einer Hochzeitsgesellschaft. Und alle, alle waren gesund und hatten Wangen, so rosa und leuchtend wie Eiger, Mönch und Jungfrau im Morgenrot. Ich lehnte mich an eine Sandsteinmauer und krümmte mich unter Krämpfen. Welche Suppe brodelte da in meinem Bauch? Ich wollte mich erleichtern, jetzt, sofort. Ich preßte wie eine werdende Mutter in den Wehen, aber die Gase wollten ihren Weg durch meine Gedärme nicht finden. Also kämpfte ich mich vorwärts.

Bis dahin hätte ich es vielleicht noch schaffen können, zurück zum Bahnhof und hinaus ins richtige Leben. Aber dann war ich einen Moment unaufmerksam, und so nahmen die Dinge ihren Lauf. Ich gaffte gerade einer besonders glücklichen Kleinfamilie nach – perfekt nach deutscher Industrienorm (DIN) gefertigt, sieht man selten, heutzutage –, da stieß ich mit einem Fixer zusammen und warf ihn über den Haufen. Ich schaute auf ihn nieder und war erschüttert: Vor mir auf dem Kopfsteinpflaster lag ein glückliches Häuflein Elend. Oder war es ein elendes Häuflein Glück? Ein häufiges Elend im Glück? Wie auch immer: Der Fixer war mager und bleich und zittrig wie alle Fixer überall auf der Welt, aber er war glücklich. Auch er hatte sich dem Imperativ des Glücks gebeugt, der in dieser Stadt herrschte.

»Oh, hoppla!« sagte der Fixer und lächelte selig zu mir hoch.

Ich packte den Mann an seinem von tausend Nadelstichen vernarbten Arm und stellte ihn wieder auf die Beine. Der glückliche Fixer sagte »Danke vielmals«. Das hätte ich vielleicht ja noch ertragen. Aber dann griff er in seine Jackentasche und bot mir seinen Pausenapfel an. Das hätte er nicht tun dürfen. Das war zuviel für meinen Verdauungsapparat: Der Magen verdoppelte seine Gasproduktion, und die Gedärme verkrampften sich derart, daß an den erlösenden Furz gar nicht mehr zu denken war. Mächtig wölbte sich mein Bauch, die Hose spannte, bis der Knopf abriß und leise über das Kopfsteinpflaster davonrollte.

Ich ließ den Fixer stehen und ging weiter. Nach zwei Schritten blieb ich abrupt stehen. Hatte ich plötzlich Siebenmeilenstiefel an? Während dieser zwei Schritte waren ein ganzes Gartenrestaurant und eine halbe Modeboutique an mir vorübergezogen. Ich drehte mich nach dem Fixer um: Er stand gut und gerne zehn Meter hinter mir und streckte mir immer noch lächelnd seinen Pausenapfel entgegen. Zehn Meter in zwei Schritten, das widersprach all meinen Erfahrungswerten. Vorsichtig hob ich den linken Fuß und setzte zu einem Schritt an – schon waren die halbe Boutique und ein Viertel des Gartenrestaurants wieder an mir vorbeigehuscht.

Mir war sofort klar, was los war. Es waren die Gase – ich war auf dem besten Weg, ein humanoider Heißluftballon zu werden. Entweder ließ ich jetzt auf der Stelle einen viertelstündigen Furz fahren, oder ich mußte Ballast zuladen, wenn ich von meinen Biogasen nicht in die Stratosphäre geschleudert werden wollte. Ich schloß die Augen und versuchte meine Gedärme zu entkrampfen.

Erfolglos.

Die Erlösung kam in Gestalt einer weißhaarigen Frau, die mit zwei prallgefüllten Einkaufstaschen auf mich zukam.

»Diese Taschen – darf ich Ihnen diese Taschen abnehmen, Madame?«

Ich schnappte mir die Taschen, bevor die Frau antworten konnte. Gemeinsam gingen wir die Gerechtigkeitsgasse hinunter. Die Frau nannte mich einen netten jungen Mann und wollte wissen, ob ich »o vo Bärn« sei, während ich neben ihr herglitt wie ein halbgefüllter Luftballon, den der Wind übers Kopfsteinpflaster treibt.

Aber schon nach wenigen Schritten wollte die Frau partout in die Straßenbahn einsteigen. Die zwei Einkaufstaschen nahm sie mit. Ich blieb stehen und schaute der Straßenbahn nach, die mit fröhlichem Gebimmel unter dem Zeitglockenturm verschwand. Mit einer Hand hielt ich mich an einer Halteverbotstafel fest, um nicht vom Winde verweht zu werden, mit der anderen strich ich über meinen mächtigen, gasgefüllten Bauch. Trotz der schmerzhaften Krämpfe mußte ich lachen: Die Gase hatten mich so weit aufgetrieben, daß ich mit den Fingerspitzen den Bauchnabel nicht mehr erreichte. Was war ich dick! So schlimm war es noch nie gewesen. Meiner gesprengten Hose und meines über dem Bauch in Fetzen gerissenen Hemdes schämte ich mich nicht. Sollten die Leute doch gaffen, wenn sie wollten. Von ihnen ging keine Gefahr aus. Was mich bedrohte, war das Blau des Himmels, das mich mit gewaltiger Kraft magnetisch anzog. Versuchsweise hob ich vorsichtig beide Füße, während ich mich an der Halteverbotstafel festhielt. Rund einen Meter über dem Kopfsteinpflaster verschränkte ich die Beine zum Schneidersitz. Nur langsam, langsam rutschte meine Hand der Stange entlang abwärts, bis mein Hintern sachte auf dem Boden aufsetzte und zwei-, dreimal nachfederte. Ich war ein Heißluftballon. Ein richtiger kleiner Zeppelin. Ein aufgeblasener Ikarus. Ein gasgefüllter Engel ohne Flügel.

Am Halteverbotsschild lehnte ein altes holländisches Damenfahrrad, gut zwanzig Kilogramm schwer, genau das richtige für meinen Zweck. Das Hinterrad war mit einer dicken Eisenkette abgeschlossen. Um so besser. Ich wollte das Rad nicht fahren, sondern tragen.

Ich kann es heute zwar nicht mehr beschwören, aber wahrscheinlich war ich in jenem Moment noch immer unterwegs zu meiner beruflichen Verabredung. Im nachhinein ist doch kaum zu glauben, zu welch schwerwiegenden Fehlentscheiden der Mensch fähig ist: Denn selbstverständlich hätte ich angesichts meiner lebensbedrohlichen Situation alle professionellen Pflichten in den Wind schlagen müssen. Hätte ich jenes Damenfahrrad zum Bahnhof getragen und wäre in den nächsten heimwärts fahrenden Zug geschwebt, so hätte ich spätestens in Rothrist einen gewaltigen Wind fahrenlassen. Schnell hätte ich das Fenster meines Abteils aufgerissen, die Gase hätten sich himmelan verflüchtigt, behende wäre ich im Bahnhof Ölten ausgestiegen, im Vollbesitz meiner Erdenschwere wäre ich hinunter ins Industriequartier gelaufen, hätte ein Bad genommen – im ewigen Wogen stinkender Lastwagen, mürrischer Staplerfahrer und verbitterter Fließbandarbeiterinnen, und alles wäre gut gewesen.

Statt dessen ging ich weiter die Berner Gerechtigkeitsgasse hinunter. Der Auftrieb der Gase und das Gewicht des Fahrrads hielten sich in etwa die Waage, so daß ich mich fast so unauffällig fortbewegte wie ein Einheimischer mit harmonieresistentem Verdauungstrakt. Mit dem Unterschied allerdings, daß ich ein holländisches Damenfahrrad auf der Schulter trug, das mit einer Eisenkette abgeschlossen war.

Dann sah ich zwei Polizisten. Zwei typische Berner Polizisten. Leicht dicklich – so was weckt Vertrauen – und gemütlich. Sie waren eben dabei, mit ihren Gummiknüppeln zufrieden grinsend einen glücklichen Penner aus einer Ladenpassage zu prügeln. Auf dem Gehsteig ging der Penner mit blutendem Schädel zu Boden. Schelmisch lachend zeigte er den Polizisten den Drohfinger, als diese seinen Schlafsack in den regennassen Rinnstein warfen und darauf herumtrampelten. Dann gingen alle ihrer Wege. Der Penner wischte sich das Blut aus den Augen und verschwand in der Menschenmenge. Die Polizisten setzten sich in ihr Auto und gaben ihren neusten Streich über Polizeifunk zum besten.

Die zwei Polizisten wirkten zwar gemütlich und vertrauenerweckend, aber ich wollte mich trotzdem nicht vor ihnen zeigen. Ich befürchtete, daß das abgeschlossene Damenfahrrad auf meiner Schulter die beiden Ordnungshüter irritieren würde. Und daß sie für meine Verdauungsstörungen Verständnis aufbrachten, konnte ich nicht erwarten. Ich zog mich deshalb diskret in eine Seitengasse zurück, als die beiden wieder aus dem Streifenwagen ausstiegen. Unglücklicherweise klapperte in dem Moment eine Pferdekutsche einschließlich eines glücklich wiehernden Schimmels heran. Auf dem Bock saß eine blondgezopfte Jus-Studentin, die sich auf diese vergnügliche Art das Stipendium aufbesserte. In der Kutsche selbst hatte – hol's der Teufel! – die glückliche DIN-Familie Platz genommen. Erst jetzt fiel mir auf, daß die zwei Kinder Pfadfinderuniformen trugen. Sie sangen ihrer Mutter ein Liedlein.

Das gab mir den Rest: Denn erstens produzierte mein Magen einen weiteren Schub Gase, daß ich glaubte, ich müsse zerplatzen wie der Frosch im Märchen; und zweitens war ich gezwungen, auf der Flucht vor den Pferdehufen wieder auf die Gerechtigkeitsgasse hinauszulaufen – direkt in die Arme der zwei gemütlichen Polizisten.

»Hehe, nume nid gschprängt«, sagte der eine Polizist.

Ich sagte »Entschuldigung«.

»Was heit dir de da binech?« fragte der andere Polizist.

»Ein Damenfahrrad«, sagte ich. Mit Entsetzen fühlte ich, daß meine Schuhe kaum mehr das Kopfsteinpflaster berührten. Ich schwebte. Ich mußte unbedingt Ballast zuladen.

Das Gegenteil geschah. »Zeiged emau«, sagte der erste Polizist und nahm mir das Fahrrad von der Schulter.

Ich ließ es geschehen. Mir fehlte die Kraft, mich an das Fahrrad zu klammern, zu streiten, zu erklären, zu beschwören und um noch mehr Ballast zu bitten. Ich wußte, daß ich von vornherein auf verlorenem Posten stand. So ließ ich denn kampflos zu, daß das Rad langsam von meiner Schulter glitt; und in dem Moment, da sich dessen Gewicht definitiv von mir löste, nahm ich meinerseits Abschied vom Planeten Erde. Ich verlor den Boden unter den Füßen, mein Körper machte eine Vierteldrehung um den Bauchnabel, und dann schwebte ich, meinen gewaltigen Wanst der Sonne entgegengestreckt, sanft wie eine Seifenblase himmelan. Einige halbherzige Versuche unternahm ich noch, mich an der Fassade des nahen Patrizierhauses festzuklammern; ich bekam aber nur ein paar Geranien zu fassen, von denen mir nichts als die roten Blütenblätter in den Händen blieb. Schnell hatte ich die Giebel der schönsten Altstadt der Welt unter mir zurückgelassen. Ich drehte mich auf den Bauch, um der Welt beim Kleinerwerden zuzuschauen.

Auf etwa 2000 Metern Höhe betrachtete ich die Geranienblütenblätter in meiner Hand. Soll ich sie mitnehmen oder loslassen? dachte ich noch. Dann erfor ich ziemlich schnell und war tot, und seither fliege ich tiefgefroren durchs All auf der Suche nach jenem Ort, der möglichst weit entfernt ist von Städten wie Bern. Die Blütenblätter habe ich immer noch in der Hand. Ich lasse sie nicht los, was immer auch geschehen mag.

Elke Heidenreich

Frau Janowiak, Frau Janowiak, ich kann Sie sehen!

Der Elektriker ist wieder weg. Er muss denken, dass ich verrückt bin. Ich habe ihm ein viel zu großes Trinkgeld gegeben, und er hat mich angesehen mit diesem prüfenden, besorgten Blick, mit dem man auf quengelnde Kinder, debile Alte oder eben durchgedrehte Frauen schaut. Aber er hat die Lampe repariert und dabei die Spinne an ihrem Platz gelassen und ihr fein gewebtes Netz zwischen Lampenkabel und Zimmerdecke nicht zerstört.

Als er auf die Leiter stieg und ich zu ihm hochsah, ließ sie sich gerade an einem Faden herunter. In diesem Augenblick passierte irgendetwas in mir, das ich nicht erklären kann – eine Explosion aus Erinnerungen und Gefühlen, und ich stürzte auf die Leiter zu, breitete die Arme aus und rief: »Meine Mutter, meine Mutter!«

Er war abrupt auf der dritten Sprosse stehen geblieben und hatte mich entgeistert angestarrt. Was hätte ich ihm erklären können? Die Tränen standen mir in den Augen, ich konnte gar nichts sagen, nichts erklären, schon gar nicht diesem wildfremden Elektriker.

»Meine Mutter!«, sagte ich stattdessen nur noch einmal leise, und um überhaupt noch irgendwas zu retten, fügte ich hinzu: »Meine Mutter hat früher so was immer repariert – aber sie ist tot.« Und dann zeigte ich auf die Spinne und ihr zartes kleines Netz: »Bitte«, sagte ich, »machen Sie das nicht kaputt!«

Er nickte, kletterte weiter hoch, schraubte die Lampe

mit der zerborstenen Birne und der defekten Fassung aus der Decke und kam wieder herunter von der Leiter. Er setzte sich an meinen Küchentisch und nahm die Lampe auseinander, nachdem er noch einen raschen, besorgten Blick auf mich geworfen hatte.

Ich wusch den verschmierten Lampenschirm mit dem Spülschwamm unter fließendem warmem Wasser sauber. Er entfernte die Scherben der geplatzten Glühbirne aus der alten Fassung, setzte eine neue Fassung, eine neue Birne ein, nahm den Schirm, nachdem ich ihn sorgfältig abgetrocknet hatte, und schraubte das Ganze wieder zusammen.

Es gab keinen Mann in meinem Leben, der eine so einfache Reparatur für mich hätte machen können. Ich war zu ungeschickt und zu ängstlich dazu, und meine Mutter, die sich energisch an alles gewagt hatte, war seit einem halben Jahr tot und fehlte mir entsetzlich. Wie verloren, wurzellos ging ich umher und suchte sie auf dem Weg zum Bäcker, zum Supermarkt, zur Post, hoffte bei der Rückkehr in diese für mich allein so große und stille Wohnung, sie würde doch plötzlich wieder da sein und ich würde sie an der Nähmaschine, am Klavier, mit dem Staubsauger hören, wenn ich heimkäme. Es blieb still, sie war verschwunden. Wohin? Wohin gehen die Toten, wenn sie uns verlassen? Wir sind auf ihr plötzliches und so endgültiges Verschwinden niemals richtig vorbereitet. Aber jetzt, während ich diesem Mann zusah, der die Lampe wieder an der Decke befestigte, jetzt hatte ich zum ersten Mal das Gefühl: Sie ist da, sie ist in meiner Nähe, sie schaut auf mich, hier, in unserer Küche.

»Vorsicht!«, sagte ich zu dem Elektriker, als er sich an der Zimmerdecke zu schaffen machte, und: »Ich weiß schon«, nickte er und schraubte, und ich sah sehr wohl, dass er zu dem Spinnennetz schaute und es gern mit einer einfachen Bewegung seines Schraubenziehers weggewischt hätte. Er tat es nicht.

Er war fertig und kam die Leiter wieder herunter. Keine zehn Minuten hatte er für all das gebraucht, und nun kippte er die Sicherung wieder zurück, drückte auf den Schalter, und die Lampe brannte. »Brennt«, sagte er überflüssigerweise und sah mich an, wie man eben eine Frau ansieht, die plötzlich aus heiterem Himmel »Meine Mutter! Meine Mutter!« schreit und die ein Spinnennetz nicht wegwischt, wie es doch jede gute Hausfrau täte, und die also allem Anschein nach eben das nicht ist, eine normale gute Hausfrau. Immer war ja auch Mutter die Hausfrau gewesen, immer hatte sie alles geordnet, geplant, organisiert, ich war das Kind, bis zuletzt, bis zu ihrem Tod, und da war ich vierzig Jahre alt.

»Kind«, hatte sie in einem ihrer letzten klaren Augenblicke gesagt und meine Hand gehalten, »Kind, wenn du nur zurechtkommst ohne mich! Denk immer dran, ich bin nicht wirklich weg von dir. Das sieht nur so aus. Ich bin immer da, ich sehe dich, und irgendwann wirst du mich auch sehen und wirst wissen, dass ich es bin.«

Wenn das so einfach wäre – bis jetzt hatte ich sie nicht nur nie mehr gesehen, ich hatte nicht einmal in irgendeiner Form ihre Nähe gefühlt, in dieser Wohnung nicht, auf unseren gemeinsamen Wegen nicht, die ich nun allein ging, erst recht nicht an ihrem Grab, in dem sie unter Rosen und Lavendel lag. »Gib ein Zeichen!«, hatte ich schon manchmal geflüstert, aber es gab kein Zeichen, nichts. Ich war allein, das verlassene Kind, sie, die mein ganzes Leben so sehr bestimmt, beschützt, bewacht und geregelt hatte, sie war nicht mehr da. Immer war ich schüchtern gewesen, furchtsam, von heftigen Angstphantasien heimgesucht, glücklich nur in der Welt meiner Bücher, und wenn ich daraus auftauchte – auch später in meinem Beruf als Bibliothekarin in der Stadtbücherei –, dann hatte Mutter immer schon alles aufgeräumt, hatte gekocht, den Tisch schön gedeckt, meine Wäsche gewaschen und gebügelt, und sie strahlte mich an und sagte: »Komm, Kind, leg deine Brille weg, jetzt machen wir es uns richtig gemütlich.«

Ein Mal hatte ich versucht, einen Mann etwas näher kennen zu lernen, der immer so viele Bücher in der Bibliothek entlieh, dass er mir schon dadurch sympathisch geworden war. Er hieß Hermann Westermann, und ich fand es nicht einfallsreich, dass seine Eltern, wenn sie schon Westermann hießen, dem Vornamen auch noch ein -mann hatten angedeihen lassen, Hermann Westermann, der doppelte Mann sozusagen. Er war alles andere als männlich. Zwar war er groß, aber sehr weich, wie knochenlos, rosafarben, und er trug Brillen mit Gläsern wie Flaschenböden so dick. Es hatte lange gebraucht, bis er auf meine freundlichen Ansprachen auch einmal entsprechend reagieren konnte, über und über errötend. Er lieh sich nur Tierbücher aus – Sachbücher, Kinderbücher, Romane, alles handelte von Tieren, und es schien gleichgültig zu sein, ob er das Leben der Eisbären in Alaska, eine Abhandlung über Katzen als Grabbeigaben im alten Ägypten, eine Kulturgeschichte des Weißkopfadlers oder ein lustiges Kinderbuch über ein zahmes Eichhörnchen namens Anton auslieh – alles schien ihm zu gefallen, und ich lud ihn eines Tages ein, meine tierliebe Mutter und mich zu Hause auf einen Tee zu besuchen.

Er war tatsächlich gekommen, aber die Unterhaltung während des Tees war stockend und zögerlich verlaufen. Meine Mutter, die Kuchen gebacken hatte, wollte unbedingt, dass Hermann Westermann sich zu einer bestimmten Tierart vorrangig bekannte. »Sie können nicht alle Kreaturen gleich lieben«, sagte sie, »es führt, wenn Sie mich fragen, kein Weg von der Liebe zum Zierfisch bis zur Verehrung des genügsamen Dromedars.« Er fragte sie aber nicht, blieb einsilbig und verließ uns früh. Ich war noch einmal mit ihm ins Kino gegangen, in den Film »Die Wüste lebt« von Walt Disney, aber er hatte im Dunkeln nicht nach meiner Hand gegriffen, und vielleicht war das auch besser so. Ich war, so schien mir, für die Männer nicht gemacht. Schon in der Tanzstunde hatte mich nie jemand recht beachten wollen, aber wenn ich ein wenig deswegen weinte, hatte Mutter mich getröstet und gesagt: »Kind, die Männer sind es alle nicht wert.« Im Laufe der Jahre hatte ich mich an mein männerloses Leben mit Mutter gewöhnt.

Der Elektriker nannte mir einen Preis, der niedriger war als die Kosten für die Anfahrt. Ich rundete großzügig auf, und er sah mich ein letztes Mal besorgt an, ob denn auch alles in Ordnung wäre mit mir, und dann ging er. Ich setzte mich an den Küchentisch und schenkte mir ein Glas Wein ein, am hellen Tag. Und ich dachte an meinen Vater, der schon früh gestorben war, gerade in dem Sommer, als wir in das kleine Haus am Stadtrand umgezogen waren. Ich war damals zehn Jahre alt. Mein Vater war Vertreter für Herrenstoffe gewesen. Mit einem Koffer, den man aufklappen konnte wie ein Schränkchen und in dem auf kleinen Holzstangen Stoffmuster für Herrenanzüge hingen – grau, grau meliert, pepita, blau, dunkelblau, schwarz –, fuhr er über Land und besuchte Herrenschneider und gute Ausstattungsgeschäfte, und er starb, kurz ehe er damit endgültig Pleite ging, denn solche Unternehmen gab es bald nicht mehr, und sie wichen großen Kleiderfabriken. Er war still und gehemmt wie ich, und meine Mutter seufzte immer, wenn sie ihn durch die Gardine von seinen Reisen zurückkommen sah. Früher, als wir noch in der dunklen Dreizimmerwohnung in der Mittelstädter Straße gewohnt hatten, gab es ein Elternschlafzimmer, aus dem nie auch nur ein Laut drang, wenn er daheim war – sie stritten nicht, sie lachten nicht, sie redeten ganz offensichtlich nicht einmal miteinander, wenn sie allein waren.

Gespräche mit meinem Vater gab es nur beim Essen in der Küche, an diesem Tisch, wenn es um meine Schularbeiten, die Zahnspange oder eine notwendige neue Anschaffung ging. Fuhr er dann wieder los auf seine Tour mit seinem seltsamen Musterkoffer, sah ihm meine Mutter vom Fenster aus nach, schwieg, seufzte und drehte sich dann zu mir um. »So, Kind«, sagte sie, »jetzt machen wir es uns wieder gemütlich.«

Und das schaffte sie auch immer wieder, es gemütlich zu machen in dieser wenig schönen, lauten Wohnung an der Mittelstädter Straße, durch die Tag und Nacht der Verkehr rollte. Direkt vor unserer Haustür hielt die Straßenbahn der Linie 6, die vom Ostfriedhof kam und an uns vorbei hinausfuhr ins Grüne, zur Elisenhöhe. Das waren von uns aus noch acht Haltestellen, und sonntags fuhren wir manchmal zur Endstation, Mutter und ich, wenn Vater am Küchentisch saß und seine Abrechnungen machte, und dann gingen wir auf der Elisenhöhe spazieren, durch die schmalen, baumbewachsenen Straßen, vorbei an den hübschen kleinen Häusern mit den netten Vorgärten, und meine Mutter sagte: »Hier werden wir eines Tages auch wohnen, das verspreche ich dir.«

Sie hielt ihre Versprechen immer, und tatsächlich gelang es ihr kurz nach meinem zehnten Geburtstag, eines dieser Häuschen zu mieten. Sie nähte damals viel in Heimarbeit und verdiente auch durch Klavierstunden, die sie gab, so viel zum kläglichen Gehalt meines Vaters dazu, dass wir die Miete für ein kleines Haus in der Akeleistraße zahlen konnten. Es hatte auch einen dieser gepflegten Vorgärten, auf den das große Wohnzimmerfenster – das Blumenfenster – hinausging. Rechts um das Haus herum führte ein Kiesweg in den hinteren Garten und zur Küchentür, deren obere Hälfte aus Glas war.

Wenn die Sonne schien, konnte man durch dieses Küchenfenster durch die Küche, ein Stückchen Flur, durchs Wohnzimmer und wieder dort zum Fenster hinaus in den Vorgarten blicken.

Wir waren sehr glücklich in unserm kleinen hellen Haus. Wir, das heißt: Mutter und ich, denn kurz nach dem Umzug war Vater auf einer seiner Reisen gestorben. Ein Herzanfall. Er hatte noch rechts an den Straßenrand fahren können und war dann über dem Steuer seines Autos zusammengesunken – ein graues Auto, grau wie er selbst, sein Leben, seine Musterstoffe. Sie hatten uns angerufen, und Mutter und ich waren in ein Krankenhaus gefahren, wo es nichts mehr zu tun gab. Kurze Zeit später schon hatte Mutter das graue Auto, seine grauen Mäntel, Anzüge und Hüte, ja sogar den Musterkoffer mit den Stoffproben verkauft. Die Hälfte des Doppelbettes verschwand aus dem Schlafzimmer, und es war, als ob es diesen Mann nie gegeben hätte. Heute denke ich oft mit einem wehen Gefühl an ihn und versuche, mich daran zu erinnern, was wohl seine letzten Worte an mich gewesen waren. Auf Wiedersehen? Mach's gut? Also dann? Ich weiß es nicht, und manchmal wünsche ich mir, ich könnte noch einmal mit ihm in der Küche sitzen, jetzt zum Beispiel, hier, bei diesem Glas Wein, und dann würde ich ihn bitten, von sich zu erzählen – vom Krieg, von seinen unerfüllten Träumen, und ob er manchmal an uns, an mich gedacht hat, bei seinen langen Fahrten über die Landstraßen.

Nach der Beerdigung hatte Mutter die Nachbarn und Freunde nicht in ein Restaurant eingeladen, wie es üblich war, sondern alle gebeten, mit zu uns nach Hause zu kommen. Die Linie 6 fuhr ja direkt von der Endhaltestelle Ostfriedhof zur Endhaltestelle Elisenhöhe, an unserer ehemaligen Wohnung und der Wohnung der Nachbarn in der Mittelstädter Straße vorbei, man musste einfach nur noch acht Haltestellen länger sitzen bleiben, und die Nachbarn kannten ja unser Häuschen noch nicht.

Sie kamen alle. Es war ein warmer Tag im Mai, man saß im Garten, und es gab Kaffee und Kuchen, später Schnittchen, Bier und Schnäpse für die Männer. Die Akeleien und die Pfingstrosen blühten, auch noch der Flieder, und Frau Bittner sagte: »Wie haben Sie es doch schön hier, Frau Janowiak!«, und Herr Hürzeler sagte: »Frau Janowiak, ich beneide Sie um diesen Garten.« Ich führte die Nachbarn durchs Haus, zeigte mein Zimmer, Mutters Nähzimmer, das sonnendurchflutete kleine Bad und hoffte, sie würden bald wieder alle gehen. Aber sie blieben bis in den Abend hinein, und als sie endlich mit der Linie 6 wieder abfuhren, zog meine Mutter sofort das schwarze Kostüm aus, ein Hauskleid an, räumte Teller, Tassen, Gläser zusammen und sagte: »So, Kind, das war dieses Kapitel. Jetzt machen wir beide es uns richtig gemütlich«, und dann gab es, nur für uns, Kartoffelsalat mit Würstchen.

Herr Hürzeler hatte angekündigt, uns bald wieder zu besuchen, und tatsächlich stand er schon zwei Wochen später mit einem Strauß Freilandrosen vor der Tür. Ich machte im Garten an einem kleinen Tisch meine Schularbeiten, Mutter gab im Haus eine Klavierstunde – sie hatte in dieser Gegend der gut gestellten Häuschenbesitzer mit Kulturanspruch in kürzester Zeit sieben neue Schüler bekommen und die Preise für eine Klavierstunde mutig erhöht. Herr Hürzeler setzte sich zu mir in den Garten, und wir hörten zu, wie Renate Schlegel die Bassnoten übte, und Herr Hürzeler zeigte unter den Jasmin und sagte: »Hier muss man doch ein Gemüsebeet anlegen!« Das sagte er auch zu meiner Mutter, als Renate Schlegel endlich gegangen war und sie zu uns herauskam. Sie brachte ein Tablett mit Kaffee und Geschirr mit, und ich wurde zum Bäcker geschickt, um drei Puddingteilchen zu kaufen – Eiterbrillen, sagten wir in der Schule dazu, wenn wir in der Pause die Brezeln mit dem süßen gelben Pudding aßen, leckere Eiterbrillen.

Herr Hürzeler trank Kaffee, aß seine Eiterbrille, rauchte dann eine übel riechende billige Zigarre und dozierte über den Garten – was man ausreißen, was neu pflanzen müsse, er kenne sich da aus, er würde das gern übernehmen. Meine Mutter blieb zurückhaltend, bediente ihn freundlich, ging auf die Gartenangebote aber nicht weiter ein und erzählte kleine Geschichten aus der neuen Nachbarschaft. Mir war plötzlich ungemütlich zumute, denn ich hatte das Gefühl, als wolle sich Herr Hürzeler, kaum dass mein Vater drei Wochen tot war, an meine Mutter heranmachen, hier einziehen und der neue Papa werden. Er war Witwer, arbeitete im Finanzamt, wohnte in der Mittelstädter Straße im besonders lauten, besonders dunklen Parterre, und ich konnte mir gut vorstellen, dass er liebend gern in das sonnige Häuschen zu uns gezogen wäre.

Er kam nun öfter, und meine Mutter war freundlich zu ihm, obwohl ich das Gefühl hatte, dass sie jedes Mal leicht seufzte, wenn sie ihn die Straße entlangkommen sah oder wenn schon wieder er es war, dem sie nach 17 Uhr, seinem Büroschluss, oder an den Wochenenden die Tür öffnen und dann stundenlang Kaffee trinkend mit ihm im Garten sitzen musste. Immer wieder bot er sich an, ein Gemüsebeet anzulegen, immer wieder wiegelte sie freundlich ab und wich aus, aber zu mir sagte sie beim Abendessen, während sie energisch mit der Bratpfanne klapperte, in der die Bratkartoffeln brutzelten: »Womöglich kommt er dann jeden Tag zum Unkrautzupfen.« Sie lud mir mit einem gekonnten Schwung die Bratkartoffeln auf den Teller und fügte deutlich hinzu: »Das dann doch nicht.«

Eines Tages war ich beim Bäcker an der Endhaltestelle, um ein Brot zu kaufen, und ich hatte gerade noch gesehen, wie die Linie 6 ankam, und darin saß schon wieder Herr Hürzeler. Er war erst zwei Tage vorher bei uns gewesen. Ich rannte nach Hause und sagte zu meiner Mutter: »Der Hürzeler kommt schon wieder!« Sie dachte einen Augenblick nach, schloss rasch die Küchentür zum Garten ab und sagte mit einem Nachdruck, den ich sonst gar nicht an ihr kannte: »Nein. Diesmal nicht.«

Wir sahen ihn schon um die Ecke biegen, und da zog meine Mutter mich neben sich auf den Fußboden, direkt unter das große Wohnzimmerfenster, legte den Finger auf die Lippen und sagte: »Pssst!«

Warum wir nicht nach oben gelaufen waren, weiß ich nicht – vielleicht hätte die Zeit dafür nicht mehr ausgereicht, vielleicht war es ihr auch einfach nur zu viel Aufwand. Jedenfalls lagen Mutter und ich jetzt eng nebeneinander unter der Fensterbank des Blumenfensters auf dem falschen Perserteppich und hielten die Luft an, als Herr Hürzeler klingelte. Sie lächelte mich an, und ich war sehr glücklich, weil ich plötzlich wusste, dass Herr Hürzeler hier niemals einziehen und niemals mein neuer Papa werden würde. Er klingelte wieder. Mutter zeigte auf eine Spinne, die direkt über unseren Köpfen zwischen Fensterbank und Wand ihr Netz gespannt hatte. »Guck«, flüsterte sie, »wie kunstvoll das Netz ist! Du darfst Spinnen nie töten und möglichst ihre Netze nicht zerstören. Sie sind nützlich, und sie wohnt genauso gern in unserm schönen Häuschen wie wir.«

Herr Hürzeler klingelte jetzt Sturm, indem er den Finger auf dem Klingelknopf ließ. Und meine Mutter zischte: »Der hat ja Nerven.«

Dann war es ruhig, und wir lauschten darauf, dass seine Schritte sich entfernen würden, aber stattdessen hörten wir ihn über den Kiesweg gehen, der nach hinten in den Garten und zur Küchentür führte. Wir lagen mucksmäuschenstill.

Und dann hörten wir Herrn Hürzelers Stimme.

»Frau Janowiak, Frau Janowiak, ich kann Sie sehen!«, rief er, und als Mutter und ich den Kopf hoben, sahen wir sein Gesicht im oberen Fenster der Küchentür. Er hielt beide Hände rechts und links neben die Augen, um die Sonne abzuschirmen und besser sehen zu können. Er starrte durch Küche, Flur und Wohnzimmer auf uns, die wir da nebeneinander unter dem Blumenfenster lagen.

Für eine kleine Ewigkeit geschah gar nichts. Dann zog meine Mutter tief die Luft ein, stand auf, glättete ihr Kleid und ging durch Wohnzimmer, Flur und Küche zur Hintertür, um Herrn Hürzeler zu öffnen. »Kommen Sie rein«, sagte sie, mehr nicht. Er kam schweigend herein, setzte sich an den Küchentisch, sie kochte Kaffee, und ich verzog mich nach oben, nachdem ich kurz und verlegen Guten Tag gesagt hatte. Zum Bäcker wurde ich diesmal nicht geschickt, es gab keine Eiterbrillen. Sie redeten, aber das Gespräch schien mir weniger lebhaft zu sein als sonst. Ich saß oben auf der Treppe und versuchte etwas aufzuschnappen. Meine Mutter war einsilbig, wenn auch höflich. Herr Hürzeler erzählte, dass Herr Bittner wegen seiner Krampfadern im Krankenhaus läge. »Oh«, sagte meine Mutter, »der liebe Herr Bittner, da werde ich ihn aber in den nächsten Tagen mal besuchen.«

Herr Hürzeler blieb nicht so lange wie sonst. Er ging, ohne sich von mir zu verabschieden, und er kam nie wieder. Sie hatten beide mit keinem Wort über den seltsamen Vorfall geredet, aber er hatte wohl verstanden und verschwand so aus unserem Leben, wie allmählich alle Nachbarn aus der Mittelstädter Straße aus unserem Leben verschwanden. Mutter hat auch Herrn Bittner nie im Krankenhaus besucht. Als wir Jahre später wieder in eine Stadtwohnung zogen, weil die Besitzer des Häuschens selbst dort einziehen wollten, habe ich Frau Bittner mal auf der Straße getroffen. Sie erzählte mir, dass Herr Hürzeler nach seiner Pensionierung zu seiner Schwester nach Wuppertal gezogen sei.

Als meine Mutter gestorben war, blieb ich in unserer gemeinsamen Wohnung. Einmal bin ich mit der Linie 6 zur Elisenhöhe hinausgefahren und durch unsere alte Straße spaziert, am Häuschen mit dem Blumenfenster vorbei, unter dem wir damals gelegen hatten, und ich musste an die Spinne und ihr Netz in der Ecke unter der Fensterbank denken. Als ich zurück nach Hause kam, fühlte ich mich allein und verlassen und so, als wären die besten Jahre meines Lebens längst vorbei und ich hätte damals nicht gemerkt, dass das schon die besten Jahre wären und dass danach nichts mehr kommen würde. Meine Mutter fehlte mir, und jetzt, als ich mit meinem Glas Wein am Küchentisch saß und spürte, wie mir wieder die Tränen kamen, hatte ich zum ersten Mal das Gefühl, sie doch noch in der Nähe zu haben – als würde sie auf mich herabsehen, schützend, liebevoll, als würde sie ihr mütterliches Nest weiter für mich bauen und ihr fein gesponnenes Netz von Sorge und Fürsorge weiter um mich weben, und ich sah zur Zimmerdecke hoch, wo die Spinne still in ihrem Netz saß.

Ich musste lächeln und sagte leise unter Tränen: »Frau Janowiak, Frau Janowiak, ich kann Sie sehen.«

Primo Levi

Vilmy

Ich hatte noch nie eine Wohnung im alten London betreten: Paul Morris war ich in Italien mehrmals begegnet, das letztemal auf einem Kongreß von Biochemikern und etliche Jahre zuvor (als er noch nicht verheiratet war) in einem sündhaft teuren Hotel am Lago Maggiore. Ich rechnete damit, daß seine Wohnung üppig und geschmackvoll eingerichtet sein würde, und das war sie denn auch: gute Möbel von Adam und Hepplewhite, an den Wänden wenige erlesene Bilder, viele Teppiche, Vorhänge und Wandteppiche, eine diskrete und Ruhe ausstrahlende Beleuchtung. Die vorherrschenden Töne waren Graugrün, Elfenbein und Lavendel: die Doppelglasscheiben hielten den Lärm und die trübe Luft des St. James's Square fern.

Paul, der sich unterdes den Fünfzig nähert, erschien mir hager und ergraut. Er stellte mir seine Frau Virginia vor; sie ist ungarischer Abstammung, nicht hübsch, aber gebildet und von feiner Art und mindestens fünfundzwanzig Jahre jünger als er. Virginia spricht viele Sprachen, auch Italienisch, und es gibt kein Thema, über das sie nicht gewandt und ungezwungen zu plaudern wüßte. Sie erzählte mir gerade von einer ihrer entfernten Verwandten, die als Expertin der UNESCO offenbar die ganze Welt bereiste, als ich sah, wie sich hinter ihrem Rücken geräuschlos ein Vorhang verschob. Ich muß dazusagen, daß im Hause Morris die Stille ein vorherrschendes Element ist: nicht nur, daß Außengeräusche hier nicht eindringen, auch die Geräusche im Innern sind gedämpft, ja man hat den Eindruck, daß man gar keine erzeugen könnte, weder mit der Stimme noch auf andere Weise: man scheut vor lautem Sprechen zurück, wie in einer Kirche oder einer Leichenhalle. Der Vorhang schob sich von der Wand vorwärts, glitt lautlos wieder zurück, und dahinter kam ein niedliches Tier hervor, das ich auf den ersten Blick für einen Setter hielt: aber als es sich Virginia näherte, sah ich an seinem Gang, daß es kein Hund war. Hunde haben kaum je einen gesetzten Gang: dafür sind sie zu lebhaft und zu neugierig, entweder blikken sie um sich oder wedeln mit dem Schwanz oder rennen oder wiegen sich in den Flanken. Auch kommt es schwerlich vor, daß sie nicht mit den Krallen auf dem Fußboden ein Kratzen verursachen, und noch unwahrscheinlicher ist es, daß sie einen Fremden nicht zur Kenntnis nehmen. Dieses Geschöpf hingegen, das von glattem schwarzem Fell bedeckt war, bewegte sich mit der geschmeidigen und lautlosen Anmut der Katzen: seltsamerweise hielt es den Blick und die Schnauze fest auf Paul gerichtet, bewegte sich aber lautlos auf Virginia zu; trotz seiner Masse (es mußte wenigstens acht Kilo wiegen) sprang es ihr gewandt auf die Knie und streckte sich darauf aus. Erst dann schien es meine Anwesenheit zu bemerken: es sandte mir von Zeit zu Zeit kurze fragende Blicke zu. Es hatte große hellblaue Augen mit langen Wimpern, spitze, bewegliche, beinahe durchscheinende Ohren, die in zwei komischen hellen Haarbüscheln endeten, und einen langen unbehaarten Schwanz von bläulich-rosa Färbung. Ich bemerkte, daß Virginia sich nicht gerührt hatte, weder um das Tier bei sich aufzunehmen, noch um es abzuweisen.

»Hattest du noch keines gesehen?« fragte mich Paul, dem mein gespanntes Interesse nicht entgangen war.

»Nein«, erwiderte ich, »nur einmal im Fernsehen, vor etlichen Jahren.« Ich hatte mir sogleich gedacht, daß es ein Vilmy sein müßte; gerade in diesen Monaten war in den Zeitungen wieder viel von diesem Tier die Rede, aus Anlaß des Skandals um Lord Keith Lothian, ja es war sogar Gegenstand einer erneuten Anfrage im Parlament gewesen, aber zu jener Zeit waren noch nicht mehr als einige Dutzend Paare importiert worden.

»Sie heißt Lore«, sagte Paul, »und wir lieben sie sehr: du weißt doch, wir haben keine Kinder.«

»Ein Weibchen?« fragte ich; und sofort fing ich einen flinken, vorwurfsvollen Blick auf, den Virginia ihrem Mann zuwarf.

»Ja«, erwiderte Paul, »die Weibchen sind anhänglicher. Unseres ist so lieb, so diskret und gefügig: schade, daß sie schon bald neun Jahre alt ist, das entspricht siebzig Jahren bei uns.«

»Läßt du sie nicht decken?«

»Das ist gar nicht so einfach«, antwortete Morris und vermochte eine leichte Verlegenheit nicht zu verbergen. »Ein schwarzer Rüde ist im gesamten Vereinigten Königreich nicht zu finden: Ich habe mich erkundigt, der nächste ist in Monte Carlo, aber für den ist sie schon zu alt, die Ärmste. Er würde sie fast mit Sicherheit abweisen.«

»Aber wie ist es dann mit der Milch …«

»Sie brauchen überhaupt nicht befruchtet zu sein, weißt du das nicht? Der Fall ist unter den Säugetieren einzigartig: Es reicht, sie gut zu füttern und regelmäßig zu melken. Sie geben natürlich nur wenig Milch, versteht sich.«

»Zum Glück vielleicht«, warf Virginia unerwartet ein.

Wie man sich erinnern wird, ist um die Milch der Vilmys später ein großes Gerede entstanden, damals jedoch hatte noch niemand sehr klare Vorstellungen davon. Paul erklärte mir, daß alles Geschwätz über eine angebliche halluzinogene Eigenschaft der Milch gänzlich haltlos sei; sie war auch kein Aphrodisiakum, wie viele behaupteten, die sie nie gekostet oder sich das hatten einreden lassen. Genauso war alles übrige die reine Mär: die Geschichten über ihre langfristig giftige Wirkung, über den Gedächtnisverlust und das frühzeitige Altern der »Süchtigen« und so weiter.

»Wahr ist nur eines«, sagte er zu mir, »und das ist etwas ganz Einfaches. Die Milch aller Säugetiere enthält minimale Mengen von Nitrophenyltoxin, und dieser Substanz ist die affektive Fixierung der Neugeborenen auf die Mutter oder das sie säugende Weibchen zuzuschreiben. Bei den meisten Tieren ist sie in niedriger Konzentration vorhanden, und die Wirkung erlischt wenige Monate nach dem Werfen. Beim Menschen ist die Konzentration höher, und die affektive Beziehung zur Mutter hält über viele Jahre an; beim Vilmy aber ist sie enorm hoch, zwanzigmal höher als in menschlicher Milch. Deshalb bleibt nicht nur bei den Vilmyjungen eine fast pathologische Bindung an die Mutter bestehen, sondern diese Wirkung verspürt auch jeder, der von dieser Milch trinkt, und von da an verändert sich sein Leben.«

Bei diesen Worten erhob sich Virginia, wünschte mir gute Nacht, küßte Paul und zog sich zurück; ich weiß nicht, ob sie damit einer britischen Sitte gehorchte oder ob sie spürte, daß das Gespräch eine heikle Wendung nahm. Wenige Augenblicke später hob Lore, als ob sie aus einem Traum erwache, den Kopf, starrte Morris lange an, sprang dann vom Stuhl auf den Fußboden, ging zu ihm hin und begann zärtlich ihre Schnauze an seinem Schenkel zu reiben. Dabei nahm ich zum erstenmal die merkwürdige Beweglichkeit der Schnauze bei diesen Tieren wahr: sie erinnert kaum an den Menschen, und doch läßt sie sich in jedem Augenblick wie eine menschliche Grimasse deuten, mit wechselnd ironischem, gelangweiltem, aufmerksamem, liebevollem, lachendem oder feindseligem Ausdruck; immer aber schmachtend, inbrünstig und mit einem Anflug von füchsischer Schläue.

»Und du ... hast du von ihr gekostet?« fragte ich Paul und senkte dabei unwillkürlich die Stimme. Paul antwortete nicht direkt auf meine Frage.

»Es sind unglaubliche Tiere«, murmelte er. »Du siehst ja, sie erwidern Gefühle, oder es scheint jedenfalls so. Kurz und gut: Probier es nicht, laß dich nicht verlocken: es ist ein Fehler, ein Fehler, der einen teuer zu stehen kommt.«

»Ich fühle mich nicht verlockt: wirklich, nicht im geringsten. Und du, warum hast du es gemacht?«

»Weil ich ... nein, ohne ein Weil: aus Verlangen nach etwas Neuem, aus Neugier, aus Langeweile, aus ... kurz, in einem Moment, da ich mit Virginia wegen irgendeiner Sache verzankt war und sie recht hatte, ich ihr aber nicht recht geben, sondern sie im Gegenteil kränken wollte. Vielleicht wollte ich sie nur eifersüchtig machen. Auf jeden Fall habe ich davon gekostet, das ist Tatsache, und Tatsachen kann man nicht mehr abändern: das war vor zwei Jahren, und seither bin ich ein anderer geworden.«

»Solche Wirkung hat sie? Ein einziges Mal reicht?«

»Nein, aber es ist wie eine Kettenreaktion. Du trinkst einmal und bist schon festgekettet: Du wirst innerlich hochgradig gespannt, unruhig, fiebrig, und du *weißt,* daß du Frieden nur finden wirst in Gegenwart ... des Tiers, der Quelle. Nur an ihr kannst du deinen Durst löschen. Und sie, diese Tiere, sind diabolisch: Sie sind verdorben und dazu gemacht, andere zu verderben. Sie verstehen nur wenig, aber dieses eine verstehen sie hervorragend: wie man ein menschliches Wesen verführt. Sie lesen dir die Begierde von den Augen ab oder sonstwo, und dann schleichen sie um dich herum, schmiegen sich an dich, und das Gift ist da, den ganzen Tag und die ganze Nacht, es wird dir ununterbrochen angeboten, gratis und frei Haus. Du brauchst nur die Hände und die Lippen danach auszustrecken. Du tust es, trinkst, und der Kreis schließt sich, und du sitzt in der Falle für all die Jahre, die dir noch bleiben, und viele können es dann nicht mehr sein.«

Lore zuckte zusammen, näherte sich dem Vorhang und kletterte an ihm hinauf bis in Höhe der schweren Pendeluhr, die in der Ecke stand; ich bemerkte, daß ihre Beine in vier plumpen Pfötchen mit entgegenstellbarem großen Zeh endeten, oben braun, innen rosig. Von dem Vorhang sprang sie auf die Standuhr, ließ sich darauf nieder und lauschte aufmerksam dem langsamen Ticken.

»Sie sind fasziniert von Uhren«, sagte Paul, »ich weiß nicht, weshalb. Auch die, die ich vorher hatte ...«

»Ach, sie ist nicht dein erstes?«

»Nein. Es ist nicht hier passiert: wir waren auf Reisen, in Beirut. In dem Hotel war ein Kerl, ich weiß nicht, wer er war, auch weil wir beide betrunken waren; er hatte ein Vilmy bei sich, niedlich, mit blondem Fell, es war das erste, das ich zu Gesicht bekam. Ich hatte mich, wie gesagt, gerade mit Virginia gestritten, und der Kerl grinste, als hätte er das kapiert, und bot mir die Milch an, und ich nahm sie an. Ich wußte nicht, was ich da tat: aber ich merkte es am Morgen darauf. Ich suchte den Unbekannten auf allen Straßen der Stadt, fand ihn und bot ihm eine Wahnsinnssumme an, um das Tier zu bekommen, aber er lachte mich aus, wir prügelten uns, und da hättest du sie sehen sollen: Sie kauerte am Boden, wackelte mit dem Schwanz und lachte, jawohl, sie lachte; denn sie können lachen, nicht wie wir, sie tun es auf ihre Art, aber sie lachen, und es ist ein Lachen, das einem das Blut in den Adern zum Kochen bringt.

Ich hatte mehr Schläge ausgeteilt als eingesteckt, und

trotzdem fühlte ich mich übel zugerichtet und saß wie auf Kohlen. Ich träumte von diesem Vilmy, jede Nacht. Ich muß dir sagen: es ist nicht wie bei einer Frau. Es ist ein drückendes, brutales, idiotisches Verlangen; und hoffnungslos, weil du mit einer Frau reden kannst, wenigstens in deinem Innersten: auch wenn sie fern ist, wenn sie nicht oder nicht mehr die deine ist, so hoffst du doch zumindest, mit ihr reden zu können, hoffst auf Liebe, auf Rückkehr; es mag eine vergebliche Hoffnung sein, aber sie ist nicht gänzlich unsinnig, es existiert eine denkbare Befriedigung. Diese hier hingegen ist eine Begierde, durch die du verdammt bist, weil sie keine Befriedigung kennt: die kannst du nicht einmal in deiner Phantasie finden; es ist eine Begierde und fertig, sie endet niemals. Die Milch schmeckt angenehm, sie ist süß, aber du schluckst sie hinunter, und danach bist du im selben Zustand wie vorher. Und auch die Gegenwart der Tiere, sie zu berühren, zu streicheln, bringt nichts, weniger als nichts, ein Anstacheln des Gelüsts, nichts weiter.

Virginia wußte nicht, was vorgefallen war, aber sie merkte, daß irgend etwas nicht stimmte: so flog sie heim nach London, und ich blieb zurück und strich um den andern herum, damit er mir das Tier verkaufte; er wollte nicht, oder besser, er konnte nicht, er war ebenso Sklave wie ich. Aber ich bedrängte ihn, jedesmal wenn ich mich ihm nähern konnte, ich kam mir vor wie ein elender Wurm, ich hätte ihm die Schuhe geputzt. Eines Tages verschwand er, ohne eine Adresse zu hinterlassen. Da dachte ich, wenn ich jenes Tier wirklich nicht haben konnte, dann wäre ein anderes besser als gar keins. Ich ging auf den Suk und fand eines: ein junger Bursche mit ausgemergeltem, teilnahmslosem Gesicht hatte es an der Leine und ließ es im Schummerlicht einer Sackgasse tanzen. Es war mager und halb kahl, hatte aber volle Zitzen, war jung und kostete nicht viel. Ich verlangte eine Probe der Milch; wir verzogen uns unter einen Treppenabsatz, und der Verkäufer molk sie an Ort und Stelle und reichte mir die Milch. Mir schien es, daß ich die Wirkung verspürte, denn gleich darauf bemerkte ich, daß das Tier schöne, tiefe Augen hatte, was mir vorher nicht aufgefallen war; ich kaufte es und brachte es hierher. Sie war ein Dämon: Sie vertrug das Eingeschlossensein nicht, ihre Behausung waren die Dächer und nicht diese Wohnung. Es gab keine Möglichkeit, sie in der Nähe zu halten; wenn ich sie einschloß, wurde sie zur Furie, biß, kratzte und versteckte sich unter den Möbeln; nach ein paar Wochen aber wurde es noch schlimmer, denn sie lernte es, sich dem Melken zu verweigern. Ich versuchte vergeblich, sie zu zwingen, ich peitschte sie aus, und sie verschwand.«

Paul schnipste mit den Fingern, und Lore erhob wachsam die Schnauze; sie sprang von der Standuhr aufs Sofa, von dort auf den Fußboden, dann legte sie sich mit einem zufriedenen kleinen Winseln zu seinen Füßen hin.

»Und die hier ist die dritte. Ich habe sie in Soho auf einer Auktion erstanden, für vierhundert Pfund: ein stattlicher Preis, nicht wahr? Sie gehörte einem Jamaikaner, der ihretwegen den Tod gefunden hatte, aber das habe ich erst später erfahren. Sie ist alt, wie schon gesagt, und wenn man nichts tut, was ihr wider den Strich geht, ist sie ziemlich friedlich; wenn du aber etwas willst, was sie nicht will, dann verweigert sie sich nicht dem Melken, wie die andere, sondern die Milch bleibt ihr weg, und du mußt ohne sie auskommen, und niemand wird mir ausreden, daß sie selbst es ist, die das will, um mich zu erpressen, mich herumzukriegen. Und das schafft sie selbstverständlich; vielleicht ist sie nicht fähig, etwas zu beabsichtigen, aber etwas zu wollen, das ja, o ja: bestimmte Dinge zu fressen und andere nicht, zu bestimmten Zeiten und zu anderen nicht, daß ich bestimmte

Freunde einlade und andere nicht ... nein, du scheinst ihr, Gott sei gelobt, zu gefallen: hoffen wir, daß es anhält.«

»Und Virginia ...?«

»Sie ist eine kluge Frau. Sie hat es stets abgelehnt, von der Milch zu kosten. Sie weiß, daß ich sie noch ebenso liebe wie vorher, daß dies etwas anderes ist, so ähnlich, wie wenn sich jemand dem Alkohol oder dem Morphium ergibt. Sie behandelt mich wie einen Kranken oder wie ein Kind, und das bin ich ja auch; ja, genaugenommen bin ich ein Säugling, der greint, wenn er Hunger hat. Und sie hier ist neun Jahre alt, sie ist ein altes Tier, und beim bloßen Gedanken, daß sie sterben oder daß ihr die Milch wegbleiben könnte, überkommen mich Schwindelgefühle.«

Das Vilmy schlich zu mir, schnupperte mit dem rosigen Näschen, dann fing es an, Nacken und Hals an meiner Wade zu reiben, als wollte es sich selber streicheln; um die Wahrheit zu sagen, es erschien mir durchaus nicht alt. Ich faßte mit einer Hand nach unten, um die Liebkosung zu erwidern, fing aber einen raschen Blick Pauls auf und hielt inne; ja, als Lore sich auf die Hinterpfoten stellte, um mir auf den Schoß zu klettern, verabschiedete ich mich von Paul mit irgendeiner vagen Floskel und trat hinaus auf die Straße. Der Nebel war kalt, dicht und gelblich-trübe, aber er erschien mir duftgeschwängert, und ich atmete ihn lustvoll ein, tief bis in die Lungenspitzen.

Jutta Profijt

Cappuccino mit einem Fremden

Lilly meint es gut mit mir. Wirklich. Auch wenn sie manchmal ein bisschen über das Ziel hinausschießt. So wie neulich.

Lilly ist meine beste Freundin. Erstaunlich genug, denn wir haben wenig gemeinsam. Sie ist feingliedrig, auf irische Art rothaarig und grünäugig. Sie nutzt ihr Abonnement im örtlichen Fitnessstudio regelmäßig und ist verheiratete Mutter von drei Kindern. Ich bin ziemlich klein, straßenköterblond, pummelig und ledig. Ich bin mit meinem Beruf verheiratet, sagt Lilly. Tatsächlich bin ich gar nicht verheiratet. Und genau das sei das Problem. Sagt, Sie ahnen es schon, Lilly. Aber das ist eine andere Geschichte. Dachte ich wenigstens.

Kennengelernt haben wir uns während der Ausbildung. Wir schwärmten beide für den Fachkundelehrer an der Berufsschule. Aber anstatt darüber einen Zickenkrieg vom Zaun zu brechen, schweißte uns die unglückliche Anbetung zusammen. Kurz darauf heiratete Lilly. Nicht den Fachkundelehrer, sondern den Chirurg, der sie nach einem Sportunfall behandelt hatte. Ich blieb meinem Beruf treu. Lilly bekam Kinder, ich die erste Beförderung. Lilly machte Rückbildungsgymnastik, ich Diät. Ihre wirkte, meine nicht.

Lillys Betroffenheit über meinen Zustand als alternder Single wurde immer offenkundiger, obwohl ich mich selbst nie bemitleidete oder gar beschwerte. Zu meinem dreiunddreißigsten Geburtstag schenkte sie mir ein Wellness-Wochenende inklusive Haarschnitt und Strähnchen. Zum fünfunddreißigsten einen Diätratgeber und zum sechsunddreißigsten, das war vor zwei Monaten, brachte sie einen Computerausdruck mit. Persönlichkeitsprofil, Foto und Kontaktdaten eines Mannes auf der Suche nach einer Partnerin.

»Ich habe ihm gemailt«, flüsterte Lilly mir ins Ohr.

»Ich dachte, du bist mit Werner glücklich«, sagte ich.

»Für dich natürlich«, erwiderte sie. »Ihr seid für morgen Abend verabredet.«

Ich ging zu dem Treffen, wie man zu einem Termin beim Zahnarzt geht. Man hofft, dass es nicht weh tut und schnell vorbei ist. Der Ort der Begegnung war eine dieser modernen Coffee-Lounges, das Erkennungsmerkmal sollte eine rosafarbene Zeitung sein. Wegen der Farbe des Zeitungspapiers fragte ich mich kurz, ob seine Kontaktanzeige vielleicht besser unter der Rubrik »Er sucht Ihn« hätte stehen müssen, aber die Erklärung klang plausibel: Eine Coffee-Lounge statt Kneipe, weil der Laden hell und rauchfrei sei, und die Zeitung mit der ungewöhnlichen Colorierung war kein Schwulenblättchen, sondern die ›Financial Times‹.

Gleich beim Eintreten wurde mir wieder bewusst, warum ich eine ehrliche, deutsche Kneipe mit noch so dichten Rauchschwaden jedem modernen Koffein-Tempel vorziehe. In einer Kneipe ist das Licht gedämpft, was sowohl dem Teint als auch der Haarfarbe schmeichelt, denn seit dem von Lilly verordneten Wellness-Abenteuer waren drei Jahre vergangen und jeder noch so kleine Rest lichten Blonds meinem Kopf lang entwachsen. Außerdem gibt es in einer Kneipe Durchschnittsmenschen. Mittelgroß, mittelschwer, mäßig attraktiv. Meinesgleichen.

In diesem Lokal gab es nur Menschen, die dem aktuellen Schönheitsideal entsprachen. Leute, die mich täglich von Plakaten anlächelten, auf dem mühelosen Weg zum Erfolg mit 24-Stunden-Deo-Schutz, weißen Zähnen und probiotischer Idealfigur versehen. In solcher Gesellschaft fühlte ich mich unwohl, eine Außenseiterin im Sandkasten der Reichen und der Schönen.

Bis ich ihn sah.

Die rosa Zeitung stand ihm ganz hervorragend, sie kontrastierte mit seiner olivfarbenen Haut und dem Haar, das den gewissen Blauschimmer hatte, der wirkliches Schwarz kennzeichnet. Südländisches Schwarz. Romantisches, heißblütiges, sinnliches Schwarz. Sündiges Schwarz! Ach, Quatsch, rief ich mich zur Ordnung. Einfach schwarz halt.

Ich steuerte zielstrebig auf seinen Tisch zu, fragte kurz »Frank?« und setzte mich zu ihm. Er sah lächelnd auf und nickte. Er erhob sich halb. Ein Gentleman.

»Was möchtest du trinken?«, fragte die blutjunge Bedienung, deren schneeweiße Schürze knapp unter dem gepiercten Bauchnabel hing.

»Einen Kaffee«, sagte ich.

»Espresso, Cappuccino, Latte Macchiato, Caffè Lungo, Ristretto, Caffè Latte, alles normal oder *Decaf* ...«

Ich habe den Hype um das Zeug nie verstanden und somit auch keine Ahnung, was alle diese Getränke voneinander unterscheidet. Bevor ich morgens das Haus verlasse, schütte ich eine Tasse Instant-Kaffee in mich rein, und im Büro trinke ich die dunkle Brühe, die eine Jahrzehnte alte Kaffeemaschine unter asthmatischem Brodeln in eine schäbige Kanne spuckt und über sechs oder sieben Stunden lauwarm hält.

»Cappuccino«, sagte ich. Das Wort kam mir in den Sinn wie die Erinnerung an einen fernen Bekannten.

Seine Zähne waren makellos und weiß wie Schnee. Die Schultern angenehm ausgeprägt, aber nicht zu kantig, die Augen unter seidigen Wimpern dunkel, aber nicht verhangen, die Hände gepflegt, aber nicht weibisch. Lilly hatte im weltweiten Netz der Singles ein Prachtexemplar an Land gezogen.

Der Cappuccino kam, und ich widmete mich dem Miniaturkeks, der aussah wie ein Miniatur-Hundehäufchen und Amarettini hieß, wie Frank mir erklärte. Der Mann kannte sich aus. Was ich so mache?

»Ich bin Verwaltungsbeamtin«, sagte ich. »Schreibtischjob. Und du?«

»Broker«, entgegnete er und klopfte auf die Zeitung. »Pflichtlektüre.«

Noch während ich nickte, klingelte irgendwo an seinem gut gebauten Körper ein Telefon. Er bat um Entschuldigung, sprach kurz auf Englisch in das winzige Gerät und wandte sich wieder mir zu.

»Tut mir leid, wir haben gerade eine wichtige Sache mit Saudi-Arabien laufen. *Big deal.*«

»Wir hätten uns auch später treffen können, wenn du noch beschäftigt bist«, sagte ich, nur um irgendetwas zu sagen.

»Später?« Er lachte. »Ich arbeite *around the clock,* wenn du weißt, was ich meine. Mein Job ist nicht *nine to five,* da gibt es keinen Feierabend und kein *weekend,* irgendwo auf der Welt ist immer gerade *high-time,* und die Börse boomt.«

»Aha«, sagte ich. Mein Englisch war etwas eingerostet, aber ich hatte kapiert, was er mir sagen wollte.

»Was machst du in deiner Freizeit?«, fragte er und lehnte sich vor. Seine Augen blickten interessiert und sandten wärmende Strahlen über meine Wangen wie die Sonne im Juli oder die Rotlichtlampe gegen Erkältungen.

»Ich wandere gern«, sagte ich, denn das stimmte nicht nur, sondern müsste ihm auch, nach seiner Selbstdarstellung im Persönlichkeitsprofil als »Naturfreak«, entgegenkommen.

Die wunderschön geschwungenen Augenbrauen zuckten leicht. »Wandern?«, fragte er in einem überraschten Tonfall, in dem jemand, der ihm Übles hätte unterstellen wollen, vielleicht noch einen Anflug von Spott hätte hören können.

»Ja«, entgegnete ich locker. »Radfahren mag ich auch. Und du?«

»Ich bin natürlich meistens *busy.* Wenn ich *off* habe, dann muss es richtig peppen. *Freeclimbing, rafting, kitesurfing, canyoning,* solche Sachen.«

Der Cappuccino schmeckte etwas fad und wurde langsam kühl, aber dafür konnte Frank natürlich nichts. Er bestellte noch einen Espresso.

»Dieser Kinderkram mit Milch und Sahne ist nichts für mich. Kaffee muss *powern.* Warme Milch habe ich getrunken, als ich noch um sechs ins Bett musste«, erklärte er mit einem breiten Grinsen.

Ich grinste mit. Mir fiel auf, dass seine Wangen, die ich für gebräunt gehalten hatte, wohl eher einen Schimmer von neuem Bartwuchs zeigten. Bei näherer Betrachtung wirkten sie etwas eingefallen.

»Ich hatte überlegt, gleich ins Kino zu gehen«, sagte ich. »Hast du Lust?«

»Kino?« Er lachte etwas gezwungen. »Ist ja lieb, dass du fragst, aber ich muss gleich *back to work.* Tokio schließt erst später, da muss ich vor der Glocke noch mal reinschauen.«

Ich wusste nicht genau, was er mit der Glocke meinte, wollte aber auch nicht nachfragen.

»Lohnt sich denn die viele Arbeit?«, fragte ich.

»Na klar!«, erwiderte er mit einem Grinsen, das bis zu seinem linken Backenzahn reichte, der sich durch eine Goldkrone hervortat. »Keiner meiner *class-mates* kann es auch nur annähernd mit mir aufnehmen. Finanziell, meine ich.«

Er zwinkerte mir verschwörerisch zu. Ich zwinkerte hastig und ungeübt zurück.

»Also gehörst du auch zu den Leuten, denen der Finanzminister eine Weihnachtskarte mit warmen Dankesworten schickt«, stellte ich mit leicht spöttischem Tonfall fest. Die Formulierung war geklaut, ich weiß nicht mehr von wem, aber sie gefiel mir.

»Der Finanzminister?«

Er hatte diese seltsame Art, das Hauptwort aus dem letzten Satz zu wiederholen, die ich bisher Psychiatern unterstellt hatte. Nicht, dass ich je einen kennen gelernt hätte, deshalb ja die Unterstellung.

»Der Finanzminister denkt, dass ich mit einem kleinen Fixgehalt gerade so viel verdiene, dass ich mich nicht in der Suppenküche verpflegen muss.« Sein Grinsen hatte die maximale Breite erreicht, und wenn die Zähne auch schön gewachsen und gepflegt waren, erinnerte mich der Anblick dieses gebleckten Gebisses doch sehr an das Filmposter vom weißen Hai.

»Aber wenn du festangestellt bist, weiß der Staat doch, was du verdienst, oder?«

Ich gebe zu, dass ich mich mit der Frage deutlich blöder stellte als ich bin, aber sie rutschte mir so heraus.

»Mein Fixgehalt geht auf ein deutsches Konto, die Provisionen ins Ausland. Meist direkt in Immobilienanlagen, Indexzertifikate, Derivate, Hedgefonds oder Beteiligungen, die kein Mensch jemals zu mir zurückverfolgen kann. Es sei denn …«

Er sah aus wie ein als Weihnachtsmann verkleideter Student, der darauf wartet, für seine Freundin die rote Unterwäsche aus dem Sack zu zaubern.

»Es sei denn …?«, half ich nach.

»Es sei denn, er wüsste, dass all diese Zahlungen über eine Finanzagentur auf Jersey laufen, die meinem alten Kumpel Richie gehört.«

»Richie klingt ja wie ein richtiger Gaunername«, flüsterte ich in einem, wie ich hoffte, konspirativ klingenden Tonfall.

»Richie heißt Richard Blake, ist halb Engländer, halb Deutscher und inzwischen vermutlich mehrfacher Millionär.«

»Neidisch?«, fragte ich spitz.

»Ach wo, bin ich ja selbst«, erwiderte Frank, blickte auf seine goldene Uhr, erschrak und schüttete hastig den Espresso in sich hinein.

»Tut mir leid, *gotta go*«, sagte er, raffte Handy, rosafarbene Zeitung und einen Schlüsselbund mit Porsche-Anhänger zusammen und stand auf. »Ich zahle an der Theke, du bist selbstverständlich eingeladen«, sagte er. »Ich ruf dich an«, schob er noch hinterher, und ich nickte eilig in dem Bewusstsein, ihm meine Nummer nicht gegeben zu haben.

Lilly bedauerte mich, als ich ihr den Verlauf des Abends schilderte, aber dazu besteht kein Anlass. Für mich war die Sache ein voller Erfolg. Schließlich bin ich mit meinem Beruf verheiratet. Ach, das hatte ich ja ganz vergessen zu erwähnen. Ich bin Verwaltungsbeamtin, wie Sie ja wissen. Bei der Steuerfahndung. Frank hat mir eine dicke Prämie und eine weitere Beförderung eingebracht.

Hoppla, schon so spät? Entschuldigung, aber ich muss gehen. *Blind date.* Und Freitag das nächste. Ich habe die Taktik verfeinert, mein Finanzvokabular um Börsenblabla erweitert und mir eine passende Garderobe zugelegt. Dezent, geschmackvoll, teuer. Die Art, die den Kerlen suggeriert, sie müssten mir doppelt imponieren.

Die Begegnung mit Frank hat mein Leben bereichert – wenn auch nicht so, wie Lilly gehofft hatte.

Moritz Fichtner

Die Espe hat geflüstert

»Verdammt sei sie, bei Gott, verdammt!«, sagte Britt mehrmals in dieser Nacht. »Ich werde Kimberley anfallen, wenn sie kommt. Wie ein Tier werde ich sie anfallen.«

Es war Kimberleys zwölfter Geburtstag. Britt und ich hatten die Party bald satt und flüchteten in unser Zimmer, um bei hellem Sternenschein dazuliegen und auf unsere Schwester zu warten. Ich weiß noch, wie wir die Milchstraße, den Großen Wagen und die Venus anstarrten und von Minute zu Minute weniger fassen konnten, dass sie nicht kam.

Wir drei Mädchen lebten damals noch in der »Meerhexe«, unserem Haus an der Nordsee. Britt war vierzehn, zwei Jahre älter als Kimberley, ich sechzehn, und dann war da noch Tante Minnich, die nichts als grundgütig war und uns unsere Gegensätze austoben ließ, denn der ewig schwitzende Vater war krank, und die Mutter war tot.

So tobten wir jungen Mädchen uns also aus. Jede Minute unseres Lebens gab es Krieg, vor allem zwischen zwei Parteien: auf der einen Seite Britt und ich, auf der anderen Kimberley, moralisch unterstützt von unserem Großvater, Opa Ludwig. Er war damals einundachtzig Jahre alt und bewohnte drei Zimmer unterm Dach, wo er im Winter das Meer und die »Meerhexe« in Öl malte. Britt und ich traten für »das Moderne« ein: Wir waren Anhängerinnen von echter Popmusik, liefen bauchfrei in engen T-Shirts herum und trugen Schlaghosen, wir ließen uns an Lippen und Nase piercen und liebten es, jeden zu provozieren. Kimberley dagegen war romantisch, neigte zu übertriebener Bescheidenheit, zu Aberglauben und Spießigkeit, zu Mozart statt Rock, zu Bach statt Pop. Wir verachteten sie.

Kurz vor ihrem zwölften Geburtstag erneuerte sie ihren Pakt mit Opa Ludwig: Der alte Mann hatte sie dazu angestiftet, jeden Tag die riesige Espe in unserem Garten zu bestaunen. Diese Espe habe, sagte er, die Fähigkeit, Wünsche zu erfüllen, wenn man nur, tief genug in ihrem Astwerk verborgen, den Wunsch ganz intensiv gerade in dem Augenblick äußere, wenn die hunderttausend Blätter einem ins Ohr wisperten.

So standen die Dinge, als in jenem Jahr der Mai gekommen war und damit Kimberleys denkwürdige Geburtstagsparty anstand. Kein Gast, wirklich nicht einer, war auf Geheiß des Geburtstagskindes erschienen. Nur unsere Familie – die biederen, langweiligen, grauen Felmys und die biederen, langweiligen, grauen Minnichs – war vollzählig vertreten. Cousin Matthias, gerade von einem langen Englandaufenthalt zurückgekehrt, geigte brav Mozart, flötete Kimberley etwas von Bach, die anderen beiden Cousins glotzten dumm aufs Meer hinaus oder stierten meinen bloßen Bauchnabel an.

Das alles fanden Britt und ich so unpassend, so stillos, dass wir uns bei den Händen fassten und von all dem fort und ins Bett flüchteten. Hier lachten wir abwechselnd laut und brüsk durchs offene Fenster in die Nacht hinaus, wir waren unwirsch und zornig. Ich gab Britt jedes Mal recht, wenn sie fluchte, und fluchte selbst auch.

An diesem Abend kam Kimberley lange nicht. Wir konnten nicht begreifen, was sie so lange am Strand trieb. War sie denn plötzlich eine Freundin von Partys geworden – noch dazu einer solchen, die selbst sie langweilen musste? Die Zeit wurde schließlich trotz der unterhaltsamen Flüche lang, und wir schliefen gegen unseren Willen ein, ohne Kimberley noch einmal gesehen zu haben.

Am nächsten Tag wollten wir natürlich sofort wissen, wo sie in der Nacht gesteckt hatte. Aber als wir ihr gegen Mittag das erste Mal begegneten, war Kimberley verändert, so verändert, dass unsere Attacke im ersten Anlauf stecken blieb. Unsere Schwester tat Dinge, die sie nie zuvor getan hatte: Sie trug eine rosa Schleife im Haar, die sie fremdartig aussehen ließ, ging leise singend und mit nackten Füßen auf den langen Gängen im Haus herum, machte alle paar Schritte Halt, um sinnend ihre Hände und Füße zu betrachten. Was war geschehen?

Nichts, so sagte man uns. Kimberley habe in der vergangenen Nacht zum Ende der Party lediglich einige Male mit Matthias Walzer getanzt und dann ausgiebig im Meer geplanscht. Belanglosigkeiten, sonst nichts.

Als Kimberley aber an diesem Abend, einen Tag nach ihrem Geburtstag, zu uns ins Zimmer trat und sich entkleidete, sahen wir, dass ihre ganze noch knabenhafte Gestalt, vor allem aber ihr feines Gesichtchen mit den großen grauen Augen unter dem blonden Wuschelhaar, wirklich schön war. Sie zog einen himmelblauen Schlafanzug an, setzte sich lächelnd zu uns aufs Bett, schlug die Beine übereinander und sagte: »Sagt mal, welchen von unseren drei Jungen mögt ihr eigentlich am liebsten?«

Britt, die immer noch wütend war, drehte sich geräuschvoll im Bett um. »Papperlapapp!«, sagte sie. »Für so was bist du noch viel zu jung. Mach lieber die Funzel aus und schlaf!«

»Wenn ich es nun aber wissen will!«, rief Kimberley. »Denn einer von ihnen ist doch besonders nett, oder?«

»Na gut, den dicken Grex mag ich, wenn schon einen. Und was weiter?«, sagte Britt.

»Ausgerechnet den?«, sagte Kimberley. »Und warum nicht einen anderen?«

Wir kicherten. Britt knipste die Nachttischlampe aus und stieß ein girrendes Lachen aus. Sie johlte: »Dann wirf dich doch Matthias an den Hals. Aber lass uns endlich schlafen!«

Dann trat eine Pause ein. Wir hörten Kimberley in ihrem Bett herumwirtschaften, worauf plötzlich das Licht wieder anging. Kimberley saß aufrecht da, sehr viel bleicher als zuvor, und sagte: »Nein, *das* will ich ja gar nicht.«

»Was?«, fragte ich.

»Na, *das.* Es geht wupp wupp.«

»Wupp wupp?«

»Ja, alle sagen, es geht wupp wupp. Nein, das ist ja keine Liebe.«

Sie blickte Britt und mich hilfesuchend mit großen Augen an, besonders aber mich, vielleicht weil sie von mir als der Ältesten besonders viel Verständnis erwartete. Ich fand jedoch, dass sie viel zu viel aus allem machte, und grinste nur: »Du bist nicht cool, Schwesterchen, das ist dein Problem. Bald bist du dreizehn, da glaubt doch kein Mensch mehr an die große Liebe.«

»Doch!«, sagte Kimberley.

»Dann bist du uncool. Willst du das? Man braucht sogar mehrere Jungs, sonst ist man ja ein Spießer.«

»Nein!«, schrie Kimberley nun. »Nein und nein! Wo wäre denn dann der Unterschied zwischen dem, den man liebt, und all den anderen?«

Ihr Ton machte mich unruhig. Nervös schaltete ich das Licht wieder aus, holte tief Luft und sagte: »Schön, Schwesterchen. Wenn du nun recht hättest: Was willst du denn tagein, tagaus mit ihm machen, mit dem einen, den du liebst? Anhimmeln bei Tag und anhimmeln bei Nacht? Geigen und flöten, he?«

Kimberley schwieg. Es folgte nur ein Schnaufen, dann ging das Licht wieder an, und sie lag lang ausgestreckt im Bett, blickte zur Deckenlampe empor und sagte: »Geigen und flöten? Warum nicht. Ja, er geigt, und ich flöte, so wird's sein, genau so wird's sein. Der Opa sagt ja auch, dass es geht, und er sagt, man braucht nur *einen* im ganzen Leben, nur einen einzigen, den man wirklich liebt. Und das stimmt. Und das mit der Espe auch.«

Die Espe! Sie ließ sich nicht belehren, und nun kam sie auch noch mit der Espe! Ich schrie fast vor Lachen: »Du gehst also zur Espe?«

»Ja!«

»Zum Wünschen und zum Zaubern?«

»Ja, natürlich.«

»Nein!«, rief ich. »Das geht doch gar nicht. Hörst du? Matthias, dein Angebeteter, den du so liebst, wird dir davonlaufen wie ein gejagtes Wild, mit hohen, weiten Sprüngen!« Ich hatte mich so in Rage geredet, dass ich nicht weitersprechen konnte.

Die Sache ließ mir auch an den folgenden Tagen keine Ruhe. Ich beobachtete Kimberley heimlich, beriet mich mit Britt in der Gartenlaube, und schließlich lauerten wir ihr eines Tages auf, als sie der Espe einen ihrer Besuche abstattete.

Es war eine milde Juninacht, der Mond hatte den ganzen Garten mit hellem blauweißen Licht überstrahlt, die Jasminsträucher, von denen unser Haus reichlich umgeben war, blühten duftend. Mächtig und breit stand die alte Espe unten am Teich, hundertarmig vom Boden an, jeder Arm viele Meter seitlich gestreckt und aufwärts gebogen, alle Arme behangen mit dreieckigen und gezackten wispernden Blättern.

Wir hockten im Fliederstrauch, nur einen Meter von der Espe entfernt, in Miniröcken. Kimberley kam in einem langen, wehenden dunkelblauen Kleid vom Haus her durch den Garten auf uns zu. Sie hielt am Teich kurz inne, sah den Mond an und sagte etwas, das wir nicht verstanden. Dann ging sie zur Espe, blieb vor ihr stehen und sagte laut: »Ich habe eine Bestellung an das Universum.« Daraufhin schlüpfte sie ins Geäst, war eine Weile fort, bis ihr Kopf vor dem Meer zitternder Blätter wieder auftauchte. Was sie nun sagte, war fast ein Singen, ein Singsang von Wörtern. Matthias war es natürlich, um den es ging, Matthias, mit dem sie am Strand so einmalig getanzt und musiziert hatte, Matthias, den sie liebte und der sie wiederlieben sollte. »Du liebes Universum! In vier Jahren, wenn ich sechzehn bin, ist er zweiundzwanzig, da lass mich Hochzeit halten mit Matthias Felmy.«

Ein merkwürdiges Zeug, fand ich. Das alberne Gebet eines zwölfjährigen Mädchens. Britt empfand es auch so, wie sie mir später sagte. Und doch, wie wir da im Fliederstrauch saßen, waren wir gebannt – viel weniger allerdings vom Sinn dieser Worte als vielmehr von der Melodie, die ihre Stimme fast zu singen schien, und vor allem aber von dem Bild, das ihr Gesicht inmitten der Blätter abgab. Ich verachtete mich, dass ich sie so schön fand, ich versuchte wegzuschauen, aber es gelang mir nicht. Sie *war* schön, ein Zauber, der sie aussehen ließ wie gemalt, klar und rein und ganz und gar so, dass wir das Gefühl hatten, die Augen niederschlagen zu müssen. Und dennoch konnten wir nicht aufhören, sie anzustarren.

Als Kimberleys Gesicht wieder in der Espe verschwunden war, nahmen Britt und ich den Weg zurück über das Teichufer, das durch Buschwerk gut abgeschirmt war. Britt atmete hörbar und versuchte, vor sich hin zu summen, verstummte aber nach den ersten Takten. Als wir schon dicht am Haus waren und Tante Minnich mit ihrem ballonförmig hochgesteckten Haar auf der Terrasse sahen, die anderen Tanten und die drei

Cousins um sie herum, flüsterte Britt: »Jetzt ist das Kind übergeschnappt.«

»Ja, total übergeschnappt«, sagte ich. »Und schuld ist der verdammte Opa, der sie ganz und gar um den Verstand bringt.«

»Ja, der Alte spinnt«, flüsterte Britt. »Was machen wir denn jetzt mit Kimberley?«

Das war eine gute Frage. Was sollte man tun, um das Schreckliche, das vor unseren Augen mit unserer Schwester geschah, zu stoppen? Vielleicht sollte ich mir Kimberley einmal vorknöpfen. Mit deutlichen Worten, wenn es sein musste. Vielleicht würde ich sie bei Tante Minnich anschwärzen. Vielleicht würde ich sie in ihrer Schulklasse aufsuchen und all den Kindern vom mondbeschienenen Treiben ihrer Mitschülerin erzählen. Ich sann eine Weile nach, doch meine Gedanken waren nicht recht bei der Sache. Als ich das Schlafzimmer betrat, sah ich wieder Kimberleys Gesicht vor mir. Ich ging zum Fenster, hielt Ausschau nach ihr und hörte genau hin, ob ich denn das Rascheln der Espe bis hierher hören konnte. Da alles still blieb, griff ich unwillkürlich zum Handspiegel auf dem Nachttisch, warf mich aufs Bett und blickte hinein. War ich schön? Konnte mein Gesicht einem Vergleich mit Kimberley standhalten?

»Ja, du bist schön«, sagte Britt, die auf ihrem Bett saß und an ihrem Nasenring fingerte. »Du bist die Schönste, blabla, die Schönste im ganzen Land.«

Da sprang ich auf und rannte hinaus, wütend und in höchstem Maße unzufrieden. Was hatte ich gesehen? War ich hässlich? Nein, nicht hässlich, aber ich hatte große Ohren, der Mund war etwas zu breit, aber hübsch, vorteilhaft sinnlich, alles normal eben. Zu normal allerdings, schien mir, ein wenig kalt, zu eindeutig irdisch, zu platt.

Beunruhigt ging ich wieder ins Freie, lief am Teich

entlang, diesmal in entgegengesetzter Richtung, kam zur Espe, hörte sie im Wind rauschen, aber Kimberley war nicht da. Ich drehte hastig wieder um. Mein Spiegelbild ging mir nicht aus dem Sinn. Geduckt schlich ich den weißen Kiesweg an der unteren Fensterfront unseres Hauses entlang, um hinter den Scheiben Gesichter zu erspähen, die ich mit meinem Gesicht vergleichen konnte. Da sah ich Opa Ludwig, pausbäckig und stoppelbärtig, in der Bibliothek im Schaukelstuhl sitzen und schlafen, und ich sah Matthias in seinem Schlafzimmer mit seinem guten eckigen Gesicht unter dem welligen Haar auf dem einfachen Feldbett liegen und ebenfalls schlafen. Beide hatten Gesichter voller Entspanntheit, Ruhe und Gewissheit. Alles das war nicht zu vergleichen mit der Leere meines eigenen Gesichts. Was hatten sie, das mir fehlte?

Am nächsten Tag ließ ich Kimberley in Ruhe, unternahm auch bei Tante Minnich und in der Schule nichts, obwohl ich es mir beim Aufstehen fest vorgenommen hatte. Nur die einfache Holzstiege zu Opa Ludwig kletterte ich hinauf und beschimpfte ihn lange und gründlich als Übeltäter und Märchenerzähler.

Am Abend, wie von einem Drang getrieben, ging ich allein in den Garten und näherte mich voller Zorn der alten Espe. Ich weiß noch, ich wollte etwas sagen, etwas Unflätiges, schreien wollte ich, und Schimpfwörter sollten darin vorkommen. Stattdessen kletterte ich zwischen die Zweige und sagte lange Zeit nichts. Wieder wehte der Wind frisch, der Mond beleuchtete stumm Garten und Teich, die Espenblätter raschelten, und ich schwieg.

Ich wusste nicht mehr, was ich sagen wollte. Alle Kraftausdrücke waren mir davongeschwommen wie eilige Fische im Bach. Kimberleys Heiligengesicht war mir wieder eingefallen, während mir in einem fort durch den Kopf ging: Ich möchte aussehen wie Kimberley. Plötzlich sagte ich es laut: »Ich möchte aussehen wie Kimberley.« Dann steckte ich wie am Vortag die Schwester erschrocken den Kopf aus den Zweigen und sah mich um. Hatte mich jemand gehört? Schämen sollte ich mich. Nicht nur dafür, dass ich hier im Garten Selbstgespräche führte und dass ich einen so seltsamen und eitlen Wunsch ausgesprochen hatte. Nein, ich hatte diesen Wunsch auch noch gegenüber einem alten Baum geäußert, als könnte der ihn erfüllen. Ausgerechnet ich!

Nein!, rief eine Stimme in mir. Nein, nein! Das ist ein Irrtum.

Da erkannte ich, während ich mich erneut umsah: Es war niemand da. Niemand hatte meine Stimme gehört, niemand meine Gedanken gelesen, niemand mich auch nur erblickt. Da gab es nur den stillen Garten, den Mond, den Teich, die Espe, die mit ihren hunderttausend Blättern hunderttausendfach grün und grünsilbern flirrte und zitterte. Konnte ich angesichts dieser großen, silberblauen Welt, in der ich ganz alleine war, nicht ebenso gut einmal annehmen, für einen Augenblick nur, der Baum hätte wirklich jene große Zauberkraft?

Lange stand ich, versteckt im Laubwerk, im Geflüster des Baumes und kämpfte mit mir. Endlich, indem ich mich unwillkürlich an den Ästen festhielt, sagte ich ins Halbdunkel hinein: »Zauber hin, Zauber her, ich möchte aussehen wie Kimberley.« Und der Baum schien zu flüstern: »Ja gut, ja gut ...« »Ja, genau wie Kimberley«, sagte ich trotzig. In diesem Augenblick fand ich mich schon wieder lächerlich, und seltsam war, dass ich es laut sagte: »Ich bin ja total lächerlich!«

»Vor wem denn? Vor wem in der weiten Welt? Du bist nicht lächerlich ...«

»Nicht?«

»Nein, sag noch mehr ... Sag ruhig noch mehr ...«

»Gut«, sagte ich. »Kimberley soll ihren Matthias bekommen.« Dann schwieg ich. Ich schwieg lange. Warum lag mir auf einmal so viel an Kimberley?

Sehr spät in dieser Nacht kam ich in die »Meerhexe« zurück. Die große Standuhr in der Bibliothek schlug zwölf, das Meer schien durch die geöffneten Fenster in die Vorhalle zu rauschen, und ich dachte immerfort an das Gespräch mit dem Baum. Es war ein Selbstgespräch gewesen. Aber diese Erkenntnis enttäuschte mich nicht, im Gegenteil, ich war heiterer geworden, so heiter, dass ich Lust verspürte, zum großen Wandspiegel am Treppenaufgang zu gehen, um zu sehen, ob ich nicht doch Kimberley ein wenig ähnlicher geworden war.

Aber ich tat es nicht. Die Heiterkeit sollte mir bleiben. Wichtiger war mir jetzt, Kimberleys Gesicht zu sehen, *ihr* Gesicht, das eben nur ihr gehörte, und ihr etwas Freundliches zu sagen. »Ich liebe dich«, wollte ich ihr sagen, nichts anderes, immer wieder »Ich liebe dich«.

Und ich ging hin und sagte es ihr.

Eva Berberich

Halt die Klappe!

»Wie redest du mit mir?« sagte ich empört.

»Die Klappe sollst du halten. Hier! Ich muß mir die Nase putzen.«

Konrad drückte mir ein viereckiges Stück Glas in die Hand und putzte sich die Nase. »Bin extra zum Baumarkt gefahren. Das ist eine Katzenklappe. Ich säge jetzt ein Loch in die Küchentür, und dann befestigen wir dieses Ding mit zwei Scharnieren daran. Will Schlumpel rein, drückt sie mit dem Kopf dagegen. Will sie raus, macht sie's genauso, nur von innen.«

»Na, ich weiß nicht«, sagte ich. »Stoffele hat mich lieber aus dem Bett gebrüllt. Das sei persönlicher, hat er gesagt.«

»Aber ich will meine Ruhe haben, wenn ich mal da bin. Genial, so eine Katzenklappe.«

Mit vereinten Kräften hoben wir die Tür aus den Angeln und legten sie auf den Küchentisch. Konrad zeichnete mit Bleistift und Lineal das auszusägende Viereck auf die Platte, was genau siebenundvierzig Minuten dauerte, weil er sehr darauf bedacht war, daß der rechte Winkel auch wie ein rechter Winkel aussah, und weil mein Winkeldreieck sich versteckt hatte, was Konrads Winkeldreieck nie tun würde, wie er sagte, in seinem Werkzeugkasten herrsche Ordnung. »Aber wie der Herr, so 's G'scherr«, sagte er freundlich, wobei in meinem Fall der Herr durch die Frau zu ersetzen sei. »Außerdem wäre es besser, wir würden zuerst Schlumpel vermessen.«

»Wieso?«

»Damit sie durchkommt. Willst du, daß sie steckenbleibt, nicht mehr vor- und rückwärts kann und vielleicht eines jämmerlichen Todes stirbt?«

»Unsinn. Klar kommt sie durch. Fünfzehn Zentimeter reichen. Sonst steht eines Morgens ein Elefant in der Küche.«

Konrad schüttelte den Kopf. »Du redest, wie du's verstehst. Und entsprechend der Fünf, die du im Abitur in Mathematik bekommen hast.«

»Woher weißt du das?«

»In der Schreibtischschublade ganz hinten liegt dein altes Schulzeugnis. Ich habe mir erlaubt, hineinzuschauen. Man weiß doch gern, mit wem man zusammen Mohrenköpfe ißt und Katzenklappen anfertigt.«

Ich streckte die Hand aus. »So hoch muß sie sein.«

Das, erklärte Konrad milde, sei keine genaue Angabe, sondern typisch weiblich. »Ruf dieses Katzenviech her!«

»Die ist unterwegs. Die kommt nicht.«

»Wenn ich rufe, kommt sie.« Konrad legte seinen ganzen Charme, den er durchaus hat, wenn er will, in seine Stimme. Er lockte, flötete, gurrte, daß es eine Art hatte. Sehr überzeugend. Aber erfolglos. »Sie ist bestimmt kilometerweit vom Haus weg, sonst wär sie natürlich längst da. Dann muß es auch ohne sie gehen. Ich hab ja ein gutes Augenmaß.«

Er zeichnete das auszusägende Rechteck auf die Tür – es war genauso groß wie das von mir vorgeschlagene, aber, weil von ihm konstruiert, wesentlich exakter –, setzte die Säge an, sägte das Viereck sehr gekonnt und mit sicherer Hand aus. »Ziemlich professionell, was?« sagte er bescheiden.

»Du hast nur eine unbedeutende Kleinigkeit vergessen. Schlumpel kann nicht fliegen.«

»Wieso?«

»Du hast das Loch oben gemacht.«

Konrad kratzte sich hinterm Ohr. »Das hättest du gleich sagen können.«

»Ist mir erst eingefallen, als du schon fertig warst.«

»Ihr denkt halt nichts, ihr Frauen. Eigentlich«, sagte er dann, »ist das gar nicht so übel. Das obere Loch betrachtest du einfach als zusätzliche Entlüftungsmöglichkeit und als Frischluftzufuhr. Dir ist sowieso immer zu heiß in der Küche. Dauernd schwitzt du. Ich schwitz nie. Halt das einen Augenblick!« Er drückte mir das ausgesägte Viereck in die Hand. »Ich muß mal!«

Kaum war er weg, stand Schlumpel neben mir.

»Wo kommst du denn her?«

»Hab ein Nickerchen gemacht. Auf Konrads Auto. Schön warm dort.«

»Du weißt doch, daß er dann fuchsteufelswild wird. Hast du ihn nicht rufen hören?«

»Klar.« Sie betrachtete interessiert das Loch.

»Aber warum bist du nicht –«

»Sonst denkt er, ich komm, weil er gerufen hat. Ich bin eine Katz und kein Hund. Katzen kommen immer nur von selber, und wenn sie wollen. Was ist das?«

»Das ist eine Schlumpeltür«, sagte Konrad, der wieder da war. »So kannst du raus und rein, wann immer du willst. Hab ich für dich gemacht.«

»Sie ist noch nicht fertig«, sagte ich. »Erst hat er für die Entlüftung der Küche gesorgt. Jetzt kommt das richtige Loch.«

Wir drehten die Tür um und wiederholten die Prozedur unter Schlumpels wachsam-amüsiertem Blick.

»Wenn die so guckt«, sagte Konrad, »zittert meine ansonsten sehr sichere Hand. Sie soll nicht so gucken.«

»Du bist ja nicht am Pinkeln«, sagte ich. »Nur am Sägen. Ist auch schon fertig.«

Das herausgesägte Holzstück fiel auf den Boden. Wir stellten die Tür aufrecht hin, Konrad sagte, wie damals bei der Türquälerei, mit einer kleinen Verbeugung zu Schlumpel: »Nach Ihnen, Madame!« Und Schlumpel spazierte durch das Loch.

»Noch mal«, sagte Konrad, »und gleich noch mal.« Und dann sang er, wie Professor Higgins: »Jetzt hat sie's, mein Gott, jetzt hat sie's!« Schlumpel fand mehr als dreimal durch dasselbe Loch laufen langweilig, zog wieder ab, und Konrad suchte in seinen Hosentaschen nach den Scharnieren, die er schließlich am Schlüsselbrett fand, wo er das Päckchen hingehängt hatte statt des Hausschlüssels, was irgendwie auch meine Schuld war. Es dauerte noch eine halbe Stunde, bis diese Scharniere mit kleinen Nägeln auf dem Holz befestigt waren, wobei ich froh war, daß Konrad nicht darauf bestand, die Löcher vorzubohren, denn ich hab keinen Bohrer mehr, der ist irgendwann ausgewandert. Dann hängten wir die Tür wieder ein. Konrad versprach uns eine ruhige Nacht.

Die hatten wir auch.

»Na also«, sagte Konrad, »das hättest du schon lang haben können. Ich setz schon mal das Teewasser auf und sag Schlumpel guten Morgen, die friedlich in ihrem Körbchen liegt.«

Als ich in die Küche kam, fegte Konrad gerade die Scherben auf dem Fußboden zusammen, die einmal eine Teekanne gewesen waren. Die Hühnerschenkel, die ich zum Auftauen in die Spüle gestellt hatte, waren weg, die Tomaten malerisch auf dem Fußboden verteilt, Schlumpels Schüsselchen leer. Auf dem Tischtuch dunkle Spuren.

»Guck nicht so«, sagte Konrad, »das war nicht ich, das war bestimmt der Kerl, der heut morgen in Schlumpels Körbchen lag. Ich pflege nicht mit dreckigen Füßen über anderer Leute Tischtücher zu laufen. Die Kanne hat sowieso immer geläppert, um die ist's nicht schad.

Und ich scheiße nicht in anderer Leute Küchenecke. Den hab ich aber geschaßt!«

»Irgendwelche Leute haben hier heut nacht eine Orgie gefeiert«, sagte ich. »Wir haben sie ja auch geradezu eingeladen.«

»Die Klappe«, sagte Konrad, »ist für Schlumpel gedacht und für niemand sonst.«

»Dann ist's am besten, du machst ein Schild dran: *Nur für Schlumpel! Alle andern bitte draußen bleiben!* Da werden sie sich ganz bestimmt dran halten.«

»Aber im Prinzip«, sagte Konrad, »ist so eine Katzenklappe eine geniale Erfindung, das mußt du zugeben.«

»Im Prinzip ja«, sagte ich. »Aber die ungebetenen Gäste bleiben nur im Prinzip draußen, nicht, wenn hier eine grünäugige, rotbepelzte, sehr ansehnliche kleine Katze im Körbchen pennt, wenn aufzutauende Hühnerbeine herumliegen, weiße Tischtücher zum Drüberlaufen einladen und dunkle Ecken zum Scheißen. Die Tür kommt zum Sperrmüll, ich laß eine neue machen.«

»Da hockt sie!« Konrad deutete auf das Küchenfensterbrett, auf dem Schlumpel saß und maunzte.

»Unten rein«, rief Konrad beschwörend, »das haben wir doch gestern geübt!«

Schlumpel drückte die Nase am Fenster platt und drehte ihr Gemaunze lauter.

»Laß sie bloß nicht rein«, verlangte Konrad. »Wofür hab ich mich so geplagt? Sie soll sich gefälligst dran gewöhnen. Und für diese Kerle, die so ungeniert Hausfriedensbruch begehen, denk ich mir schon noch was aus. Vielleicht eine Wasserspritzanlage. Oder eine Sirene. Oder Hundegebell. Da gibt's interessante Möglichkeiten. Nun komm schon!« Er deutete immer wieder zuerst auf Schlumpel, dann auf das Katzenloch, was etwas hampelmannmäßig aussah und Schlumpel zu amüsieren schien. Sie folgte seinen Bewegungen mit den Augen, dachte aber nicht dran, das Loch zu benutzen. Ich öffnete das Fenster und nahm sie auf den Arm. »Brüllen«, sagte ich zu Konrad, »ist halt doch irgendwie persönlicher, finden wir.«

»Aber«, sagte Konrad –

»Halt die Klappe!« sagte ich freundlich.

Asta Scheib

Eine unmögliche Frau

Frau Moll lag auf dem Untersuchungsstuhl, und weil ihre langjährige Frauenärztin mit einem alarmierten Gesichtsausdruck in ihr herumdrückte und tastete, fragte sich Frau Moll, ob sie vielleicht ein heimtückisches Leiden habe. Ihre Überlegungen wurden unterbrochen von der sachlichen Stimme der Ärztin, in der heute ein Staunen mitzuschwingen schien. »Sie sind schwanger, schon im dritten Monat. Da gibt es keinen Zweifel«, sagte die Ärztin, und Frau Moll fuhr aus ihren Gedanken auf und benagte ihre Unterlippe. Das konnte auch nur ihr passieren. Seit acht Jahren drückte und tastete die Ärztin in ihr herum, ohne auch nur einmal jene Veränderungen festzustellen, auf die vor allem Herr Moll ungeduldig wartete. Die Ärztin hatte jedes Mal gesagt, dass sie auch nicht wisse, warum Frau Moll nicht schwanger werde, schließlich sei sie jung und gesund.

»Er wird denken, ich hätte ihn mit dem ältesten Trick der Welt hereingelegt«, sagte Frau Moll, und das magere, intelligente Gesicht der Ärztin drehte sich ruckartig wieder zu ihr. Es schien gespannt. »Was soll das heißen?«, fragte sie stirnrunzelnd, »Ihr Mann wünscht sich doch seit Jahren ein Kind!«

Frau Moll schwieg, sie hörte die dröhnende Stille und konzentrierte sich auf ihren Körper. »Ach, du lieber Himmel, das Kind ist nicht von Ihrem Mann!« Es klang wie eine Diagnose, doch in der Stimme der Ärztin war Staunen, wenn nicht Bewunderung. Sieh an, die kleine Moll! Bislang war sie der Ärztin immer unglücklich und verhuscht vorgekommen. War ja kein Wunder, bei dem Mann. Ein Parvenü. Seine unscheinbare Frau schien neben ihm zu verkümmern. Aber heute? Als sähe sie ihre Patientin zum ersten Mal, staunte die Ärztin über das dichte lackschwarze Haar und das knallgelbe Kostüm, das die junge Frau trug. Die hochhackigen Pumps aus schwarzem Lackleder zeigten, dass Frau Moll bemerkenswerte Beine hatte. »Gratulation«, sagte die Ärztin und hatte das unbestimmte Gefühl, dass ihre Patientin sich mit einem waghalsigen Sprung in die Sonne gestürzt hatte.

Draußen prasselte der Regen auf die Straßen, so dass Frau Moll auf ihren Stöckelschuhen vorsichtig zum Auto balancieren musste. Sie genoss jeden Schritt. Sie bekam ein Kind. Sie bekam ein Kind! Nicht einmal schwanger werden kannst du, hatte Herr Moll ihr ständig vorgehalten. Er hatte seine Frau direkt vom Siegerpodest weg geheiratet, kurz vor ihrem zwanzigsten Geburtstag. Frau Moll war Eisschnellläuferin gewesen. Tochter ehrgeiziger Eltern, die sie abschirmten vom Leben. Herr Moll, Marktführer in der Herstellung von Sportmoden, hatte leichtes Spiel. Solange Frau Moll auf dem Siegerpodest blieb, sah Herr Moll ihre Schwächen mit Nachsicht. Bis Frau Moll beim Training stürzte. Untauglich für Cups und Contests.

Was nun? Man könnte Kinder haben, Nachfolger für das Unternehmen, meinte Herr Moll. Doch auch da schien seine Frau zu versagen. Hätte er sich ja denken können. Er hatte eine unmögliche Frau, eine Fehlinvestition sozusagen. Frau Moll sah ihren Mann nur noch selten. Auf seinen Reisen begleitete ihn seine neue Assistentin, deren Effizienz Herr Moll nicht genug loben konnte. Bereits auf dem Rückflug lieferte diese Assistentin mittels ihres Laptops druckfertige Dossiers über die Geschäftsergebnisse. Frau Moll dagegen brachte es nicht einmal fertig, auf der Fähre von Livorno nach Olbia einen guten Deckplatz zu ergattern.

Frau Moll hatte Mitleid mit Herrn Moll. Sie fühlte sich schuldig. Vor allem, wenn er sagte, dass ihm Kinderlachen fehle. Doch sie fragte sich auch, ob ihre Kinder wirklich etwas zum Lachen haben würden. Ob Herr Moll sich nicht eher Geschöpfe wünschte, duldende, schattenhafte, sich ständig schuldig fühlende Wesen, wie Frau Moll eines war. Verhütet hatte sie nicht, das kontrollierte Herr Moll, aber sie hatte immer mit ihren ungeborenen Kindern gesprochen. »Bleibt, wo ihr seid«, hatte sie ihnen geraten, »bleibt, wo ihr seid, damit ihr nicht die Kinder von Herrn Moll werden müsst.«

So war das gewesen. Bis zu dem Morgen, als Frau Moll zu ihrer Tante nach Wien reiste. »Ich muss zum Zug«, sagte sie, und Herr Moll antwortete zerstreut »Ja, ja, schon gut«. Schon in den ersten Minuten in ihrem Zugabteil sah sie den jungen Mann, den sie später immer mal wieder so nennen würde, obwohl er nur drei Jahre jünger war als sie. Der junge Mann las in einem Buch. Frau Moll las auch in einem Buch. Irgendwo zwischen München und Salzburg sahen sie, dass sie denselben Roman lasen. ›Mattia Pascal‹ von Pirandello. »Hat er schon seine Todesanzeige gesehen?«, fragte der junge Mann, und Frau Moll bat ihn, nichts weiter zu verraten. »Ich bin noch nicht so weit«, sagte sie.

Der junge Mann klappte freundlich sein Buch zu. Frau Moll erfuhr, dass er seine Eltern aus dem Skiurlaub abhole, da sein Vater zu bequem sei, selbst Auto zu fahren. Zugreisen seien zu umständlich. Frau Moll meinte, das sei aber lieb von ihm, die Eltern heimzufahren, doch der junge Mann wehrte ab. Er tue das nur, weil er vom Geld seiner Eltern lebe. So langsam gehe er auf die vierzig zu und sei immer noch nicht mit seiner Dissertation fertig geworden. Er promoviere über Oswald von

Wolkenstein und unterrichte einige Wochenstunden an der Uni. Das werde ihm aber langsam zu viel. Frau Moll solle wissen, dass er äußerst arbeitsscheu sei, wenn nicht sogar faul. Wie sein Vater, wie seine gesamte Familie. Keiner von ihnen möge arbeiten. Man besäße glücklicherweise eine Fabrik für Reißverschlüsse. Die Familie habe immer nur so viel Geld aus der Firma bekommen, wie der jeweilige Direktor erwirtschaftet habe. Mal viel, mal wenig. Doch dann habe seine Schwester geheiratet. Einen Betriebswirtschaftler, fleißig, ehrgeizig. Den habe der Himmel geschickt. Er identifiziere sich völlig mit dem Betrieb, erarbeite beachtliche Gewinne, alle seien hochzufrieden. Und der Schwager sei gottfroh, dass die gesamte Familie zu träge war, ihm dreinzureden.

Bei der Ankunft in Wien wünschte Frau Moll sich nichts sehnlicher, als den bequemen jungen Mann wiederzusehen. So wie er sie ansah, ja – wie eigentlich? Bewundernd, heiter und ungemein friedlich, fand Frau Moll. Eine nie gekannte Sehnsucht wurde wach in Frau Moll. Da er freundlich schwieg, sagte sie dem jungen Mann, dass sie heute ihre Tante besuchen, ihn aber unbedingt wiedersehen wolle. Das träfe sich gut, meinte der, er habe auch diese Idee gehabt, aber die Aussicht auf eine Abfuhr sei ihm zu anstrengend gewesen. Frau Moll sah, dass der junge Mann grüne Augen hatte und ein Grübchen rechts vom Mund, und sie wusste, mit ihm würde ihr der Ausbruch, der Sturz in die Sonne gelingen.

Herr Moll sagte zu Frau Moll, sie könne lieber heute gehen als morgen. Außer der Zahnbürste gehöre ihr ja ohnehin nichts. Der junge Mann freute sich auch über diese Tatsache, es ersparte ihm lästige Veränderungen in seiner Wohnung, die er nun mit Frau Moll teilen wollte. Neben einiger Unordnung gab es dort Copperfield, den Berner Sennenhund, und es gefiel dem jungen Mann, dass

Frau Moll gerne mit Copperfield Gassi ging. Und dann im Bett. Ihre Körper, Haut an Haut, Hände, Zungen, alles bewegte sich selbstverständlich ineinander, alles erlebten sie zum ersten Mal, und das würde doch hoffentlich ewig so bleiben.

Dann erwähnte Frau Moll den Besuch bei der Ärztin und dass sie im dritten Monat sei, und der faule junge Mann trug sie durch die Wohnung, von einem Zimmer ins andere und wieder zurück, wollte es Copperfield mitteilen und seiner ganzen bequemen Familie, in der es kein einziges Enkelkind gab.

»Wie siehst du denn aus?«, fragte Herr Moll aufgebracht, als er Frau Moll auf ihrem Schwangerschaftsspaziergang traf. Die Wohnung des jungen Paares lag zufällig unweit der Villa Moll. Frau Moll schwieg und sah Copperfield zu, wie er aus einer Pfütze Dreckwasser schlabberte. »All die Jahre warst du nicht schwanger und dann so plötzlich?«, knurrte Herr Moll. Frau Moll sagte leise, dass sie mit ihrem neuen Mann häufig schlafe. Sehr häufig.

Frau Moll bekam Zwillinge von ihrem jungen Mann, und als sie Herrn Moll wieder einmal beim Spazierengehen traf, schob sie die beiden im Kinderwagen. Herr Moll hielt an, schaute prüfend in den Wagen, sah die Zwillinge. »Die sehen mir ja ähnlich«, behauptete er streitsüchtig. Das müsse eine Projektion sein, sagte Frau Moll kühl, und Herr Moll wollte wissen, wie sie die beiden genannt habe. »Friedrich und Wilhelm«, sagte Frau Moll. Herr Moll brachte den Mund nicht mehr zu. »Das sind meine Vornamen, das hast du aus Böswilligkeit gemacht!« Da Frau Moll schwieg, fragte er leise: »Oder etwa aus Anhänglichkeit?« Friedrich und Wilhelm seien zufällig auch die Vornamen ihres neuen Schwiegervaters, sagte Frau Moll ungerührt, und Herr Moll fuhr davon.

Der junge Mann liebte Frau Moll, er liebte auch

Friedrich und Wilhelm, doch in Arbeit sollte das möglichst nicht ausarten. Er engagierte ein Au-pair-Mädchen für die Zwillinge und eine Putzhilfe für den Haushalt. Schließlich musste er noch seine Dissertation über Oswald von Wolkenstein schreiben.

Die Zwillinge waren schon drei und stapften mit dem Au-pair-Mädchen durch die Pfützen des Viertels, als Frau Moll Herrn Moll wiedersah. Er hielt seinen Wagen an. Er sah müde aus, fahl. Fand jedenfalls Frau Moll. Herr Moll berichtete von einem Hörsturz, den er erlitten, von seiner Assistentin, die ihn verlassen habe. »Eigentlich«, sagte Herr Moll zu Frau Moll, »eigentlich war die Zeit mit dir meine schönste, obwohl du unmöglich warst. Komm doch zu mir zurück. Friedrich und Wilhelm und das Kindermädchen kannst du mitbringen.«

Frau Moll schwieg. Sie schaute auf den Boden. Drohend sagte Herr Moll, dass er dies Angebot nicht wiederhole. Einen Mann wie ihn fände Frau Moll nicht noch einmal.

Ich hoffe es, sagte Frau Moll.

Uwe Timm

Versuch über eine Ästhetik des Spaghetti-Essens

Waren heute, am Sonntag, in einem kleinen Restaurant in den Sabiner Bergen. Die Nonna kochte, ihre Tochter nahm die Bestellung auf, Kinder trugen das Brot und den offenen Landwein zum Tisch. Tischtücher aus Papier, grau, wie billiges Klosettpapier, keine Servietten, Teller abgestoßen, aber unvergleichliche Spaghetti all'amatriciana.

Die Geschichte der Spaghetti ist leider noch immer nicht geschrieben und man ist, was die Entwicklungsgeschichte dieses Nudelgerichts und seine gesellschaftliche Bedeutung betrifft, auf Vermutungen angewiesen.

Die Nudeln wurden, und das gilt als historisch verbürgt, durch Marco Polo eingeführt, der sie am Hof des Kublai Khan in China kennenlernte. Die Entstehungsgeschichte der Nudel in China verliert sich im mystischen Dunkel, angeblich wuchs sie auf Drachenmist, und auch die weitere Ausbreitung und ihre Metamorphose zu den Spaghetti, nach dem kulturellen Transfer, ist weitgehend unbekannt.

Wie schnell breitete die Nudel sich in Italien aus? Welche Stände aßen sie zuerst? Gab es Vorbehalte, so wie sie meine Mutter noch heute hat? Wurde die Nudel in ihrer Form weiter entwickelt oder abgewandelt? War sie früher dicker oder dünner? Länger oder kürzer?

Die Spaghetti, wie man sie heute auf die Gabel rollt, nahmen ihren Anfang also mit Marco Polo, der sich, wie eine Legende zu berichten weiß, den Scherz erlaubte, in seinen Berichten zu unterschlagen, daß man die Nudeln in China vor dem Kochen durchbricht, mit diesem häßlichen Knacks, mit dem man auch heutzutage den Spaghetti leider immer noch in entlegenen nord- und mitteldeutschen Gebieten das Genick bricht, womit sie aufhören, Spaghetti zu sein; denn ihr Wesen ist ja gerade die dünne Überlänge, und das Zerkleinern ist die Folge eines dumpfen Mißverständnisses, das annimmt, sie müßten sich nach der Größe des Topfes richten, nicht umgekehrt, wobei die Aufklärungsarbeit gegen dieses Mißverständnis nur durch Anschauung möglich ist, wozu ganz wesentlich die Ausbreitung italienischer Restaurants, die vor 30 Jahren, zumindest in der norddeutschen Provinz, unbekannt waren, beigetragen hat, bis hin nach Glückstadt an der Elbe, das sich mit seinen Heringen und seinem Grünkohl als besonders resistent erwies, wo man aber neuerdings bei einem Italiener Spaghetti in ihrer vollen Länge genießen kann, wenn sie denn nicht von einem Banausen auf dem Teller zerschnitten werden, denn die Länge gehört, wie schon gesagt, zum Wesen der Spaghetti, egal, ob sie nun in dieser Form aus China kamen oder, wie ich vermute, eine italienische Weiterentwicklung der ursprünglich dickeren und kürzeren chinesischen Nudel sind, wahrscheinlich fand, schon in der Renaissance einsetzend, eine Streckung der Nudel statt, die auf eine bislang noch geheimnisvolle Weise mit der Herausbildung der Perspektive zusammenhängt, den Teller gleichsam fluchtpunktartig in den Blick rückte und damit auch das Essen als Genuß im Unterschied zur bloßen Nahrungsaufnahme bewußt machte, eine Entwicklung, die ihren Ausgang von aristokratischen Kreisen nahm, im Gegensatz zur Barockzeit, in der die Spaghetti abermals verlängert wurde, was diesmal aber in den unteren Ständen stattfand, als eine ästhetische Konterkarierung des Luxuskonsums, durch die sich allmählich ein Volksgericht herausbildete, das von den im Überfluß schwelgenden oberen Ständen mit ihren zu Wagenrädern angeschwollenen Halskrausen nicht gegessen werden konnte – es sei denn, man hätte sich von seinem Diener füttern lassen – hingegen war das Essen dieser Bindfadennudeln im Handwerkerkittel einfach und problemlos, weil die Spaghetti, im Gegensatz zu diesen dicken Nudel-Jonnys, die nach zweimaligem Kauen wie Mehlmatsch im Munde liegen, gerade durch ihre Dünne und Länge den Sugo besser verteilt aufnahmen, so daß eine Mischung von fest und flüssig entstand, die ein weitverteiltes Schmecken der Geschmacksknospen garantierte, mit einer dazu notwendigen Verbindung und Untermischung von Luft; denn dieses Schmecken ist zugleich – wie bei kaum einem anderen Gericht – mit einem höchst lustvollen Ertasten der Speise durch Lippen, Zunge und Gaumen verbunden, diese glatten, dünnen und weichen Spaghetti, die weich, aber nicht matschig sein dürfen, noch gerade im Biß spürbar, also al dente, vereinen in einer verfeinerten Form eben dies: das Beißen und das Saugen, es ist die Erinnerung an vergangene lustvoll orale Zeiten, was man bei Spaghetti essenden Kindern gut beobachten kann, dieses Hineinlutschen der Nudeln, darum ihre Länge, sie ist heute in Italien – auch in piekfeiner Gesellschaft – der Vorwand, eine der stets an der aufrollenden Gabel herunterhängenden Nudeln mit einem Flutsch in den Mund zu ziehen.

Gabriela Jaskulla

Martines Augenstern

Martine mit Händen wie Milch. Altmodische Hände, weich und weiß und sättigend. Wer zu Martine geht, dem schließt sie ein gusseisernes Gartentor auf, wer ihr Haus verlässt, hat keinen Hunger mehr.

Beim Wandern komme ich gewöhnlich bei ihr vorbei, seit sie zum ersten Mal gewunken hat, bleibe ich stehen.

Martine mit Händen wie Milch. Nein – nicht wie Milch. Es sind Hände, die Milch schöpfen könnten, ruhige Hände, runde Hände, Finger und Handteller nach innen gewölbt, wie zu einer Schale geformt. Hände, die Wasser auffangen, aber keinen Ball. Dazu bin ich nicht mächtig, sagt Martine und lacht. Martines Hände haben Sauen großgezogen. Die Sauen wollten geschmeichelt werden, sagt Martine, immer hab ich sie gestreichelt, kräftig, über den Rücken, und kräftig am Kopf. Jede Sau hieß Hansel, jedes Jahr gab es einen neuen Hansel, und immer, wenn so ein Tier geschlachtet wurde, verkroch sich Martine in der Kammer. Jeder Sau gab sie am Vorabend eine Henkersmahlzeit, einen ganzen Eimer voll warmer Milch. Du bist verrückt, sagte Karl, du hast sie doch gezogen zum Metzeln! Martine gab ihm recht und hielt sich, ganz hinten in der Kammer, die Ohren zu, wenn der tödliche Schuss fiel.

Keine Schonung! So hast du geredet, Thomas Minter, der Mann, der hinschaut, der Mann, der klar denkt und klar redet. Du sagtest, das ist die nächste Stufe der Lust: Genau hinsehen! Wenn andere die Augen niederschlagen, reiße ich sie auf, wo man sich schämt, wird es erst interessant. Mir schmerzten die Lider schon in der ersten Nacht, aber ich machte mit. Von Anfang an, schon in dieser Bar in Frankfurt, als du, das Champagnerglas zwischen Zeige- und Mittelfinger balancierend, an mir vorbeiliefst, im Vorbeigehen mit dem Ringfinger der freien Hand meinen Rücken streiftest und sagtest: Sie – dass Sie sich ja nicht unterstehen, ohne mich zu gehen! Wer ist das?, fragte ich die Regieassistentin, der ich gerade ein paar Entwürfe gezeigt hatte. Mein Chef, antwortete sie. Wir schauten ihm nach: Schmaler, großer Typ, agil, aber mit schief getretenen Absätzen. Einer, der von unten kam wie ich, und der nie wieder dahin zurück wollte, wie ich. Seine Entschlossenheit wie ein scharfer Geruch in der Bar, ein Hundegeruch. Die Flecken unter dem Arm werden solche Leute nie los. Ich lachte mit der anderen Frau: I want you! So redet der. Das hat was von Uncle Sam. Aber war dieses »I want you« nicht der Spruch von einem Kriegsplakat? I want you, Sieg oder Niederlage, wir brauchen einander nicht, das wurde unser Credo, champagnerbeschwingt zuerst, dann burgunderschwer, Chassagne Montrachet, Morgeot – und zurück in den Alltag, jeder in seinen. Ich bin nicht da, und du bist nicht da, es gibt uns nicht. Wir täuschen uns nicht, wir trösten uns nicht. Darüber sind wir hinaus. Sätze, an denen ich kaute wie an faserigem Fleisch. Wenn ich dich traf, war ich gewappnet. Wenn du sagtest: Gut siehst du aus, dann wusste ich, war mir die Arbeit gelungen. Wir redeten. Wir gingen zusammen ins Bett. Der Wein ein Premier Cru. Und erschöpft kehrte ich heim, streifte mir im Fahrstuhl die Slingpumps von den Füßen. Die Füße kamen mir nach jedem Barbesuch größer vor. Jetzt schreite ich aus mit weiten Schritten, jetzt ist der Berg dran, die Hohe Kalmit. Die Hohe Kalmit nimmt man am besten allein. Der Weg führt vorbei an Martines Haus.

Nach dem Schuss, der die Sau getötet hatte, besann

sich Martine, schnitt Brot ab, viel Brot, wobei sie den mächtigen Laib mit dem Arm vor der Brust einklemmte und das Messer von hinten nach vorn führte, so dass die Scheiben am Ende immer dicker wurden, und stellte Butter und durchwachsenen Speck auf den Tisch, viel Speck und viel Butter – aber nur ein einziges, großes Weinglas, denn alle, die kamen, um beim Wurstmachen zu helfen, die Nachbarn, Vettern und Freunde, tranken aus einem Glas, so wollte es der Brauch. Nach zwölf Stunden ließ sich das Glas kaum noch halten, so glitschig war es, durchgucken konnte man schon lange nicht mehr, und oben auf dem strohfarbenen Silvaner, mit dem das Glas unablässig gefüllt wurde, schwammen Fettaugen. Aber das störte die Männer nicht, sie tranken weiter, bis sie schwankten, und Karl vorneweg, wie immer Karl vorneweg. Einmal ist ihnen eine Sau beinahe vorzeitig verendet, Herzklabaster, die hat gespürt, was sie abkriegt, sagt Martine, und dann hat es mit dem Schlachten ganz schnell gehen müssen, damit die Sau ordnungsgemäß ausblutete. Karl ist noch rasch beim Schlachthof vorbeigefahren, um Larven zu holen: Larven, die Gesichtshaut der Schweine, braucht man für den Schwartenmagen, und ohne Schwartenmagen ist kein Schlachtfest vollkommen. Für einen Schwartenmagen braucht man viele Larven, und die gibt es auf dem Schlachthof. Da saßen sie dann am Tisch in der Scheuer, nur Karl diesmal und sein Freund, der Maler von gegenüber, und schnitten die Augen und die darumliegenden Muskeln aus. Larve um Larve, Schweinsgesicht um Schweinsgesicht. Die ausgehöhlten Gesichter schichteten sie übereinander, ganze Stapel leerer Schweinsgesichter. Die Scheuer lag im Halbdunkel, es war still und kalt, und der Atem der Männer stieg dünn und weiß über den Fratzen auf. Auch damals haben sie die Arbeit geschafft, nur zu zweit, aber wenn die einmal dran waren!, sagt Martine. Danach waren die Nachbarn gekommen und hatten sich Wurstsuppe geholt und waren, wie jedes Mal, geblieben. Karl wollte das so, er war gesellig, ein Mann mit Freunden, stattlich, einer, der Blicke auf sich zog. Karl war nichts als blonde Locken!, sagt Martine. Martine trägt Schwarz seit einem Jahr.

Wir hatten unsere Telefonzeiten, Minter und Schottek immer freitags und manchmal nachts, und einmal nur in dreieinhalb Jahren war es anders: Es war Tag, als du anriefst, und diese Uhrzeit und dieses Lachen gehörten nicht dazu. Nicht zu uns. Du bukst Pfannkuchen für die Kinder. Du musstest sie abwehren, während du mit mir sprachst, sie krabbelten dir an den Hosenbeinen herauf. Deine Kinder und die der Nachbarn, die ganze Bande aus dem Haus, und ich stellte mir deinen Robert-Wilson-Anzug vor, wie er Wellen schlug und wie zuerst die Bratpfanne Feuer fing und dann dein Anzug, weil du vergessen hattest, wie heiß das Fett darin wurde, während du mit den Kindern spieltest. Mit deinen Kindern! Was hast du an?, fragtest du. Nichts, sagte ich wie immer. Und wieder dein Lachen halb für mich, halb für die Kinder, die ich nicht kannte. Sonst vermischte es sich nie.

Martine mit den Händen im Schoß, Martine mit dem dunkelwollenen Kleid, Schulter und Kragen wie weiß beschneit. Martines Winteraugen, mit kleinen Lichtern darin, graue Augen, Augen, die zum Wald schauen. Der steht im November wie eine Wand. Martine hat gute Augen. Sei du meine Augen!, hatte die Großmutter zu dem zwölfjährigen Mädchen gesagt, und Martine hatte gehorcht. Sie war bei der Großmutter geblieben, damit ihre Mutter noch einmal heiraten konnte in der Stadt, ohne das Kind am Bein zu haben. Hatten sich Martines Hände damals gerundet, schon vor den Sauen, schon beim Pflegen der Großmutter? Oder später, bei den Kindern? Oder noch später, als sie einmal Nein gesagt hatte zu Karl und der nicht auf sie hörte und dann das Unglück mit dem Auge passierte? Auf dem letzten Foto hat Karl so gut wie keine Haare mehr. Da fuhr er längst nicht mehr Motorrad, immer war Karl Motorrad gefahren, aber das ging schon nicht mehr seit der Sache mit dem Auge. Karl war bei der Freiwilligen Feuerwehr gewesen, auch dort immer einer der Ersten, und wenn sie feierten, einer der Letzten. Einmal tranken sie oben auf dem Hochberg, es hatte ein schlimmes Feuer gegeben, drüben, in Maikammer, da hatten die Männer aus Sankt Martin zu Hilfe eilen müssen, und das Löschgeld der erleichterten Bauern, denen sie das Wohnhaus nach einem harten Kampf mit den Flammen gerettet hatten, war entsprechend ausgefallen. Damals gab es noch Löschgeld, eine freiwillige Dankesbezeugung, keine Gebühr und großzügig gezahlt. Die Männer von der Feuerwehr vertranken es gemeinsam, und ihr Singen und Lärmen hörte man bis hinunter ins Edenkobener Tal und bis hinunter ins Dorf, wo Martine wartete, die Ellenbogen auf das Gartentor gestützt, und sah, wie sich das Laub der Reben im Licht der Nachmittagssonne färbte. Rieslingslaub, Gewürztraminer, Sankt Laurent. Später, gerade als sie sich entschlossen hatte, das Abendessen vorzubereiten, ein paar Gurken aus dem Fass zu fischen, das gepökelte Schweinefleisch aufzuschneiden und Radieschen zu waschen, hörte sie das vertraute Geräusch der Yamaha und beeilte sich, das Tor zu öffnen. Karl kam angefahren, bremste vor dem Tor, hielt an – und kippte samt Motorrad einfach zur Seite. Da lag er im Dreck, die Maschine lief noch, und Karl lachte: Ach, Martine! Total betrunken war er, zu betrunken zum Anhalten, aber nicht zu betrunken zum Fahren. Die Feuerwehrfreunde hatten ihn oben auf dem Berg einfach auf die Maschine gesetzt und ihr einen Schubs gegeben, und so war Karl mit mehr Glück als Verstand heil nach Hause gekommen, zu Martine. Jesses-nee, wenn ich daran denke!, sagt Martine, tagelang hat er mir nicht in die Augen gucken können, der Karl! Schöne Augen, blaue Augen, mein Augenstern, sagt Martine und wird rot: Aweil sagte man so, früher!

Schottek! So riefst du schon am ersten Tag, in der ersten Nacht, in der Bar. Als sei keine Zeit für die korrekte Anrede. Meinen Vornamen sagtest du nie: Elisabeth, auch nicht Lisa und schon gar nicht Liz. Schottek! So riefst du mich einmal auf die Bühne. Und ich, mitgenommen von der letzten Nacht, hatte Mühe hinaufzuklettern, was du mit einem Grinsen quittiertest, und vielleicht war es an diesem Morgen, dass ich mich zum ersten Mal fragte: Wie ist die Farbe seiner Augen? Je nachdem, wie das Bühnenlicht steht. Später, nachts, nach der Abendprobe, endlich allein, saßen wir im Schneidersitz auf dem Hotelbett, Hamburger kauend zuerst, ließen den Tag, die Arbeit, Revue passieren. Graue Augen? Blau? Oder doch eher grün? Ich hielt dein Gesicht in meinen Händen, da hast du dich gewunden: Lass doch nur ... Wir tranken keine einheimischen Weine, nicht die erdigen Weißburgunder der Gegend hier, nicht so etwas Bachklares, Sommerfrohes. Heftigkeit brauchten wir und Würze. Corton Greves Gran Cru oder Joseph Drouhins Clos Vougeot Rouge. Und immer mehr von beidem. Und dann lehnte ich mich zurück und gab die Sache mit deinen Augen auf. Warum schließt du immer die Augen? Hast du gefragt. Damit es länger dauert, antwortete ich. Nicht schwächeln!, hast du gesagt und gelacht. Am Morgen sammelte ich deine Haare vom Kopfkissen, keine Ahnung, warum ich den Zimmermädchen die Arbeit abnahm, die Haare waren grau und dünn, jedes Mal wurden es mehr, und nachdem ich sie in einer Hand gesammelt hatte, wusste ich nicht, wohin damit.

Andere Mädchen hatten auch Interesse an dem jungen Karl gehabt, an seinen blonden Locken. Eine besonders

Gemeine hatte Martine öffentlich schlecht gemacht: Du kannst doch keine kranke Frau heiraten, hatte sie zu Karl gesagt, du brauchst vielmehr eine starke, eine, die zupacken kann! Dabei war Martine stark, stärker als die meisten, sorgfältig beim Krumbeerenausmachen und unerschrocken beim Brombeerpflücken, wo scharfe Dornen die Haut an Händen und Armen aufritzten, dass es blutete. Die meisten Beerenpflücker trugen Lederschürzen, aber Martine stellte sich nicht groß an, sie ging mit dem Schwiegervater in die Beeren, denn der wollte das. Wusste man doch nicht recht, woran man bei dem Mädchen war, das aus keiner der eingesessenen Winzerfamilien stammte, sondern einfach bei den Großeltern abgegeben worden war wie ein verlorener Koffer. Martine vergaß, dass sie erst zwölf war. Martine gewöhnte sich rasch ans Arbeiten. Später zog sie sich in der Fabrik einen Herzfehler zu. Sie lötete Radioteile auf Platinen, dieses Platinenlöten hatte sie krank gemacht, und als sie damit aufhörte, hörte auch das unregelmäßige Rennen und Stolpern des Herzens auf. Oder sie redete jedenfalls nicht mehr darüber und winkte nur ab, wenn die früheren Kolleginnen sich nach ihr erkundigten. Gegen die üble Nachrede wehrte sie sich nicht. Auf das Schlabbern kann man nichts geben, nichts auf dieses Gerede, sagt Martine und hält dabei die linke Hand mit der rechten fest.

Wir hatten kein Lied zusammen, Minter und ich. Kein Lied haben ist wie keine Geschichte haben. Aber immerhin, ein Essen hatten wir. Das war damals in Wien, in einer Gastwohnung des Theaters. Ich sah dich mit strahlendem Gesicht Kalbsschnitzel kaufen. Kalbsschnitzel, kaum zu glauben! Wir hatten den Metzger angestaunt wie einen Helden. Dann schnell nach Hause und das kostbare Fleisch vorbereiten. Du mischtest die Panade selbst, mit der Miene eines Hexenmeisters, der einen Kräuterbrei zusammenstellt, ein großzügiger Hexenmeister war das, die Masse wuchs und wuchs. Längst hattest du die Gabel zur Seite gelegt, griffst mit den Händen hinein. Und endlich das Fleisch im Eidotter gewälzt! Und in die Panade gelegt! Und gedreht und gewendet und gut! Du hast gesungen dabei und hast plötzlich deine Hand gehoben, an der Pfefferreste und Rosmarin sich mit Ei und ich weiß nicht was vermischt hatten, und fuhrst mir damit durchs Gesicht, über den Hals, die Brust. Wir zogen uns aus. Wir behandelten uns wie Fleisch, bevor man es aufs Feuer legt. Wir fotografierten uns so, wie wir waren: nackt, roh, lachend. Und dann riefst du kurz mal zu Hause an, und ich begann, den Salat zu verlesen, sorgfältig.

Karl sah sie an. Wo immer sie hinging, verfolgte sie Karl mit den Augen. Karl mit seinen Blauaugen, die die Mädchen im Dorf verrückt machten. Martine spürte, dass Karl bei ihr bleiben würde, so oder so. Und als Karl sie zum Winzerfest einlud, sagte sie so lange: Nein, Nein!, bis sein Und-du-kommst-mit! noch etwas anderes meinte als nur den Tanz. Da sagte sie Ja. Und hatte fortan immer Ja zu sagen, wenn Karl etwas wollte. An das Rackern und Zackern gewöhnte sie sich. Es war ja das ganze Jahr über etwas zu tun im Wingert; nach dem Rebschnitt im Januar und dem Biegen und Binden der neuen Reben galt es im Frühjahr, den Boden aufzulockern, mit dem Pflug, der von einem Gaul gezogen wurde, oder von Hand, mit der Hacke. Immer arbeiteten die Frauen mit der Hacke, sagt Martine, aber die Arbeit im Wingert war nichts verglichen mit der Plackerei im Wald: Dort legten Frauen nach dem Krieg Terrassen an, schichteten Absatz um Absatz aus Bruchsteinen, damit der Regen den hageren Boden nicht fortspülte. Martine sah oft hinüber zum Haardtrand, wo die anderen Frauen hoch aufschießende Douglasien zwischen die Kastanien setzten, und war froh über ihren Wingert. Ein Wingert wächst nur so schnell, wie man ihn lässt. Die Langsamkeit des Wingerts kam Martine entgegen. Einzig das Ausbrechen der Reben und das Veredeln früh im Jahr hatte Martine nicht gern: Man warf ja doch Reben mit Trauben daran weg, das widerstrebte Martine, da wurde sie nicht einig mit sich: Wo andere nichts zu beißen haben! Und hier liegen die Trauben am Boden! Und später, viel später, schaute Martine kopfschüttelnd den riesigen Maschinen nach, die den Menschen die Erntearbeit abnahmen. Die Vollernter lärmten durchs Dorf, stählerne Kolosse, die sich durch die Zeilen der Reben wühlten und die Trauben in metallene Tanks schüttelten, unterschiedslos: Vollreife und unentwickelte, saure und auch ein paar faule, den einen oder anderen Zweig. Die Weinfeste gab es noch, das Herbsten aber veränderte sich, es wurde schneller, mechanischer, wie alles. Karl war altmodisch, sagt Martine, aber er liebte Maschinen dennoch. Einmal ebneten sie gerade einen Wingert mit der Raupe ein, da stellte sich einer so dumm hinter das Fahrzeug, dass Karl ihm beim Rückwärtsfahren glatt über den Fuß fuhr. Karl fackelte nicht lange, sprang von der Raupe, nahm den Verletzten auf seine Arme und stürmte mit ihm zur Straße, in das nächste Gebäude, ein teures Hotel, ausgerechnet. Im Dorf erzählte man sich, wie Karl mit seinen Gummistiefeln, an denen schwere, rote Erdschollen hingen, über die kostbaren Läufer in das vornehme Foyer stürzte und nach einem Arzt rief, den jammernden Mann auf den Armen. Und dann brauchte Karl selber Hilfe. Karl, für den Ärzte Quacksalber waren und der einmal, als Martine mit einem Herzanfall zusammengebrochen war, über ihr stand, die unvermeidliche Zigarette im Mundwinkel und ihr auf die Wange klopfte. »Nu schnauf doch wieder, Martine! Schnauf!«

Der Weg zur Hohen Kalmit führt über das Felsenmeer, dort lehnt ein Riesenstein auf dem andern. Es hat geschneit, schon Anfang November, und nun taut es, als sei wieder Frühling. In die Knie gehen, vorsichtig einen großen Schritt auf den nächsten Felsen, sich abstützen, loslassen, weiter. Mir wird warm. Wasser tropft von schwarz glänzenden Bäumen. Ich finde keine Ruhe, nach Stunden des Wanderns noch nicht. Auf dem Gipfel halte ich kaum inne, die Sicht ins Tal ist großartig, aber mir liegt nichts am Panorama, das Fernglas packe ich gar nicht erst aus. Abwärts nun auf einem laubraschelnden Pfad. Ein Luchs flieht, sein Fell hell wie Nebel. Ich habe die graumüden Minterhaare damals einfach in die Manteltasche gesteckt und vergessen, und erst ein paar Wochen später, als ich nach einem Taschentuch griff, spürte ich etwas Weiches. Ich zog die Haare heraus, sie sahen aus wie das Gekröse einer Spinne. Ich schüttelte die Hand, aber die Haare hatten sich um die Fingerspitzen gewickelt, und plötzlich ekelte ich mich. Ich ekelte mich, wie ich mich noch nie vor Haaren geekelt hatte, vor diesen nicht und auch nicht vor den anderen, die ich nachts, wenn wir zusammen waren, mit meiner Zunge durchkämmte, atemlos von dem fauligen Geruch, deine Hand schwer auf meinem Nacken, und ich dachte, hier altern die Männer zuerst, zuerst kriegen sie diesen Grabgeruch zwischen den Beinen. Ich rannte ins Badezimmer und spülte die Haare weg, und nachher wusch ich mir gründlich die Hände.

Dieses Teufelszeug, Karls neue Maschine, war schuld gewesen an dem Unfall. Karl hatte wieder so ein Ding gekauft, das Martine tiefes Misstrauen einflößte, eine Flex. Wozu braucht der Mann eine Flex mit einer Topfscheibe, fragt Martine, wo doch die ganze Werkstatt voll steht mit Sägen und Hobelmaschinen?

Karl war immer schon geschickt gewesen, aber erst, nachdem die beiden Söhne aus dem Haus waren, ließ Karl seiner Handwerkslust freien Lauf. Regale entstanden, solche zum Hängen und solche zum Aufstellen, ein zierliches Spinnrad dazu, das als Blumenständer diente, Hocker, Bänke, Schubkarren, Weinfässer, Lattenroste fürs Bett. Und als es im ganzen Haus keinen Platz mehr gab und man sich in der Stube unter dem Zeug wegducken musste, bevor man sich aufs gute Sofa setzen konnte, ging es erst richtig los: Das gesamte Haus wurde umgebaut, und die Flex musste her. Und dann passierte es. Martines Ahnungen. Die Flex ist in tausend Fetzen gefahren, als Karl sie ausprobieren wollte. Tausend Fetzen!, sagt Martine, Splitter in der Decke, im Herd, in der Türe. Und schlimmer: das Auge. Karl krümmte sich, Karl war verletzt, der herbeigerufene Hausarzt sagte: Das ist schlimm, und Martine wusste, dass sie auf Mannheim mussten. Auf Mannheim, sagt Martine, dabei liegt die Stadt im Tal, aber hier heißt es auch: auf Landau, auf Leinsweiler, auf Wissembourg, vielleicht, weil jede Reise ein Angehen ist für die Leute. Auf Mannheim konnte man aber auch nicht viel tun, sie operierten ein paar Stunden, und in den Wochen danach kratzte Karl sich die Finger an den Wänden blutig vor Schmerzen. Am Ende war das Auge doch nicht zu retten.

Sachte atmen! Beim Bach unten ist ein Dickicht, da höre ich Tiere. Wildschweine, am helllichten Tag? Damwild wohl eher, nur Schatten zucken hinter den Bäumen, Laub knistert. Sachte atmen, stillhalten, dann tut es nicht weh! Du hattest mich auf den Bauch gedreht, stumm, bestimmend. Dieses Auf-den-Bauch-Drehen, das ist immer das Ende, hatte ich irgendwo gelesen, und so fühlte es sich auch an. Wir haben alles miteinander durch, hast du Monate später gesagt, mit dieser Mischung aus Zorn und Scherz, die dein Erfolgsgeheimnis ist im Theater. Alles! Das Wort fühlte sich an wie ein Paket, das du mir in den Arm drücktest, es wog schwer. Ich wäre gern von der Ungerührtheit der Kastanien, Schwarzerlen und

Eichen, die stehen hoch aufgerichtet und schwarz gegen den leeren Himmel.

Karls Auge sah nach ein paar Wochen aus wie eine verschrumpelte Kartoffel, wie eine Krumbeere, sagt Martine, die zusammenwelkt und schrumpelig wird. Die Krumbeere musste raus, also wieder auf Mannheim. Dann kam das Glasauge. Martine wird feierlich, als sie vom Okularisten erzählt, ganz langsam spricht sie das Wort aus, und ihre Hände im Schoß öffnen sich dabei ein wenig, als müsste sie jetzt mehr Welt hereinlassen. Der Okularist ist ein Künstler, sagt Martine, ein richtiger Künstler, der passt jedes Auge dem jeweiligen Patienten an. Stundenlang! Sie war dabei, sie erinnert sich genau an die Paletten mit den halbfertigen Augen. Wie Eierkartons!, sagt Martine. Der mit den blauen war ihrer. Oder Karls. Karls blaue Augen. Sie suchten einen Augenrohling aus, der in Form und Farbe ungefähr dem verbliebenen Auge von Karl entsprach, und dann begann der Okularist zu arbeiten: Die zarte Glasschale, auf der Iris und Pupille aufgemalt waren, wurde erhitzt. Währenddessen schaute der Okularist seinen Patienten ganz genau an. Mit einem feinen Röhrchen zeichnete er Äderchen und Linien auf das halbfertige Auge, wie ein Glasbläser arbeitete der Okularist, nur, dass am Ende kein Bierseidel und kein Weinpokal herauskam, sondern ein Auge, das dem gesunden möglichst ähnlich sehen sollte. Schließlich war es geschafft, und der Okularist erklärte Karl, wie er das Glasauge handhaben solle, aber Karl antwortete nur: Das müssen Sie meiner Frau sagen. Der Okularist: So nehmen Sie das Auge heraus, Herr Bundschuh! – Karl: Das müssen Sie meiner Frau zeigen. – Und dann baden Sie das Auge in einer speziellen Lösung! – Das müssen Sie meiner Frau erklären. – Und bitte, Herr Bundschuh, achten Sie auf die Sauberkeit der Augenhöhle! – Das macht meine Frau, antwortete Karl bestimmt.

Und Martine machte. Martine war es, die Karl zwang, wieder das Haus zu verlassen. Es fiel ihm schwer zu laufen, er verschätzte sich mit den Entfernungen, er stolperte oft, aber Martine bestand darauf, dass er allein gehen müsse. Irgendwann müssen wir alle allein gehen! Solche Sätze hörte Karl nicht gern, und er wurde regelrecht wütend, wenn Martine anfing, von der Todesstunde zu reden. Das beschäftigte Martine seit dem Unfall. Und einmal schaffte sie es, bevor Karl wieder zornig aus der Wohnküche stapfte, noch zu sagen, welches Lied sie sich bei ihrer Beerdigung wünschte: So nimm denn meine Hände, das sei ihr Lied, sagt Martine und summt es: So nimm denn meine Hände und führe mich bis an mein selig' Ende und ewiglich ...

Mir hat sie es am Gartentor vorgesungen, die Hände um die Eisenstäbe gelegt, aber heiter, als sei es ein Frühlingslied, auffliegend. So etwas hat Karl nicht hören wollen, niemals, dabei geht immer einer allein, sagt Martine. Nur wenigen ist es vergönnt, zusammen zu gehen. Aber dass wir alt werden zusammen, das hab ich schon gemeint! An so etwas dachte Martine, wenn sie das Auge pflegte. So ein Glasauge ist ein totes Auge, kalt, starr, wie ein Vorbote.

Wir sind Leute, die gegen die Angst anreden, Minter. Wir schnüren Pakete aus Worten. Auf der Bühne schaffst du sie ab, Schiller, Strindberg, Shakespeare lassen Federn. Es bleibt nichts übrig außer ein paar Sätzen, die du für wichtig hältst, und die wiederholen die Schauspieler dann bis zum Verrücktwerden, denn verrückt werden sollen sie, aus der Fassung geraten, stocken, gegen die Ratlosigkeit anrennen und toben. Schauspielerkörper prallen auf Wände, Schauspielerkörper rasen und stürzen, es war ein einziges Schauspielerspringen, ein Schauspielerfallen und Sterben in deinem besten Stück: ›Der Volksfeind‹, von Ibsen. Wir aber redeten weiter, unentwegt, unser Wörterpaket ließ sich sehen. Was war in dem Paket, Minter? Sätze waren darin: Schottek, nun wirst du mich nie mehr los. Schottek, aus uns wird kein Paar, wir sind doch Komplizen. Die Sätze wurden schöner, je näher ich dem Grund des Pakets kam. Was fand ich dort? Holzwolle, ein Geflecht aus Worten, Undurchsichtiges und dann nichts mehr. Es gab keine Worte mehr, als du das Theater verlassen hast, es gab keine Worte, als deine Mutter starb. Keinen Satz von dir und keine Frage von mir: Wann sehen wir uns wieder. Mit der linken Hand wischte ich mir immer wieder über die Jeans, während ich mit der rechten den Telefonhörer festhielt. Einmal noch gingen wir wandern, die Luft war feucht, der Boden nass und schwer, und ich ließ dich nicht den Mist aus meinen Stiefeln kratzen. Komm, setz dich auf die Bank, hier sind Stöckchen, ich mach das!, hattest du gesagt. Aber ich schüttelte den Kopf und ging eilig weiter, und abends, als ich den stinkenden Hundekot mit einem Küchenmesser mühsam aus dem Profil der Sohlen kratzte, musste ich plötzlich erbrechen. Da warst du längst weg.

Welches Auge war es, Martine? Das linke. Komisch, sagt Martine, ich war ganz froh, dass es das linke war, denn Karl, kaum dass er den Wingert verkauft hatte, verdingte sich nun als städtischer Arbeiter und marschierte jeden Morgen los, den langen Weg hinab bis zum Fuhrpark. Auf der linken Seite der Dorfstraße, die sich zuerst zwischen den Weingärten schlängelte und dann, schmaler werdend, sich an den schmucken Winzerhäusern, einem Kloster, dem Bäcker, dem Fleischer vorbeischob, lag so manches elende Haus, dessen Anblick Karl sich jetzt ersparen konnte: die Kaschemme, in der die Hoffnungslosen soffen, das heruntergekommene Haus vom Wilhelm, der seine Frau täglich verprügelte, das Haus des Gemüsehändlers, der seine zurückgebliebene Tochter versteckte. Auf der rechten Seite hingegen wohnte der Maler Franz, der in Karls Werkstatt die Rahmen für seine Bilder baute, die schmale Gärtnerin mit dem schutzlosen Gesicht und die Käsehändlerin aus dem Elsass mit einem Körper wie ein reifer Camembert, die eigentlich Irène hieß, aber, weil sie in ihrem Laden thronte wie eine Herrscherin, nur »la Reine« genannt wurde, die Königin, und die eine Schwäche für Karl und seine Lust an deftigem Munster hatte. Die alle konnte Karl, wenn er zur Arbeit ging, mit dem gesunden rechten Auge sehen, und zurück brachte ihn ein Kollege auf einem anderen Weg. Dem rechten Auge ging es also gut, und das linke war Martines Sache. Bist ja mein Augenstern! Das konnte sie nun zu Karl sagen, ohne dass der schnaubte und Na, Na grummelte. Und still hielt Karl. Stellte sich vor sie hin oder setzte sich und wandte ihr das Gesicht zu und schloss das rechte Auge und wartete. Jetzt waren Martines Hände gefragt. Geduld war notwendig, Sorgfalt, Güte. Martine hat nie anders sein können. Was Martine erledigt, erledigt sie langsam und sorgfältig. Karls Glasauge wurde Martines Augapfel. Abends ruhten sie, eher sitzend als liegend im gewaltigen Ehebett, und Karl schaute sich zufrieden um in der eiskalten Schlafstube: Hier ist noch alles wie immer, was, Tine? Und meinte damit das Mobiliar und die mächtige, mit rotem Ochsenblut gestrichene Tür. Die Tür, der Rahmen, die Stube – das Einzige, das nie gestrichen, nie geschliffen, nie renoviert worden war, Karl wollte es so, Karl auf dem Kissenberg neben Martine.

Du bist fort, Minter. Warst du je da? Einmal nur hast du dich mir überlassen, einmal, das war in der ersten Nacht, über die wir nie reden. Auch wenn wir uns auszogen, waren wir doch nie wieder so nackt wie in jener ersten Nacht. Vielleicht haben wir uns aufeinander gestürzt, um nicht zu fallen, wer weiß das schon. Am liebsten mochte ich deine Inszenierung von ›Kasimir und Karoline‹. Die Jahrmarktsszene: Lauter Erwachsene fuhren auf einem Karussell, alle viel zu groß für die feinen Pferdchen und die kleinen Feuerwehrwagen, aber das wollten sie nicht wahrhaben und klemmten sich in die winzigen Wagen, thronten auf den zerbrechlichen Schwänen. Und dann schrien sie, weil es ihnen nicht schnell genug ging, und versuchten, die Wagen anzutreiben, indem sie mit den Füßen Schwung gaben und mit den Armen ruderten, und am Ende lagen sie alle am Boden, erschöpfte Gliederpuppen mit verrenkten Armen und Beinen. Aber rasant war es gewesen, was für eine Fahrt.

Nun erreiche ich den Dorfrand. Es ist schon nach vier. Die Peitschenlampen schneiden Lichtspalten aus der Dämmerung. In Martines Häuschen brennt Licht, aber diesmal gehe ich vorbei.

Dreimal am Tag reckte sich Martine hinauf zu dem groß gewachsenen Mann, zog sanft das Unterlid nach unten und fischte mit einer entschlossenen, dabei aber sanften Bewegung das filigrane Glasauge heraus. Es ist ja nicht kugelig, sagt Martine, es ist eher eine Schale, wie eine Muschel. Einmal hatte sie eines beschädigt auf einem Ausflug, weil sich Karl partout nicht hatte hinsetzen wollen, um ihr die Arbeit leichter zu machen. Da musste ich so hinauflangen!, sagt Martine. Und dabei fiel es runter, und es löste sich ein Splitter. Seitdem hatte Martine immer ein Ersatzauge dabei. Martine und Karl, zwei Leute mit drei oder fünf Augen. Beim Spazierengehen stellte sich Martine vor, wie das eine Auge, das künstliche in der Handtasche, in die Gegend guckt. Wenn sie das Auge herausgenommen hatte, badete sie es sorgfältig in lauwarmem Wasser, in das sie einige Tropfen Kamillenöl mischte. Sie trocknete es ab, sie polierte es, und dann reinigte sie Karls Augenhöhle mit einem

Wattestäbchen. Wie andere Männer mittags nach Hause stürmten und ihre Suppe forderten, so hatte es Karl eilig wegen seines Auges: Martine, es drückt wieder! Und Martine wischte sich die Hände an der Schürze ab und pflegte das Auge, zwanzig Jahre lang. War dabei, wenn jedes Jahr ein neues angepasst werden musste. Bewahrte die alten allesamt auf. In einer Nachttischschublade liegen sie noch immer, im Schlafzimmer hinter der Ochsenbluttür, ein paar Dutzend Augen, Karlaugen, jedes in einer kleinen Schachtel, in Watte gebettet: Ich denke immer, damit hat er in die Welt gesehen, sagt Martine, dabei ist es doch nur Glas. Aber wenn ich eins in die Hand nehm, mein ich immer, dass der Karl herschaut. Ich hab's ihm immer ausgezogen, das Auge, immer nur ich, er hat keine andere gewollt, die's ihm auszieht – und auch sonst keine. Martine lacht verlegen, Martine hält ein Auge in der Hand.

Ich schließe den Wagen auf, verstaue die Wanderstiefel im Kofferraum, lasse mich auf den Fahrersitz fallen mit bloßen Füßen. Jemand hat das Karussell angehalten, Minter, niemand läutet die Glocke des Feuerwehrautos, kein Kind schaukelt selig auf dem Schwan, die Holzpferdchen stehen mit leeren Augen. Endlich lasse ich den Wagen an, wende, im Rückspiegel sehe ich das Haus von Martine.

Martine mit Händen wie Milch. Martine betrachtet das Schalenauge, dann schließt sie ihre Hand darüber. Sie kann nicht anders als halten, sie kann nicht anders als zärtlich sein. Morgen geht Martine wieder zum Friedhof, auf dem Karl seit einem Jahr liegt. Ein Ersatzauge wird sie in der Handtasche tragen, wie immer.

Katinka Buddenkotte

Mein Lieblingsbuch

Am Anfang war es nur eine Amour fou, aber das liegt an meinem Aszendenten. Da bin ich nämlich Löwe und gehe deshalb auch in der Liebe immer auf die Alten, Kranken und Schwachen los, um sie von der Herde abzusondern, zu verschlingen und somit ein natürliches Gleichgewicht in der Welt zu schaffen. So fing es auch mit uns an, an jenem denkwürdigen Tag.

Mein Lieblingsbuch lag da, hilflos, auf verlorenem Posten, auf dem Wühltisch der Bahnhofsbuchhandlung. Es lag dort schutzlos unter lauter Mängelexemplaren und schrecklichen Frauen-für-Frauen-Büchern mit schmerzfreien Titeln wie »Auf der Pizza steht Amore – die Gigolo-Diät« oder »Meine Macken, meine Männer, meine Menopause«.

Zu allem Überfluss hatte man mein Lieblingsbuch auch noch zusätzlich gedemütigt, indem man ihm einen riesigen, pfeilgiftfroschfarbenen Sticker auf den Einband geklebt hatte, auf dem die beiden Worte »Letzte Gelegenheit« prangten. Als ich das las, ging ich einen Augenblick in mich und dachte über den schmalen Grat zwischen Werbung und Warnung nach.

Wenn ein zum Verkauf stehender Artikel mit »Letzte Gelegenheit« angekündigt wird, muss ich immer an meine Tante Anneliese denken. Bei meinen seltenen Besuchen in ihrem Hause bot sie mir stets sofort einen kleinen Snack an, immer begleitet von den denkwürdigen Worten: »Katinka, isst du den Salat vielleicht noch, sonst schmeiß' ich den jetzt endgültig weg.«

Im Nachhinein gefällt mir besonders das Wort »endgültig« an diesem Satz, damals eher nicht. Man bekommt so eine gruselige Vorstellung von einem unschuldig verurteilten gemischten Salat, der monatelang in der Todeszelle von Tante Annelieses Kühlschrank herumgammeln muss, bis eines Tages ein heller Lichtstrahl in das Gemüsefach fällt. Und während der Salat ein letztes Mal Hoffnung schöpft, war es das dann. Katinka hat die letzte Gelegenheit nicht genutzt, das Urteil ist endgültig besiegelt, der Salat kommt weg, ab in die Tonne. Ich höre im Geiste die Joghurtbecher und Camemberts von den Rängen rufen: »Dead Salad Walking, Dead Salad Walking …« Aber das ist eine ganz andere Geschichte.

»Soll ich es Ihnen vielleicht lieber einpacken?«, unterbrach mich die Verkäuferin in meinen Gedanken. Sie hatte mich schon eine Weile misstrauisch beobachtet, wie ich mit Tränen in den Augen zärtlich über den »Letzte-Gelegenheit«-Aufkleber strich. Dann überschlugen sich die Ereignisse.

»Äh, nein danke, es geht so«, antwortete ich mit fester Stimme.

So hatte also das Schicksal unseren gemeinsamen Weg besiegelt. Ich hatte mit einem Buch geflirtet, aus Mitleid, und jetzt hatte ich es einfach gekauft. Wie sollte es weitergehen mit uns?

»Tütchen vielleicht?«, bohrte die unterbeschäftigte studentische Hilfskraft nun nach.

Aber die junge Liebe zeigt sich immer dann am leidenschaftlichsten, wenn die Umstände und Mitbürger gegen sie sind. Erhobenen Hauptes ließ ich die sogenannte Buchhändlerin wissen: »Nein, ich brauche bestimmt kein Tütchen, meine Liebe! Denn ich gedenke, dieses Buch zu lesen, oh, ja, vor Ihnen und vor der ganzen Welt, auch vor Gott, wenn es sein muss …«

»Schöne Fahrt dann auch«, erwiderte die arrogante Tiftel und nahm sich des nächsten Kunden an.

Ich ging nach Hause, mein neues Lieblingsbuch dabei fest umschlungen, denn längst hatte ich vergessen, was für ein Anliegen mich in den Bahnhof geführt hatte.

Daheim angekommen, knibbelte ich unter Wasserdampf zunächst den schrecklichen Aufkleber von meinem Lieblingsbuch ab. Zum ersten Mal sah ich nun auf seinen blanken Titel, und bei Gott, er war wunderschön, erhaben und imposant zugleich: »Lexikon der schönsten Sprichwörter und Zitate – Superpreisleistung«.

Endlich, der Hauptgewinn!

Ansonsten gab sich mein Lieblingsbuch sowohl bescheiden als auch geheimnisvoll. Weder seinen Verfasser noch seinen Herausgeber gab es gleich auf seinem Umschlag preis. Das gefiel mir. Das gefiel mir sehr. Mein neues Lieblingsbuch stand also auf Spielchen. Und ich spielte mit. Ganz langsam wollte ich ihm seine intimsten Geständnisse entlocken.

Ich ging behutsam vor. Bevor ich grob seine unzähligen Seiten aufschlug, las ich mir die Umschlagrückseite durch. Allein die ersten beiden Sätze brachten mich fast zum Weinen. Dort stand es, in schwarz auf klosteinfarben: »Es gibt viele Gelegenheiten, in denen man sich der Zitate, Bonmots und Aphorismen berühmter Dichter und Denker ebenso wie volkstümlicher Sprichwörter gern bedient. Richtig angewandt, sind sie eine Bereicherung für alle Reden und Briefe, in Diskussionen und bei persönlichen Gesprächen.«

Ich schluchzte. Vor Freude. Mein Leben würde sich ab nun von Grund auf ändern. Denn wie viele Reden, Briefe, Diskussionen und vor allem persönliche Gespräche hatte ich in meinem kurzen Dasein schon völlig versaut, weil ich ein Sprichwort falsch angewandt hatte. Ab jetzt würde alles anders werden. In heißer Erwartung schlug ich nun mein Buch auf und – erlebte die erste große Enttäuschung. Mein Buch war nicht nach Gelegenheiten und Anwendungsgebieten, nach Briefen oder persönlichen Gesprächen geordnet, sondern schnöde alphabetisch.

»So ist es sehr übersichtlich«, wollte mich das sachlich gehaltene Vorwort trösten, aber ich schlug mein Lieblingsbuch enttäuscht zu. Alphabetisch! Wenn ich mein Leben alphabetisch geordnet hätte, wäre ich heute immer noch bei Aalsuppe!

In meiner ganzen Wut und meiner Traurigkeit gab mir das Schicksal jedoch einen Wink. Von mir brutal zugeklappt und zurückgewiesen, stürzte sich mein Lieblingsbuch in selbstmörderischer Absicht von der Tischkante. Mit aufgeschlagenem Bauch landete es bei dem Buchstaben H.

H wie Hamster.

Neugierig hob ich das Buch auf: Gab es tatsächlich eine Gelegenheit, um ein Sprichwort über Hamster loszuwerden? Natürlich. Es lautet: »Dem fleißigen Hamster schadet der Winter nicht.«

Stimmt. Spontan fielen mir mehrere ungeschriebene Briefe ein, in welche ich diesen klugen Spruch durchaus einweben konnte. Aber von welchem klugen Menschen stammte dieser Satz? Der detailverliebte Quellennachweis folgte auf dem Fuße: »Wahrscheinlich deutsches Sprichwort.«

Toll.

Lies einfach weiter, befahl mir eine innere Stimme. Und tatsächlich, allein vierzehn Sprichworte zum Schlagwort »Hase«, darunter mein absoluter Liebling, ein mongolisches Sprichwort, das mich wissen ließ: »Den toten Löwen kann jeder Hase an der Mähne zupfen!«

Sehr schön.

Ich ließ mich einfach treiben, blätterte weiter und

versank schließlich in den unendlichen Möglichkeiten und überraschenden Wendungen, die mein Lieblingsbuch für mich seitdem bereithält. Zwischendurch wird es ganz schön verrückt. So beinhaltet es beispielsweise einen Ausspruch von Sting, auf den man gewiss öfter in Reden, vielleicht auch gegenüber seinem Brötchengeber, zurückgreifen sollte. Er lautet: »Kokain ist die Art und Weise Gottes, dir mitzuteilen, dass du zu viel Geld hast.«

Und unter welchem Schlagwort finden wir dieses Bassisten-Bonmot? Unter »Kokain«? Falsch! Vielleicht unter »Art und Weise«? Auch falsch! Dann unter »Gott« oder unter »Geld«? Ebenfalls falsch! Es steht unter dem Schlagwort »Du«. Und mehr noch: Das Sprichwort »Der Kranke spart nichts als seine Schuhe« taucht nicht nur einmal in meinem Lieblingsbuch auf, oh nein, es wird ganze sieben Mal aufgeführt. Was auch erklärt, warum es insgesamt so viele Sprichworte und Zitate mit dem Buchstaben A beinhaltet. A wie »als«, was sonst?

Am allerbesten an meinem Lieblingsbuch gefällt mir bisher, dass es völlig wertfrei mischt und gerne auch mal das Gegenteil behauptet. Ich möchte nur ganz schnell ein paar Worte über das »Glück« zitieren:

»Der hat gut tanzen, dem das Glück aufspielt.«
– Deutsches Sprichwort (auch unter »gut« und »der« zu finden)

»Glück ist für mich Frieden. Innerer Frieden und der Friede nach außen.«
– Hannelore Kohl (Ruhe in Glück)

Zu dem Thema Glück kommt in meinem Lieblingsbuch tatsächlich fast jeder zu Wort. Mein Favorit in dieser Kategorie: »Wer sagt, dass man Glück nicht kaufen kann, hat keine Ahnung von Shopping.« – David Lee Roth.

Aber das Schönste, was mein Lieblingsbuch für mich getan hat, ist, seine letzten beiden Seiten freizuhalten. Dort steht am oberen Rand: »Raum für eigene Notizen«. Dort habe ich bisher eingetragen: »Was den Menschen wirklich beschäftigt, das möget ihr an seiner Klolektüre erkennen.« Natürlich wird es in der zweiten Ausgabe, die mein Lieblingsbuch und ich zusammen planen, unter dem Stichwort »Möget« stehen, wo denn sonst?

Wladimir Kaminer

Mein Leben im Schrebergarten

Die Entscheidung, ganz in den Schrebergarten zu ziehen, stieß auf massive Proteste der Familienangehörigen. »Wie jetzt? Und ich soll hier allein leben wie eine Witwe?«, regte sich Olga auf, als ich meine Absichten bei einem Familienessen preisgab. Die Kinder schlugen sich auf die Seite der Mutter: Sie bräuchten mich als Vater. Meine Tochter wollte, dass ich ihr half, ihren ersten Roman, *Das doofe Kaninchen*, in ihren ersten Computer (meinen ehemaligen) einzutippen. Sie hatte außerdem gerade an ihrem ersten Fahrrad ihren ersten Platten und war von dieser Erfahrung völlig überwältigt. Ich musste den Reifen reparieren. Mein Sohn brauchte auch täglich den Vater – um seine neu gelernten Judo-Übungen und Tricks an mir als Sparring-Partner auszuprobieren. Beide Kinder brauchten mich außerdem noch als Schlichter in ihrem endlosen, von Geburt an andauernden Streit, bei dem es stets um eine gerechte Verteilung der Güter ging.

Man erkennt unschwer, dass ich anders als Thoreau, der sein Leben der Keuschheit verschrieben hatte, nicht einfach so Adieu sagen konnte. Thoreau war ein alleinstehender Asket gewesen, ein überzeugter Single im Wald, der sich vor einer imaginären »Gesellschaft« im Dickicht versteckte. Ich als mehrfacher Familienvater musste mir dagegen mein Recht auf Abenteuer hart erkämpfen. Das Familienleben besteht aus ständigem Feilschen und Kompromisseschließen. Wir fanden auch in diesem Fall einen Kompromiss: Ich durfte für ein paar

Tage in den Garten ziehen, und die Familie durfte mich jeden Tag besuchen.

Abends ging ich durch die Kolonie, um die Gärten einmal um diese Zeit zu erleben. Überall waren an Masten und Lauben große und kleine Deutschlandfahnen gehisst. Bei einigen, wie zum Beispiel bei Günter Grass, handelte es sich um DDR-Fahnen mit Hammer und Zirkel in der Mitte, es gab aber auch rein schwarz-rot-goldene. Ich überlegte, wofür diese Farben stehen mochten. Das Schwarz sollte wahrscheinlich an die dunklen Seiten der deutschen Geschichte erinnern. Es war nicht immer alles rund gelaufen in Deutschland. Rot – das waren die hart erkämpften demokratischen Freiheiten. Und das Gold stand natürlich für die Sozialhilfe.

Zu meiner Verwunderung musste ich feststellen, dass ich nicht der Einzige war, der sich entschlossen hatte, im Garten zu übernachten. Die Parzellen waren voll. In den Gärten unter den Flaggen saßen Männer in Unterhosen und Frauen mit großen Hüten. Viele guckten Fernsehen. Die Hitze und die Fußballweltmeisterschaft, die unter dem lustigen Slogan »Die Welt zu Gast bei Freunden« stattfand, hatten die Menschen in den Garten getrieben. Draußen in der Stadt schweißte die Sonne die ganze Welt zu einem feuchten Klumpen zusammen, eingemottet in die Nationalfarben der teilnehmenden Länder. Im Schatten der Apfelbäume herrschten dagegen angenehme Temperaturen. Hier konnte jeder, der eine Laube mit Stromanschluss besaß, gemütlich unter dem eigenen Blätterdach Fußball gucken und dabei Billigbier trinken.

Das gelb-blaue Brasilien schlachtete gerade das purpurrote Kroatien, als ich mich dem Vereinslokal näherte. Die Kneipe war fast leer. Nur vier obligatorische Biertrinker – drei Männer und eine Frau, die zum Mobiliar der Gaststätte gehörten – saßen an einem Tisch in der Ecke unter den zahlreichen DDR-Wimpeln und -Pokalen. Sie griffen nach ihren Gläsern wie geübte Synchronschwimmer und schwiegen. Alle Geschichten waren längst erzählt. Im Fernsehen spielte inzwischen die Welt verrückt. Brasilianische Mädchen zogen sich auf den Tribünen aus, um ihre Mannschaft zu unterstützen, und die Kroaten hatten einen Flitzer, der auf das Fußballfeld lief, um dem Torwart einmal die Schuhe zu lecken. Die Vereinstrinker betrachteten angestrengt den vollen Aschenbecher in der Mitte ihres Tisches. Sie betrachteten ihn so intensiv, dass man das Gefühl hatte, noch ein bisschen, und der Aschenbecher erhebt sich in die Luft. Als ob sie damit ausdrücken wollten: Fußballweltmeisterschaften kommen und gehen, der Aschenbecher aber bleibt.

Etwas abseits von der Runde, neben einem Dart-Spielautomaten, saß der bärtige Vereinswirt. In einer Hand hatte er eine Zeitung, die andere war eingegipst. Mit der Zeitung schlug er einer Fliege mehrmals auf den Kopf, die vor ihm auf dem Tisch tapfer hin und her lief. Die Fliege reagierte darauf mit einem leisen Summen. Auch die beiden kannten sich wahrscheinlich noch aus DDR-Zeiten. Draußen vor dem Lokal saß ein junges Pärchen – Kleingartennachwuchs. Das Mädchen hatte ihren Kopf in den Schoß des Jungen gelegt, und er streichelte zärtlich ihr Haar. Neben ihnen hing an dem Anschlagsbrett hinter Glas ein Papier mit der Überschrift: »Festgestellte Mängel bei der Gartenbegehung am 27. 05. 2006«. Der Autor dieses Papiers geißelte das verbrecherische Treiben der Gärtner und drohte mit weit reichenden Konsequenzen in einer Sprache, die an Parteidokumente aus dem vorigen Jahrhundert erinnerte. »Parzellen Nr. 56 bis 58! Ihre Gärten sind völlig verwildert! Das Gras meterhoch! Die kleingärtnerische Nutzung ist nicht erkennbar. Parzelle Nr. 79! Man kann nicht einmal den Eingang Ihres Gartens finden! Parzelle Nr. 90! Trotz der stark verschmutzten Fenster sind zerrissene Gardinen gut erkennbar!« Über unser Grundstück hieß es: »Dieser Garten wurde erst kürzlich an den neuen Pächter übergeben. Auf der Seite links zum Nachbarn wurde eine Ligusterhecke gepflanzt. Das ist laut Gartenordnung nicht statthaft. Auch die Korkenzieherweiden gehören nicht in den Kleingarten. Da die Pächter offensichtlich die Gartenordnung nicht gelesen haben und keine Einsicht zeigen, wird eine Vorladung zur Sprechstunde notwendig. Bei der Gartenbegehung war niemand anwesend.«

Ich schimpfte leise und malte mir aus, was ich mit diesem Vorstand machen würde, wenn ich nicht Schriftsteller, sondern ein unsichtbarer Spiderman wäre. In diesen angenehmen Gedanken versunken, ging ich weiter und stieß auf einen schmalen Weg hinter dem Vereinshaus, den ich bisher übersehen hatte. Er führte über eine kleine Brücke und weiter in eine Gegend, in der ich noch nie gewesen war. Je länger ich lief, umso beeindruckender erschien mir die Gartenkolonie. Ich hatte bisher keine Ahnung gehabt, wie riesig sie eigentlich war. Gärten über Gärten bis an den Horizont. Ich bog einmal links und einmal rechts ab, in der Hoffnung, an die Grenzen der Kolonie zu stoßen, an einen letzten Zaun mit Tor. Doch hinter jeder neuen Ecke entfalteten sich neue Gartenanlagen, mit und ohne Rosen, mit und ohne Gartenzwerge, mit und ohne Korkenzieherweiden.

Langsam wurde es dunkel, Brasilien hatte längst gewonnen, es war kein Mensch mehr auf den Terrassen zu sehen. Ich kehrte um. Die Brücke über einen kleinen Bach sollte mir als Orientierung dienen, sie war aber nicht mehr zu finden. Stattdessen sah ich immer wieder die gleichen Lauben. Langsam beschlich mich das Gefühl, mich in einem völlig unbekannten Land verlaufen zu haben, in einem Parallel-Deutschland, das friedlich neben dem mir bekannten existierte: das eine ein Land der Städte, mit prächtigen Theaterhäusern und neu gebauten Bahnhöfen, Mitglied der UNO, UNESCO, G8 und C4, mit Vorsitz bei der Weltbank und im Weltsicherheitsrat, mit Vertretungen im nahen und fernen Ausland. Und das andere Deutschland ein riesengroßer Schrebergarten. Wie oft habe ich auf meinen Reisen dieses andere Deutschland aus dem Zugfenster beobachtet, mit seinen Lauben, Schaukeln, Grillanlagen und Kindern, die einander mit einem Wasserschlauch nass spritzten.

Einmal, als ich mit einem russischen Kollegen im Zug saß, meinte dieser anerkennend, es werde in Deutschland doch viel für die Kinder getan. Er zeigte dabei auf Schrebergärten, die er wegen der vielen kleinen Häuschen für Kinderspielplätze hielt. Auf die Idee, dass sich spielwütige Erwachsene dort aufhielten, war er nicht gekommen. Wenn ich ihm den Sinn dieses Spiels nahegelegt hätte – um jeden Preis die Kräuter in einer Linie zu pflanzen und den Rasen zu mähen, ob mit Strom oder Muskelkraft, aber nicht an Sonn- und Feiertagen –, er hätte mir bestimmt nicht geglaubt. Erst recht nicht, wenn ich ihm noch erzählt hätte, beim letzten Rasenmähen sei mir die Verlängerungsschnur unter die Scheren geraten, und es habe einen solchen Knall gegeben, dass alle Birnen vom Baum meines Nachbarn Günter Grass auf mein Grundstück gefallen seien und nun mir gehörten, weil laut deutscher Gartenverfassung jede vom Baum gefallene Frucht dem Gartenbesitzer gehört, auf dessen Grundstück sie liegt. Der Baumbesitzer kann zwar innerhalb von zwei Wochen eine Beschwerde einreichen, aber bis dahin ist längst alles aufgegessen.

Ich hätte noch einiges zu erzählen über die Deutschen und ihre Schrebergärten – mein Bekannter wäre wahrscheinlich vor Lachen aus dem Zug gefallen. Kann es sein, dass dieses andere Deutschland der Gärten untereinander vernetzt ist, mit Wegen und Straßen, die auf keiner Karte eingezeichnet sind und die kein Navigationssystem kennt, und dass ich, wenn ich so weiterlaufe, mit Glück irgendwo bei Braunschweig wieder herauskomme? Ich dachte bereits über Plan B nach, das heißt in einen fremden, leer stehenden Garten einzudringen, um dort zu übernachten. Es wurde langsam kalt. Ich tat mir selbst leid. Vielleicht ist es mein Schicksal, durch wildfremde Gärten zu ziehen, hoffnungslos verloren im Schrebergarten-Deutschland, bis mich eines Tages eine Streife der Schrebergartenpolizei unter einem Stachelbeerstrauch findet, alt und erschöpft. »Das ist doch der Kerl von der Parzelle 118«, würden sie sagen. »Der Arme hat es die letzten zweihundert Meter bis zum eigenen Gartentor nicht mehr geschafft!«

Als ich schon die Hoffnung aufgegeben hatte, meine Heimatparzelle jemals wiederzufinden, stolperte ich plötzlich beinahe über einen Vogel, der mitten auf der Straße saß. Es war Don Juan, der Kanarienvogel von Frau Krause, bei seinem nächtlichen Spaziergang. Der Straßenbahngarten musste also ganz in der Nähe sein. Der Kanarienvogel rettete mich, er führte mich Schritt für Schritt aus der Sackgasse und bis nach Hause zu meiner Parzelle. Ich wusste nicht, wie ich mich bedanken sollte.

»Wenn du irgendwann einmal Hilfe brauchst, Sterbehilfe zum Beispiel, komm vorbei, ich werde für dich da sein«, sagte ich zu Don Juan.

Er antwortete nicht. Schade, dass Kanarienvögel nicht sprechen können, der hier hätte bestimmt viel zu erzählen. Obwohl – als Kind hatte ich Angst vor sprechenden Vögeln. Meine erste Freundin hatte einen sprechenden Papagei, der sie oft verraten hat. Wenn ihre Eltern abends von der Arbeit kamen, krähte der Papagei: »Küss mich«,

»Wie geht dieser Büstenhalter auf?« und andere Unanständigkeiten.

Sprechende Vögel können sehr gemein sein, und sie leben lange. Im Münchner Zoo, so erzählte mir ein Freund, rief ein Papagei noch 1953 ständig »Heil Hitler«. Neben seinem Käfig hing ein Schild: »Die Zooverwaltung ist mit der Meinung des Vogels nicht einverstanden.«

Alle meine Freundinnen besaßen lustige Haustiere. Meine Exfreundin hatte zum Beispiel einen hochsensiblen Dackel, der laufend scheinschwanger war. Einmal nahmen wir ihn in den Wald mit, damit der Dackel sich ein wenig in der Wildnis austoben konnte. Denn eigentlich sind Dackel Jagdhunde. Schnell hatte er die Spur eines Riesenhasen entdeckt und verfolgte sie mit lautem Bellen. Doch der Hase war eine Beute mit Lebenserfahrung, schnitt professionell ein paar Ecken ab, und der Dackel, der wegen seiner kurzen Beine einen langen Bremsweg hatte, knallte mit voller Wucht gegen eine Tanne. Die Jagd war damit zu Ende. Am nächsten Tag schwoll der Dackel immer mehr an, er saß unter dem Bett und gab mitleiderregende Geräusche von sich. Eine Tierärztin attestierte ihm eine sogenannte Scheinschwangerschaft. »Sie brauchen nichts zu tun, das geht von alleine vorbei«, meinte die Ärztin.

Der arme Dackel hatte seinen Knall gegen den Baum falsch gedeutet, er bildete sich ein, von dem wilden Riesenhasen geschwängert worden zu sein, und wartete nun auf die Babys, die nicht kamen. Nach zwei Wochen schwoll der Dackel wieder auf Normalmaß zurück. Aber jedes Mal, wenn er fortan einen Hasen oder etwas Hasenähnliches sah, schwoll er sofort wieder an. Und manchmal schwoll er auch einfach so an, aus Langweile. Ich weiß dank solcher Geschichten, dass Tiere und Vögel auch eine Psyche haben, und behandele sie daher immer mit Respekt.

Der Schrebergarten-Kanarienvogel sagte kein Wort. Schweigend hatte er mir geholfen, den Weg nach Hause zu finden. Ich überquerte die Brücke, ging an dem längst geschlossenen Vereinsgebäude vorbei, an dem Brett mit den Parteipapieren, an der leeren Bank und landete schließlich vor unserem Gartentor. Das Licht in der Laube brannte. Ich hatte die Birne absichtlich nicht ausgemacht, damit ich das Schlüsselloch finden konnte.

In der Laube war es stickig und eng. Ich hatte keine Lust zu schlafen und beschloss, noch ein wenig zu lesen. Mein Vorbild Henry Thoreau hatte in seinem Werk sehr ausführlich beschrieben, wie er in der Wildnis das Bohnenpflanzen mit dem Bücherlesen geistreich verband. Im Schrebergarten war ich auf Bohnen nicht angewiesen. Ich hatte mich rechtzeitig vor dem Einzug in die Laube mit Chips und belegten Brötchen eingedeckt, also fing ich gleich mit der Lektüre an.

»In der Anhäufung unseres Eigentums, in der Gründung einer Familie oder eines Staates sind wir sterblich«, schrieb Thoreau, »aber im Forschen nach der Wahrheit sind wir unsterblich.« In seiner Hütte lagen Homer, Aischylos und einige Reisebücher. In meiner Laube hatte ich nur *Der Sinn des Lebens, 300 praktische Ratschläge für intelligente und faule Gärtner* sowie einen von Frau Pflaume geerbten DDR-Garten-Ratgeber, den *Rat für jeden Gartentag.* Anders als sein westdeutscher Kollege hatte der ostdeutsche Gartenmensch nicht dreihundert, sondern dreitausend Ratschläge auf Lager. Laut Vorwort war er bei der Bearbeitung der neunten Auflage seines Werkes gestorben, wahrscheinlich an Überarbeitung. Dieser Gartenfetischist hatte tatsächlich für jeden Tag im Jahr ein ganzes Arbeitsprogramm entwickelt, dessen Sinn darin bestand, dem Gärtner keine Sekunde Ruhe zu gönnen. Gemäß seinem Ratgeber sollte der Gärtner zum Beispiel im Januar die borkige Rinde von den Bäumen »sorgsam abkratzen« und im Februar ein mir unbekanntes »Strohsubstrat« mit dem Austernseitling impfen.

Bei dieser Lektüre fielen mir schnell die Augen zu, und ich machte das Licht in der Laube aus. Fünf Minuten später machte ich es wieder an. Ich war nicht allein. Eine äußerst muntere Gesellschaft, bestehend aus fliegenden und kriechenden Ameisen, Mücken, Spinnen, exotischen gelben Motten, die wahrscheinlich vom Licht meiner Lampe angezogen wurden, sowie grünen und gestreiften Schnecken, Käfern mit und ohne Flügel, kleinen durchsichtigen Mistkerlen mit Haaren auf dem Rücken und etlichen anderen schwer zu beschreibenden Mikroorganismen, teilte mit mir die Bude. Die meisten benahmen sich friedlich. Sie jagten und aßen einander, griffen mich aber nicht direkt an. Manche krabbelten auf mir herum und versteckten sich, wenn ich das Licht anmachte. Aber sobald es wieder dunkel war, kamen sie aus ihren Verstecken und kitzelten mich. Einige hielten mich für ein Lebensmittel und tranken mein Blut. Ich versuchte, den kleinen Biestern eine Lektion zu erteilen und ihnen klarzumachen, wer hier der Chef und Hauptpächter war.

Im Kampf verging die Zeit schnell. Wie ein Leuchtturm stand mein Garten im grünen Meer der Obstbäume – im Zehnminutentakt ging das Licht in der Laube an und aus, man hörte Schläge, Flüche, dann wieder Stille. Zweimal überlegte ich, den Rest der Nacht draußen unter dem Apfelbaum auf einer Matratze zu verbringen. Aber im Gras und auf den Bäumen gab es noch mehr Ungeziefer. Dazu kamen unsichtbare Vögel, die im Chor ihr freies Leben in einer wundervollen Welt voller leckerer Schnecken und Fliegen besangen. Manchmal schien mir, als würde ich in diesem Chor auch die Stimme des Palermo-Papageien heraushören.

Als Pächter hatte ich keine Chance, in diesem natürlichen Chaos für Ordnung zu sorgen. Um fünf Uhr durchlöcherte die Sonne meine Laube von links nach rechts. Ich öffnete die Tür, und die Insekten, die mit mir in der Laube übernachtet hatten, flogen an die frische Luft, trafen auf ihre Artgenossen, die draußen im Garten übernachtet hatten, und tauschten laut ihre Erfahrungen aus. Ich steckte den Kopf unter eine kalte Dusche, schaute in den Spiegel und kratzte mir die Mückenstiche von der Stirn.

Die Ereignisse der ersten Nacht konnten trotz allem die Freude nicht trüben, die mich beim Anblick des Sonnenaufgangs erfüllte. In der Natur schien die Sonne besonders intensiv. Sie gab dem Schrebergarten alle Farben wieder – die Rosen wurden richtig gelb, die grünen Äpfel bekamen einen roten Anstrich, sogar die fetten Fliegen auf dem Tisch und der Stacheldraht auf dem Gartentor strahlten golden, sobald sie unter die frische Sonne gerieten. Leider waren die meisten Früchte und Beeren noch nicht reif für ein echtes Gartenfrühstück. Ich pflückte ein paar Erdbeeren, setzte mich in die Sonne, nahm das Buch *Rat für jeden Gartentag*, legte es mir aufs Gesicht und schlief noch einmal ein.

Um halb zwölf wurde ich von Herrn Kern, dem fleißigen Biogärtner von gegenüber, geweckt, der im Trainingsanzug und mit Fahrradhelm mit seinem Rasenmäher durch den Garten lief. Was machte er so früh an einem Wochentag im Garten?, überlegte ich. Aus unseren früheren Gesprächen wusste ich, dass Herr Kern einer regelmäßigen Arbeit nachging. Als leitender Angestellter einer Bankgesellschaft musste er von Montag bis Freitag ab zehn Uhr morgens riskante Investitionen im Ausland und Finanzierungspläne für große Bauvorhaben prüfen. Stattdessen mähte er seinen Rasen an einem

Mittwoch um zwölf. Ich stellte mir vor, wie Herr Kern mit seinem Dienstwagen zur Arbeit fuhr, die Aufgaben in der Abteilung verteilte, den Computer anschaltete und zahlreiche Ordner über seinen Tisch verteilte. »Bin heute sehr beschäftigt«, rief er seiner Sekretärin zu, »habe viele Termine außerhalb!« Dann schloss er die Tür seines Büros, zog sein schickes schwarzes Sakko aus, holte einen Trainingsanzug aus dem Schrank, seinen Fahrradhelm und die Brille, lief durch die Hintertür nach draußen, stieg aufs Fahrrad, und los ging's. Keine zwanzig Minuten später summte er schon mit dem Rasenmäher, *wrummm, wrummm.* Die Risikoinvestitionen und Finanzpläne mussten warten.

Kurzerhand beschloss ich, meinen Nachbarn zu besuchen. Er zeigte mir stolz seine großgewachsenen Kartoffeln, Radieschen, die etwas von Käfern angebissen waren, Zwiebeln und Erdbeeren. Und ein eigenhändig zubereitetes Knoblauchkonzentrat in einem großen Glas, mit dem er die Bäume gegen ihre natürlichen Feinde schützen wollte. Ich erzählte ihm von meinem Ärger mit dem Vereinsvorstand. Herr Kern hatte die Parteibeschlüsse am Schwarzen Brett auch gesehen, und in seinen Augen las ich nun eine kleingartentypische Mischung aus Mitleid und Schadenfreude. Ich wollte den Konflikt mit dem Vorstand nicht unnötig verschärfen, und Herr Kern erklärte sich bereit, mir zu helfen, die arme Korkenzieherweide zu fällen, obwohl sie niemandem etwas zuleide getan hatte. Aber so ist das Leben.

»Wir können deine Weide mit meiner Elektrosäge Stück für Stück abschneiden und dann mit meinem Häcksler zermahlen«, überlegte Herr Kern laut. »Ich habe da so einen Häcksler in der Laube.«

Sein Gerät der Marke Bosch verschluckte meine arme Korkenzieherweide innerhalb von Sekunden, zerkaute sie und spuckte die Überreste in eine Tüte. Anstelle des

Baumes pflanzte ich gleich vier neue Erdbeerpflänzchen, indem ich Ableger von bereits dort wachsenden Erdbeeren nahm. Anschließend begoss ich den Garten gründlich und ging einkaufen. Die Brötchen waren alle. Auf dem Rückweg machte ich einen Schlenker und schaute im Straßenbahngarten vorbei. Die Bewohner dieser Parzelle konnte man schon auf halbem Weg deutlich hören. Das eine Kind war auf einen Baum geklettert, das andere hing an seinem Fuß.

»Lass mich los!«, schrie das eine.

»Niemals!«, schrie das andere.

»Hört sofort auf!«, schrie die Oma. Dazu bellten die Hunde.

Nur Frau Krause ließ sich nicht aus der Ruhe bringen. Sie saß auf der Terrasse, rauchte American Spirit und zählte die Erdbeeren auf dem Tisch.

»Hundertvierundachtzig Stück!«, sagte sie strahlend, als ich näher kam. »Und sie schmecken richtig nach Beeren, nicht wie dieses Zeug aus der Kaufhalle. Habe ich dir schon erzählt, dass mein Mann eine Affäre hatte, mit einer alten Frau aus Palermo? Ich hätte ihm so etwas nicht zugetraut, er war nur einmal drei Tage in Palermo, und gleich eine Affäre! Jetzt schreibt er Briefe nach Palermo. Aber hinziehen möchte er nicht. Er sagte, ich sehe das alles falsch, es wäre rein fleischlich gewesen, keine Liebe also. So sind die Bräuche in Palermo. Die Mädels sind alle Feuer und Flamme in Palermo. Wenn ein Mann einer Frau gefällt, geht sie zu ihm und sagt es ihm ins Gesicht. In Palermo.«

»Sag mal, Renate«, fragte ich meine Nachbarin, um sie von Palermo abzulenken. »Wusstest du, dass dein Kanarienvogel Don Juan nachts durch die Kolonie spaziert? Ich habe ihn letzte Nacht ziemlich weit weg von hier hinter dem Vereinsgebäude getroffen.«

Renate überlegte kurz.

»Das hat er vor seinem Herzanfall nie getan«, erzählte sie. »Mein Schwiegervater war aber Schlafwandler.« Ob es möglich wäre, dass der Geist des Schwiegervaters in den Körper des schlafwandelnden Kanarienvogels umgesiedelt war?

Zurück in der Heimatlaube erwartete mich bereits meine ganze Familie. Meine Kinder, meine Frau und sogar meine Schwiegermutter waren gekommen, um mich zu überreden, das Experiment »Mein Leben im Garten« abzubrechen. Ehrlich gesagt, war ich selbst nicht mehr scharf auf eine zweite Nacht inmitten der Insekten. Henry Thoreau hatte sicher mehr Ausdauer, mehr Entschlossenheit als ich. Er war aber auch ziemlich durchgeknallt – verbrachte sein Leben ohne Wein und ohne Frauen, predigte Enthaltsamkeit und bezeichnete faule Menschen als unreine Wesen. Ich bin dagegen der Meinung, dass der Faule manchmal mehr erkennt, während sich der Fleißige in seinem ständigen Tun bloß untergräbt. Außerdem sind fleißige Menschen dauernd schlecht gelaunt, weil sie glauben, unterfinanziert zu sein. Die Fleißigen haben in der Regel einen überempfindlichen Sinn für Gerechtigkeit. Das macht sie zu schwierigen Menschen. Sie haben ständig das Gefühl, von anderen hintergangen zu werden, die viel weniger arbeiten oder gar nichts tun und trotzdem mehr kriegen. Fleiß verdirbt den Charakter. In Deutschland steht Fleiß ganz oben in den Top Ten der Tugenden. Deswegen sind viele Deutsche dauerhaft schlecht gelaunt. Sie sagen, der frühe Vogel fängt den Wurm, und schimpfen ständig über die Menschen, die gerne länger schlafen. Die Chinesen meinen dazu: Nur der Vogel, der vorne fliegt, wird abgeschossen. Darüber sollen die deutschen Streber einmal nachdenken.

Diese und einige andere Gedanken (Mücken, Hitze, warmes Bier aus der Flasche) veranlassten mich, vorzeitig aus der Laube auszubrechen und zurück in die Wohnung zu ziehen.

Und hier die vorläufigen Ergebnisse meines Thoreau-Experiments im Vergleich:

H. D. Thoreau (zwei Jahre und zwei Monate im Wald):

Eine Hacke: $ 0,54
Bohnen zum Pflanzen: $ 3,12
Kartoffeln: $ 1,33
Erbsen: $ 0,40
Rübsamen: $ 0,06
Weiße Schnur zum Schutz gegen Krähen: $ 0,02
Mieten 1 Pferdes zum Pflügen und 1 Knechts für 3 Stunden: $ 1,00

Gesamt: $ 6,47

W. Kaminer (ein Tag im Schrebergarten):

Sechs Flaschen Radeberger Pilsner: € 6,36
Brot, Käse, Wurstaufschnitt: € 4,72
Paprikachips: € 0,70
Texteron-Salbe zum Schutz gegen Mücken: € 3,99
Zigaretten: € 3,80
Eine Kaisers-Tüte: € 0,20
Mieten von Häcksler der Marke Bosch und 1 Helfers für 2 Stunden: € 0,00

Gesamt: € 18,77

Samuel Beckett

Dante und der Hummer

Es war Vormittag, und Belacqua hatte sich im ersten Mondcanto festgelesen. Bis zum Hals steckte er darin, er konnte weder vor noch zurück. Die glückselige Beatrice war zugegen, Dante desgleichen, und sie erklärte ihm die Flecken auf dem Mond. Als erstes wies sie ihn auf seinen Irrtum hin, dann brachte sie die eigene Erklärung vor. Die hatte sie von Gott, deshalb konnte er sich in jedem Punkt auf ihre Richtigkeit verlassen. Er brauchte ihr nur Schritt für Schritt zu folgen. Im ersten Teil, der Widerlegung, lief alles glatt. Sie zeigte schlüssig, worauf es ihr ankam, und legte dazu das Nötige ohne Umschweife und Zeitverschwendung dar. Aber Teil zwei, die Beweisführung, war so vertrackt, daß Belacqua sich keinen Reim mehr darauf machen konnte. Der Gegenbeweis, die Zurechtweisung leuchteten beide ein. Aber dann folgte ihr Nachweis, eine eilige Raffung des eigentlichen Sachverhalts, und nun steckte Belacqua wirklich in der Klemme. Zudem war er gelangweilt und wollte endlich zur Piccarda kommen. Trotzdem brütete er weiter über der Rätselstelle. Er mochte sich nicht geschlagen geben, wollte wenigstens begreifen, was die Worte hießen, auf welcher Ebene sie gesprochen waren und welche Überzeugungskraft von ihnen auf den fehlgeleiteten Dichter ausging, sodaß er am Ende der Rede gestärkt das schwere Haupt erheben konnte, um dankzusagen und seine frühere Meinung in aller Form zu widerrufen.

Er rannte in Gedanken noch immer gegen den undurchdringlichen Passus an, als er zu Mittag läuten hörte.

Sogleich war die Pflichtübung wie weggewischt. Er krümmte die Finger unter dem Buch zur Schaufel und schob es damit zurück, bis es ganz auf den Handflächen lag: die dienten jetzt der aufgeschlagenen Göttlichen Komödie als Lesepult. So hingebreitet, hob er sie sich bis unter die Nase und knallte sie dort zu. Er hielt sie eine Weile in der Schwebe, blinzelte sie böse an, preßte die Buchdeckel mit den Handwurzeln zusammen. Dann legte er sie weg.

Er lehnte sich im Stuhl zurück, bis sich sein Kopf, aufgekratzt von dem abgefeimten Potpourri, beruhigt hätte. Bevor es seinem Kopf nicht besserging und Stille eintrat, was allmählich auch geschah, konnte er gar nichts tun. Dann wagte er sich an die Überlegung, wie er weitermachen sollte. Irgendetwas zwang einen ja immer zum Weitermachen. Drei größere Verbindlichkeiten meldeten sich an. Zuerst das Mittagessen, dann der Hummer, dann der Italienischkurs. Das reichte zum Weitermachen erst einmal. Für die Zeit nach dem Italienischkurs fehlte ihm jede klare Vorstellung. Irgendein Plagegeist hatte ihm bestimmt ein Pensum für den späten Nachmittag und Abend aufgebrummt, er kannte es nur nicht. Darauf kam es auch gar nicht an. Worauf es ankam, war: eins, Mittagessen; zwei, Hummer; drei, Italienischkurs. Zum Weitermachen mehr als reichlich.

Das Mittagessen, falls es überhaupt gelang, war eine sehr heikle Angelegenheit. Um es genießen zu können, und ab und zu war es ein Hochgenuß, mußte er bei den Vorbereitungen absolute Ruhe haben. Wurde er hingegen dabei gestört, kam dann etwa ein munteres Plappermaul mit einem Bombeneinfall oder Bittgesuch hereingeplatzt, so konnte er das Essen gleich bleiben lassen, denn die Speise wurde dann zur Bitternis in seinem Munde, oder schlimmer noch, schmeckte nach gar nichts mehr. Er mußte strikt allein sein, brauchte unbedingte

Stille und Abgeschiedenheit bei seinen Vorbereitungen für das Mittagsmahl.

Zunächst mußte die Tür abgeschlossen werden. Nun war er vor Überfällen sicher. Er wappnete sich mit einem alten *Herald* und strich ihn auf dem Tisch glatt. Das eher einnehmende Gesicht des Meuchelmörders McCabe starrte zu ihm herauf. Er zündete das Gas an, nahm den Brotröster, eine flache, quadratische Asbestmatte, vom Nagel und legte ihn genau über die Flamme.

Dann merkte er, daß er die Flamme zurückdrehen mußte. Toast darf auf keinen Fall zu rasch zubereitet werden. Toast wie er sein soll, durch und durch geröstet, braucht ein schwaches und stetiges Feuer. Sonst verkohlt er nur von außen, und die Krume bleibt pappig wie zuvor. Und nichts verabscheute Belacqua so sehr wie die Gräßlichkeit, durch ein Fiasko von Matsch und Teig mit den Zähnen aufeinander zu beißen. Dabei war die richtige Methode kinderleicht. So, dachte er, nachdem er die Gaszufuhr gedrosselt und den Grill zurechtgerückt hatte, bis ich mit dem Brotschneiden fertig bin, ist er gerade heiß genug. Nun wurde das lange Stangenbrot aus der Blechschachtel gezogen und auf McCabes Gesicht glatt abgesäbelt. Zweimal mit dem Sägemesser unerbittlich durchgeratscht, und ein Paar Scheiben rohes Brot, die Hauptbestandteile seines Mahls, lagen säuberlich vor ihm und harrten seiner gnädigen Entscheidung. Der Brotstumpf wanderte in sein Verlies zurück, die Krümel, als hätte es nie einen Spatzen auf der Welt gegeben, wurden hektisch weggefegt, die Schnitten gepackt und zum Grill befördert. Diese Zurüstungen erfolgten alle mit großer Sachlichkeit und Eile.

Von jetzt an war freilich wirkliches Geschick gefordert; denn an diesem Punkt begann beim Durchschnittskoch der große Murks. Belacqua legte die Wange an die weiche Krume, sie fühlte sich flauschig, warm, lebendig an. Aber der wollte er ihr samtenes Geschmeichel schleunigst abgewöhnen, die hatte ihn bei Gott die längste Zeit so fett und bleichgesichtig angeglotzt. Er drehte das Gas eine Spur kleiner und klatschte eine schlappe Scheibe auf das glühende Geflecht, haargenau in die Mitte, sodaß das Ganze der japanischen Flagge glich. Da der Platz nicht reichte, beide Scheiben nebeneinander gleichmäßig durchzurösten – und wenn sie nicht gleichmäßig durchgeröstet waren, hätte man sich die Mühe sparen können, sie überhaupt zu rösten –, legte er die andere Scheibe zum Vorwärmen darüber. Als der erste Kandidat abgefertigt war, das heißt bis ins Mark schwarzgebrannt, trat er seinen Platz an den Gefährten ab und lag nun seinerseits zuoberst, totgeröstet, verkohlt und qualmend da, bis auch für diesen Gleiches galt.

Dem Ackermann dünkte die Deutung leicht, er hatte sie von seiner Mutter. Die Flecken waren Kain mit seinem Dornenbündel, enterbt und von der Erde fortgeflucht, unstet und heimatlos. Der Mond war sein gezeichnetes und untröstliches Gesicht, versehrt vom Urbrandmal der göttlichen Barmherzigkeit, die dem Ausgestoßenen den schnellen Tod versagt. Der Ackermann hatte da mancherlei verwechselt, aber das machte nichts. Seine Mutter hatte sich damit begnügt, warum sollte er es besser haben.

Belacqua kniete vor der Flamme, beugte sich gebannt über den Grill und überwachte die Röstung in jedem Stadium. Sie brauchte ihre Zeit, aber was lange währt, wird endlich gut, ein wahres Wort. Noch bevor das Ende nahte, hatte sich das Zimmer mit Qualm und Brandgeruch gefüllt. Dann hatten Menschensorgfalt und -geschick ihr möglichstes getan. Er drehte das Gas ab und verstaute den Toaster zurück an seinen Platz: ein klarer Fall von Sachbeschädigung, denn er sengte damit ein langes Brandmal in die Tapete. Vandalismus, wie er im Buche steht. Ihn kümmerte das einen Dreck. Gehörte die Wand denn ihm? Seit fünfzig Jahren klebte da dieselbe trübselige Tapete, aschfahl vor Alter. Sie zu verunzieren war ausgeschlossen.

Als nächstes wurde eine dicke Paste aus Mostrich, Salz und Cayenne in jede Scheibe gründlich eingespachtelt, solange die Poren noch vor Hitze offenstanden. Keine Butter, Gott bewahre, nur eine saftige Ladung Senf, Salz und Pfeffer auf jede Schnitte. Butter war Pfusch, das machte den Toast bloß labbrig. Buttertoast, das mochte das Rechte sein für Ordinarien und Heilsarmisten, die außer falschen Zähnen nichts im Kopfe hatten. Für einen leidlich stämmigen jungen Rosenstock wie Belacqua taugte dergleichen nicht. Der wollte sein Mahl nach solch penibler Zubereitung mit soviel Verzückung und Siegesrausch verschlingen, als schlüg er den beschlitteten Polacken auf das Eis. Mit zugekniffenen Augen wollte er danach schnappen, es zu Brei zermalmen, ihm mit den Hauern vollends den Garaus machen. Dann die Qualen der Ätzung, die Pein stechender Gewürze, in denen jeder Bissen verglomm und den Gaumen ausglühte, bis die Tränen kamen.

Doch war er dafür noch nicht ganz gerüstet, es gab zuvor noch viel zu tun. Er hatte seine Opfergabe verbrannt, bevor sie wohlgefällig zugerichtet war. Ja, da hatte er den Karren vor den Gaul gespannt.

Er klatschte das eine Röstbrot auf das andere, er schlug sie schwungvoll wie Zimbeln aneinander, sodaß der zähe Schmer des Mostrichs sie zusammenbuk. Dann wickelte er sie fürs erste ins nächstbeste Stück Altpapier und sammelte sich für den Ausgang.

Nur nicht angesprochen werden! Das war jetzt das Entscheidende. Eine Aufhaltung beim derzeitigen Stand der Dinge, das Ärgernis einer auf ihn abgelassenen Redeflut: die reine Katastrophe. Mit seinem ganzen Wesen drängte es ihn den Freuden zu, die seiner harrten. Eine

Belästigung, und er konnte sein Mittagessen ebensogut in die Gosse werfen und stracks wieder nach Hause gehen. Sein Heißhunger auf diese Mahlzeit, der, fast überflüssig zu bemerken, mehr einer des Geistes als des Leibes war, hatte sich manchmal schon zu solcher Raserei gesteigert, daß er auf jeden Vorwitzigen, der ihn in seinem Lauf gehemmt oder gehindert hätte, stracks mit Fäusten losgegangen wäre, er hätte ihn ohne Federlesens aus dem Weg gerempelt. Wehe dem Tolpatsch, der ihm in die Quere kam, wenn er für sein Mahl gerüstet war.

Mit gesenktem Kopf lenkte er seine Schritte rasch durch ein vertrautes Gewirr von Gassen und duckte sich plötzlich durch eine Ladentür. Das Krämerehepaar zeigte keine Überraschung. Er kam fast täglich ungefähr um diese Zeit derart von der Straße hereingeschossen.

Die Käsescheibe lag bereit. Vom Laib abgetrennt, wartete sie schon seit dem Morgen nur darauf, daß er sie holen kam. Gorgonzola. Er kannte einen aus Gorgonzola, namens Angelo. In Nizza zwar geboren, doch in Gorgonzola aufgewachsen. Belacqua wußte wohl, wo sie zu finden war. Jeden Tag lag sie im selben Eck und wartete auf ihre Abholung. Hochanständige, hilfsbereite Leute das.

Er besah sich das Stück Käse argwöhnisch. Er drehte es um; vielleicht nahm es sich von rückwärts besser aus? Von rückwärts nahm es sich noch schlimmer aus. Sie hatten es mit der Schauseite nach oben hingelegt, diesen kleinen Schwindel hatten sie sich zugestanden. Wer konnte ihnen den verdenken? Er rieb mit dem Finger darüber. Es schwitzte. Immerhin. Er bückte sich und roch daran. Ein zarter Verwesungsduft. Wozu denn das? Er brauchte kein Bouquet, er war kein Trüffelschwein verdammt nochmal, er brauchte einen ehrlichen Gestank. Einen ehrlich grünen, verstunkenen und verfaulten Klumpen Gorgonzola brauchte er, in dem es wimmelte, und würde dafür sorgen, daß er ihn bekam.

Er maß den Krämer grimmig.

»Was soll das?« fragte er.

Der Krämer wand sich.

»Nun?« fragte Belacqua, der, wenn ihm der Kamm schwoll, die Furcht verlor, »mehr haben Sie nicht zu bieten?«

»Stadtauf, stadtab«, sagte der Krämer, »finden Sie in Dublin momentan nichts Verfaulteres.«

Belacqua kochte. Der aufsässige Hundsfott, für zwei Heller hätte er ihn abgemurkst.

»So geht das nicht!« rief er. »Verstehen Sie, so geht das keinesfalls. Ich nehme das nicht hin.« Er knirschte mit den Zähnen.

Der Krämer hätte sich wie Pilatus die Hände in Unschuld waschen können; stattdessen warf er die Arme zu einer wilden, flehentlichen Geste aus, wie ein Gekreuzigter. Mürrisch wickelte Belacqua sein Päckchen auf und ließ das leichenfahle Käserechteck zwischen die kalten, schwarzen Sargbretter seiner Brote gleiten. Er stapfte zur Tür, fuhr aber dann doch noch einmal herum.

»Verstanden?« rief er.

»Bitte«, sagte der Krämer. Es lag weder Frage noch Zustimmung darin. Unmöglich ließ der beiläufige Ton erraten, was der Kerl sich dachte. Das war höchst scharfsinnig pariert.

»Ich sage Ihnen«, rief Belacqua hitzig, »daß es so nicht geht. Auf keinen Fall. Wenn das alles ist, was Sie zu bieten haben«, dabei hob er das Päckchen hoch, »dann werde ich mir meinen Käse anderswo besorgen müssen. Merken Sie sich das.«

»Bitte«, sagte der Krämer.

Er kam mit bis zur Ladentür und sah seinem erbosten Kunden nach, der wie ein spatlahmer Gaul davonhinkte.

Belacquas Füße waren Wracks, die ihn fast ständig peinigten. Sogar nachts führten sie das Werk der Hühneraugen und Hammerzehen weiter fort. Da stemmte er sich dann mit ihren Ausläufern verzweifelt gegen das Bettstattgitter oder, besser noch, griff hinunter und zerrte sie mit aufgebogenem Rist nach oben. Mit Geschick und Ausdauer ließ sich der Schmerz vertreiben, aber was halfs, die Nachtruhe war davon doch beeinträchtigt.

Ohne die Augen zuzukneifen oder sie von der entschwindenden Gestalt abzuwenden, schneuzte sich der Krämer in den Schürzenzipfel. Als Mann von Menschlichkeit und Herz rührte und erbarmte ihn der Sonderling, der stets so bedrückt und kränklich wirkte. Aber er blieb dabei doch der kleine Kaufmann, wohlgemerkt, mit dessen Sinn für Selbstachtung und klarer Sicht der Dinge. Ein Fuffziger – er warf ihn hoch –, für einen Fuffziger Käse am Tag, ganze drei Mäuse die Woche. Nein, dafür ging er keinem um den Bart, und wäre er der Papst persönlich. Er hatte auch noch seinen Stolz.

Wie Belacqua so auf verschlungenen Wegen zu dem bescheidenen Wirtshaus stolperte, wo er nicht unerwartet eintrat, insofern als seine groteske Erscheinung dort weder Kommentar noch Gelächter auslöste, bezähmte er allmählich wieder seinen Jähzorn. Nun, da sein Mittagessen schon fast zum fait accompli gediehen war – denn nur selten verunsicherten die sphinkterschwachen Ohrenbläser seines eigenen Standes mit ihrem Dauerdrang, einem ihren Bombeneinfall oder eine Verabredung aufzuschwatzen, dieses unansehnliche Viertel – konnte er es sich leisten, die Punkte zwei und drei, den Hummer und den Kurs, genauer zu erwägen.

Viertel vor drei mußte er in der Schule sein. Na also gut, um fünf vor drei. Um halb drei schloß das Wirtshaus; dann machte auch der Fischhändler wieder auf. Vorausgesetzt also, daß seine Tante, das alte Miststück, ihre Bestellung am Morgen beizeiten aufgegeben hatte, und zwar mit der strengen Auflage, das Ding auf Abruf auch bereitzuhalten, sodaß ihr Lump von Neffe auf keinen Fall zu warten hätte, wenn er gleich nach Ladenöffnung dort vorbeischaute, brauchte er das Wirtshaus erst bei Torschluß zu verlassen, um noch rechtzeitig da zu sein; er konnte bis zuletzt dort sitzen bleiben. Benissimo. Er hatte noch eins fünfzig. Das reichte für zwei Halbe vom Faß ohne weiteres; dann vielleicht noch ein Flaschenbier zur Krönung. Das abgefüllte Helle war dort nämlich besonders gut und süffig. Und für das Wechselgeld bekam er obendrein noch einen *Herald* und einen Trambahnfahrschein, sollten ihn Ermüdung oder Zeitnot dazu zwingen. Immer vorausgesetzt natürlich, der Hummer lag zur Übergabe auch bereit. Diese verfluchten Krämerfritzen, dachte er, es ist einfach kein Verlaß auf sie. Er hatte keine einzige Lektion gelernt, aber das machte nichts. Die Professoressa war ja so überaus charmant und ungewöhnlich. Signora Adriana Ottolenghi! Eine Frau von höherer Intelligenz und Bildung als die kleine Ottolenghi überstieg sein Denkvermögen. Darum hatte er sie innerlich auch aufs Podest erhoben, von allen Frauen abgerückt. Beim letzten Mal hatte sie ihm angekündigt, sie würden Il Cinque Maggio miteinander lesen. Aber sie war sicherlich auch nicht gekränkt, wenn er seiner Absicht folgte und ihr eingestand – auf italienisch, in einer glanzvollen Periode, die er auf dem Weg vom Wirtshaus zu verfertigen gedachte –, daß er den Cinque Maggio lieber auf ein andermal verschoben hätte. Manzoni war ein altes Waschweib, Napoleon genauso. Napoleone di mezza calzetta, fa l'amore a Giacominetta. Warum kam ihm Manzoni wie ein Waschweib vor? Weshalb nur tat er ihm so unrecht? Und Pellico auch. Lauter alte Jungfern, Blaustrümpfe. Das mußte er seine Signorina fragen, woher bei ihm wohl der Eindruck rührte, daß durch das neunzehnte Jahrhundert in Italien nichts wie alte Hennen fluderten, die wie Pindar glucksen wollten. Carducci gleichfalls. Und wie sich das mit den Flecken auf dem Mond verhielt. Wenn sie die Antwort nicht parat hatte, machte sie das sicher, und nur allzu gerne, in der nächsten Stunde wieder wett. Damit hatte er alles geordnet und war wohlgerüstet. Mit Ausnahme, wie sich versteht, des Hummers, der notwendig ein unberechenbarer Faktor blieb. Da konnte er nur das Beste hoffen. Und sich auf das Schlimmste gefaßt machen, dachte er übermütig und duckte sich durch die Wirtshaustür, wie es sein Brauch war.

Belacqua ging aufs Schulhaus zu, in bester Laune, denn alles war gelaufen wie geschmiert. Das Mittagessen hatte sich als beachtlicher Erfolg erwiesen und würde ihm als Vorbild noch lange haften bleiben. Ja, er konnte sich gar nicht ausmalen, wie es jemals übertroffen werden sollte. Ein so bleiches, seifiges Stück Käse, und dabei diese Strenge! Da blieb ihm nur der Schluß, daß er all die Jahre sich selbst genasführt hatte mit der Meinung, daß Käse je grüner, umso stärker war. Man lernt nie aus, ein wahres Wort. Und zudem hatten seine Zähne und Kiefer über die Splitter aufgejubelt, in die der zermalmte Toast bei jedem Zubiß auseinanderschoß, als hätte er Glas zerknirscht. Der ganze Mund stach und glühte ihm noch von dieser Feuertaufe. Die letzte Würze hatte der Nahrung dann die Neuigkeit verliehen, die ihm Berthold der Besserwisser über die Theke hinweg mit tragisch tiefer Stimme anvertraute: Das Gnadengesuch des Mörders von Malahide, vom halben Land mit unterschrieben, sei abgeschmettert worden; am Morgen müsse der Unmensch in Mountjoy baumeln, nichts könne ihn mehr retten. Der Henker Ellis habe sich schon auf den Weg gemacht. Belacqua verbiß sich in die Stulle, goß achtlos das kostbare Helle in sich hinein und sann über McCabe in seiner Zelle nach.

Der Hummer hatte schließlich doch bereitgelegen, wurde prestissimo vom Händler ausgehändigt, und wie freundlich der dabei noch lächelte! Mit etwas Höflichkeit und gutem Willen ging doch wirklich alles leichter. Ein Lächeln und ein Scherzwort von einem schlichten Arbeiter, und schon sah die Welt heller aus. Nichts einfacher als das – eine bloße Frage gut beherrschter Muskeln.

»Japsnoch«, sagte der Händler aufgeräumt und reichte ihn hinüber.

»Japsnoch?« fragte Belacqua. Was konnte das wohl heißen?

»Japsnoch«, sagte der Mann, »taufrisch vom letzten Fang.«

Taufrisch – das hatte Belacqua von Makrelen und anderen Meerestieren sagen hören, die vor nicht mehr als ein, zwei Stunden gefangen worden waren, und entsprechend verstand er den Menschen so, daß der Hummer erst seit kurzem tot war.

Die Signorina Adriana Ottolenghi erwartete ihn in dem kleinen Vorraum der Eingangshalle, den Belacqua selbstredend längst zum Vestibül ernannt hatte. Es war ja ihr Zimmer, das italienische. Dann kam, auf derselben Seite weiter hinten, das französische. Das deutsche lag weiß Gott wo. Aber wen scherte schon das deutsche Zimmer?

Er hängte Hut und Mantel auf, legte das lange, bukkelige, grob eingeschlagene Päckchen auf den Dielentisch und trat ungesäumt bei der Ottolenghi ein.

Nach ungefähr einer halben Stunde Small talk beglückwünschte sie ihn zu seiner Sprachbeherrschung.

»Sie machen rasche Fortschritte«, sagte sie mit ihrer erstorbenen Stimme.

Die Ottolenghi hatte soviel von sich bewahrt, wie es bei einer Frau von gewissen Jahren zu erwarten steht, der Jugend, Schönheit und ein keusches Leben noch mehr als alles andere zum Hals herausgehangen hatten.

Belacqua verhehlte seine tiefe Freude und unterbreitete ihr das Mondrätsel.

»Ja«, sagte sie. »Ich kenne die Stelle. Eine berühmte harte Nuß. Mir ist die Antwort aus dem Stegreif nicht geläufig, aber ich will gern zu Hause nachschlagen.«

Das liebe Wesen! Nachschlagen wollte sie zu Hause in ihrem dicken Dante! Eine wunderbare Frau!

»Ich weiß nicht, was mich darauf bringt«, sagte sie, »aber es könnte Ihnen nicht schaden, einmal Dantes seltene Mitleidsregungen in der Hölle zusammenzustellen. Das war seinerzeit« – ihre Vergangenheitsformen klangen stets wehmütig – »eine beliebte Examensfrage.«

Er legte das Gesicht in tiefsinnige Falten.

»Mir fällt in diesem Zusammenhang jedenfalls ein grandioses Wortspiel ein«, sagte er, »›qui vive la pietà quando è ben morta ...‹«

Sie schwieg.

»Ist das nicht meisterhaft gesagt?« plapperte er weiter.

Sie schwieg.

»Da frage ich mich doch«, sagte er, nun ganz vernagelt, »wie man das wohl übersetzen könnte?«

Sie schwieg noch immer. Dann, mit leiser Stimme:

»Muß man es denn unbedingt übersetzen?«

Geräusche wie von einem Wortgefecht drangen aus der Eingangshalle. Dann Stille. Knöchel klopften einen Trommelwirbel an die Tür, die aufflog, und siehe, Mlle Glain war da, die Französischlehrerin, die mit ausgestülpten Stielaugen und im Zustand höchster Erregung ihre Katze umklammert hielt.

»Oh«, stieß sie hervor, »Verzeihung. Ich störe, aber was war in der Tüte?«

»Der Tüte?« fragte die Ottolenghi.

Mlle Glain trat à l'ingénue nach vorn.

»Das Päckchen«, sie vergrub das Gesicht in der Katze, »das Päckchen in der Eingangshalle.«

Belacqua behielt die Fassung.

»Es gehört mir«, sagte er. »Ein Fisch.«

Er wußte das französische Wort für Hummer nicht. Fisch reichte längst. Jesus Christus, Heiland und Gottessohn, hatte sich mit Fisch begnügt, warum sollte Mlle Glain es besser haben?

»Oh«, sagte Mlle Glain, unaussprechlich erleichtert. »Ich kam mit knapper Not.« Sie verabreichte der Katze einen Klaps. »Sie hätte ihn glatt zerschleißt.«

Belacqua war nun doch etwas besorgt.

»Hat sie sich schon darüber hergemacht?« fragte er.

»Nein, nein«, sagte Mlle Glain, »ich habe sie gerade noch ertappt. Aber da ich nicht ahnte, was darin war« – dies unter Sufragettengekecker –, »wollte ich mich doch erkundigen –« Die hundsgemeine Schnüfflerin.

Die Ottolenghi war leicht erheitert.

»Puisqu'il n'y a pas de mal ...«, sagte sie in erlesener Ermattung.

»Heureusement«, der Ton bewies, Mlle Glain war fromm – »heureusement.«

Sie züchtigte die Katze mit leichten Patscherchen und verzog sich. Ihre ergraute Altjungfernschaft schrie auf Belacqua ein. Eine nieerweckte Frauenrechtlerin, fromm und scharf auf einen Groschenskandal.

»Wo waren wir?« fragte Belacqua.

Auch neapolitanische Geduld hat ihre Grenzen.

»Wo sind wir je?« rief die Ottolenghi. »Wo wir immer waren, wie wir immer waren.«

Belacqua schritt auf das Haus seiner Tante zu. Lassen wir es lieber Winter sein, damit nunmehr die Dämmerung niedersinken und der Mond aufsteigen kann. An der Straßenecke lag ein gestürztes Pferd; ein Mann hatte sich auf seinen Kopf gesetzt. Ich weiß, dachte Belacqua, das soll man in solchen Fällen tun. Aber warum? Ein Laternenmann sauste auf dem Fahrrad vorbei, senkte die Lanze vor dem Lampenposten, und von dem Tjost stiebte ein kleines gelbes Licht in den Abend. Ein Liebespaar in ärmlicher Kleidung stand in einer pompösen Auffahrt. Sie lehnte schlaff am Torgitter, mit gesenktem Kopf, er hatte sich dicht an sie gedrängt und ließ die Hände seitlich baumeln. Wo wir waren, dachte Belacqua, wie wir waren. Er umklammerte sein Päckchen und ging weiter. Warum nicht Mitleid und Frömmigkeit zugleich, auch schon hienieden? Warum nicht Erbarmen und Gottesfurcht in einem? Ein wenig Barmherzigkeit bei der mühseligen Opfertat, um zu frohlocken wider das Gericht? Er dachte an Jonas und den Kürbis, an einen eifersüchtigen Gott, der über Ninive hatte Gnade walten lassen. Und an den armen McCabe, dem es zum Morgengrauen an den Kragen ging. Wie fühlte der sich jetzt, was trieb er? Er konnte sich nur noch auf eine Mahlzeit freuen, auf eine Nacht.

Seine Tante stand im Garten und hegte alle Blumen, die zu dieser Jahreszeit verdorren. Sie umarmte ihn, dann stiegen sie zusammen hinunter in den Schoß der Erde, die Küche im Souterrain. Sie nahm ihm das Päckchen ab, schnürte es auf, und jäh lag der Hummer auf dem Tisch, dem Wachstuch, hüllenlos.

»Er ist garantiert frisch«, sagte Belacqua.

Plötzlich sah er das Wesen und geschlechtslose Geschöpf sich regen. Es veränderte unzweifelhaft die Lage. Seine Hand fuhr zum Mund.

»Verdammter Mist«, sagte er, »er lebt noch.«

Seine Tante betrachtete den Hummer. Wieder zuckte er in einer schwachen Lebensregung auf dem Wachstuch. Über ihn gebeugt, sahen sie auf seine preisgegebene Kreuzgestalt hinunter. Er erschauerte von neuem. Belacqua spürte, wie ihm übel wurde.

»Um Gotteswillen«, wimmerte er, »er lebt noch, was machen wir jetzt bloß?«

Die Tante mußte herzlich lachen. Geschäftig lief sie in die Speisekammer, während er weiter auf den Hummer stierte; als sie zurückkam, hatte sie sich eine schmucke Schürze umgebunden und die Ärmel hochgekrempelt, die Zielstrebigkeit in Person.

»Nun«, sagte sie, »das will ich auch stark hoffen.«

»Von heute früh bis jetzt«, murmelte Belacqua. Dann gewahrte er ihre scheußlichen Gerätschaften. »Was hast du vor?« rief er.

»Abkochen, den Kerl«, sagte sie, »was sonst?«

»Aber er ist noch nicht tot«, lehnte sich Belacqua auf, »so kann man ihn nicht kochen.«

Sie sah ihn verdutzt an. Hatte er den Verstand verloren?

»Sei nicht kindisch«, sagte sie scharf, »Hummer kocht man immer lebend. Das ist nun einmal so.« Sie packte den Hummer und legte ihn auf den Rücken. Er zitterte. »Sie spüren nichts«, sagte sie.

In den Tiefen des Meeres war er in den fühllosen Kübel getappt. Noch stundenlang hatte er verstohlen inmitten seiner Feinde Luft geschöpft. Er hatte die Katze der Französin wie Belacquas hirnlosen Klammergriff überstanden. Jetzt wurde er im siedenden Wasser zutodgebrüht. Es ging nicht anders. Nimm meinen leisen Odem in den Wind.

Belacqua sah ihr in das alte, pergamentene Gesicht, grau im Dämmerlicht der Küche.

»Du quengelst«, sagte sie, »machst mich nervös, und dann beim Essen stürzt du dich darauf.«

Sie lüpfte den Hummer vom Tisch. Er hatte noch knapp dreißig Sekunden zu leben.

Nun ja, dachte Belacqua, es ist ein rascher Tod, Gott steh uns allen bei.

Er ist nicht rasch.

Armin Ayren

Nix Nixe

Lieber Adrian,

ihr Journalisten habt den ganzen Tag mit Leuten zu tun, die schreiben. Wahrscheinlich kannst du dir gar nicht vorstellen, dass es für mich schon eine Qual ist, wenn ich mich vor ein leeres Blatt Papier setzen muss oder vor den Computer. Ich starre darauf und weiß nicht, wie ich diese Geschichte angehen soll, die du von mir haben willst.

Ich sage mir zum Beispiel: Kein Mensch außer ein paar Einheimischen hat je von Orten wie Aha und Aeule gehört, also muss ich zuerst einmal erklären, wo das Ganze spielt. Und schreibe: In den Hochschwarzwald eingebettet erstreckt sich längs der Straße nach Freiburg von Westen nach Osten der Schluchsee. Im Sommer tummeln sich an seinen Ufern viele Badegäste – siehst du, das scheint mir gut, aber dann kommt Hilde und sagt: Eingebettet, sich erstrecken, sich tummeln, klingt nach Reiseführer.

Sie hat ja Recht. Aber ich schreib jetzt einfach drauflos, ändern kann ich später nach Belieben. Also: Die tummeln sich da, vor allem an der gut zugänglichen Nordseite. Denn über dem Strand verläuft die Straße nach Freiburg, und von der führen immer wieder kleine Wege ans Seeufer. Wer aber zu den Buchten an der Südseite will, muss gut zu Fuß sein oder ein Fahrrad haben, denn der Rundweg dort ist für Autos gesperrt.

Jetzt brauche ich einen Namen. Deinen eignen nimmst du nicht, sage ich mir. Im Augenblick fällt mir nichts

Besseres ein als Schulz. Schulz also fährt mit dem Fahrrad jeden schönen Sommertag zu einer verschwiegenen kleinen Bucht, wo die Nackten baden. Da richtet er sich schon in der Früh an seinem Plätzchen ein, zwischen halbhohen Birken und Erlengebüsch, legt seine Matte in den Sand, zieht sich aus, ölt sich sorgfältig von oben bis unten ein – sorgfältig, versorgt er sich auch zwischen den Fältchen? Sagen wir mal: Er lässt nix aus (du wirst es bemerkt haben: Schon zum zweiten Mal nix, da bahnt sich was an), ist zufrieden mit sich, weil er noch jede Stelle am Rücken erreicht, legt sich dann genüsslich in die Morgensonne und liest die mitgebrachte Zeitung, schaut in den Himmel, bis ihm zu warm wird, dann geht er ans Wasser, watet langsam hinein, fuchtelt zuerst nach Seniorenart mit den Armen und spritzt sich nass, schwimmt schließlich ein Stück hinaus. Von dort draußen sieht er besser, ob sich hinter den bewaldeten Höhen des Südufers Wolken zusammenziehen, die obligatorischen Schluchseewolken, die auch dann kommen, wenn von Island bis nach Sizilien die Sonne scheint, weil ein kontinentales Hochdruckgebiet jedes Fitzelchen Wolke nach Sibirien verbannt hat – nur über dem Südschwarzwald vereinzelt Wolkenbildung und Gewitter möglich. Mein Schulz schwimmt wieder an Land, legt sich auf seine Matte, spürt mit Wonne, wie ihn die Sonne trocknet, döst vor sich hin.

Sonst füllen sich im Lauf des Tages die Ufer, vor allem auf der anderen Seeseite gegenüber; aber bei den Nackten hält man auf Abstand. Die wissen schon, warum. Weil nämlich nicht stimmt, was immer behauptet wird, dass es nichts Unerotischeres gebe als einen Nacktbadestrand. Schlicht gelogen, kann ich dir versichern. Man guckt sehr wohl, aber man tut so, als interessierten einen nur Wasser und Landschaft. Man spricht auch miteinander, bestätigt sich, was für ein herrliches Gefühl das sei, keine eklen nassen Stofffetzen anhaben zu müssen, beschwört die alten Griechen, die auch nackt gebadet haben, und ist sich einig: Die Prüderie verdanken wir dem Christentum.

Manchmal, im Spätsommer, wenn nur noch wenige am See liegen, spart sich Schulz den Weg zum Nacktbadestrand und bleibt am Nordufer, und auch ein paar andere Unentwegte tun das und ziehen sich ungeniert aus, weil sonst eh niemand mehr da ist. Im vergangenen Jahr ist er Ende September mit einer gar nicht so üblen Frau ins Gespräch gekommen, allerdings nicht über nasse Stofffetzen und alte Griechen, sondern, er weiß nicht mehr, wie das zuging, über Marienkäfer. Doch, ja, sie döste vor sich hin, aber plötzlich muss ihr einer über den Leib gekrabbelt sein, sie richtete sich ruckartig auf, und dabei stellte Schulz fest, dass ihre Brüste noch recht ansehnlich waren, obwohl sie die fünfzig wohl schon überschritten hatte. Nebenbei erwähnte er, er bade sonst meist auf der Südseite, weil man dort offiziell nackt sein könne, und sie sagte: Ich auch. Er habe sie dort aber noch nie gesehen. Sie ihn ebenso wenig, aber das könne sich ja im nächsten Jahr ändern. Klingt verheißungsvoll, dachte Schulz und dachte auch: Hilde erzähle ich, falsch, meiner Frau erzähle ich das besser nicht. Und er malte sich aus, wie er im nächsten Jahr mit dem Marienkäferchen anbandeln würde.

Anbandeln? Wie denn, wenn es da nicht einmal etwas aufzubandeln gab? Dann eben mit der Sonnencreme-Methode. Wären Sie so nett, mir den Rücken einzureiben? Das konnte, das würde sie nicht abschlagen. Sie mich jetzt bitte auch.

Am besten, hört er sich sagen, legen Sie sich da auf meine Matte.

Gehorsam legt sie sich auf den Bauch. Er verteilt die Creme sehr zartfühlend, massiert sie dann ein, aber was heißt einmassieren, es sind Streicheleinheiten, auch dann den Rücken hinunter, sie lässt es geschehen, die Rückseite der Oberschenkel. In den Kniekehlen zuckt sie kurz, also ist sie kitzlig.

Nun ist er mit den Fersen fertig und sagt ganz nebenbei, als sei's das Harmloseste von der Welt: So, bitte umdrehen. Er weiß, wenn sie's tut und sich von ihm die Brüste eincremen lässt, dann hat er gewonnenes Spiel. Offenbar spielt sie mit, sie dreht sich tatsächlich um und sagt: Sehr schön machen Sie das!

Jetzt ist schon eine Weile lang nächstes Jahr; gesehen hat er sie noch nicht. Schade. An diesem Vormittag bleibt er ohnehin allein. Denn es ist der elfte August 1999. Und halb eins wird sich die Sonne verfinstern, und da sie es in dieser Gegend nur unvollständig tut, fahren die Leute nordwärts, mindestens bis Offenburg, und starren durch ihre Spezialbrillen zum Himmel hinauf. Um was zu sehen? Um die Sonne nicht zu sehen, weil die sich versteckt.

Schulz hat auch eine. Die Augenlöcher sind mit Alufolie verkleidet. Er braucht keine hundertprozentige Verfinsterung, die fünfundneunzig Prozent hier genügen ihm, die wird er sich anschauen, auf dem Rücken liegend. In einer Stunde oder so geht's los. Noch lieber wäre ihm gar keine Verfinsterung, er will Sonne, Sonne auf der Haut, so viel Sonne wie möglich auf so viel Haut wie möglich. Dieser Sommer war ja bisher so was von mies. Seit dem ersten Juni genau vierzehn wolkenfreie Tage.

Schulz ist am Bodensee aufgewachsen. Als er fünf Jahre alt war, mussten seine Eltern einmal für eine Woche verreisen und gaben ihn einer befreundeten Familie in Obhut. Eines Abends kam der Mann spät nach Hause. Er hatte schlammverschmierte Gummistiefel an und einen mit Dreck bespritzten Kleppermantel. Wir haben den See abgelassen, erklärte er, in der Mitte zwischen Friedrichshafen und Romanshorn ist am Grund ein Stöpsel wie bei Badewannen, den haben wir herausgezogen. Jetzt liegen alle untergegangenen Schiffe frei da; man kann in ihnen herumsteigen. Morgen, wenn es hell wird, finde ich bestimmt gewaltige Schätze. Hier, ein kleiner Vorgeschmack! Und er zog einen nassen Kupferpfennig aus der Tasche und warf ihn auf den Tisch.

Den Bodensee muss in der Nacht jemand wieder zugestöpselt haben; er war am nächsten Morgen voll wie immer.

Ich bringe jetzt endlich die Nixe.

Als Kind habe ich, hat mein Schulz in einem Märchenbuch ein Bild von einer Nixe gesehen. Der Fischschwanz beschäftigte ihn sehr. Der konnte nicht echt sein, er war auch ganz anders gemalt als der übrige Leib, grün schillernd, nicht fleischfarben. So ein Schwanz ist doch unpraktisch, in vielerlei Hinsicht. Mein kleiner Schulz hat sich alle oder fast alle diese Hinsichten lebhaft vorgestellt und kam zu dem Ergebnis, der Fischschwanz diene wohl nur zum Schwimmen und müsse eine Art Strumpfhose sein, unter der zwei ganz normale feine Mädchenbeine verborgen seien. Aber wie hielt diese Hose? Warum rutschte sie nicht ab? Irgendwie fiel ihm an dieser Stelle, an welcher Stelle denn, zum Kuckuck?, also es fiel ihm da der Stöpsel ein, mit dem der Bodensee zugestöpselt worden war. Wahrscheinlich hielt so ein Stöpsel auch diese Strumpfhose fest, und hineingestöpselt werden in die Nixe konnte er eben nur, wo schon ein Loch war.

Vielleicht, dachte der kleine Schulz, hat auch eine Nixe den Bodensee wieder zugestöpselt, irgendjemand muss es ja getan haben, und vielleicht, dachte der erwachsene Schulz, ist die Nixe dann später in den Schluchsee gekommen, es sollen geheime Wasserwege alle Seen unterirdisch miteinander verbinden. Nur gibt es, was die Herkunft der Schluchseenixe betrifft, die eigentlich eher eine Hexe ist – also, es gibt da zwei andere Legenden. Die eine besagt, die Nixe stamme aus der Nordsee und habe von dort ihre Vorliebe für schlechtes Wetter mitgebracht. An der Nordseite des Schluchsees verläuft bald oberhalb, bald unterhalb der Straße die einspurige Bahnlinie, die über Titisee nach Freiburg führt. Stündlich fahren Züge dorthin, und die meisten enden auch dort, aber einer fährt vom Schluchsee-Endbahnhof Seebrugg über Hamburg direkt nach Norddeich. Natürlich kehrt auch jeden Tag wieder einer zurück, und mit dem, heißt es, sei die Nixe gekommen, in einem Seemannskoffer, sei dessen Besitzer, als er den Deckel hob, beim Anblick des tristen kleinen Wartesaals im Seebrugger Bahnhof, es ist wahrscheinlich der ödeste und hässlichste auf der Welt, ausgewischt, im Hui, und habe sich, so schnell es ging, in den Schluchsee gestürzt.

Mein Schulz glaubt diese Geschichte nicht. Die Nordsee ist schmutzig, in der gibt es bestimmt schon lange keine Nixen mehr, wenn es denn je welche gegeben hat. Besser gefällt ihm die andere Version, und der zufolge stammt die Nixe aus dem Mittelmeer. In den fünfziger Jahren soll ein italienischer Nymphologe namens Lampo Tumedosa, der sich in eine Schwarzwälderin verliebte und ihr nach Altglashütten folgte, ein aus der Grotte von Capri stammendes Nixenei im Schluchsee ausgesetzt haben oder vielmehr in dem kleinen Fischweiher, der, durch eine Reuse abgetrennt, des Sees Westzipfel bildet. Er habe ausprobieren wollen, ob Nixen im Süßwasser, wie es heißt, kaum ausgeschlüpft, sofort eingehen. Sie sei aber zu seiner Verblüffung nicht eingegangen, sondern habe sich prächtig entwickelt und treibe seitdem – Nixen sind unsterblich – im Schluchsee ihr Wesen.

Dass sie aus Eiern schlüpfen, lasse ich einfach so stehen. Es kann nicht meine Aufgabe sein, Überlegungen darüber anzustellen, auf welchem Weg sie zur Welt kommen. Stehen lasse ich auch, dass man über die Nixe nicht spricht. Das bringt Unglück. Alle Leute rund um den Schluchsee wissen's, alle haben von der Nixe gehört, einige haben sie angeblich auch gesehen, denn sie ist nicht übermäßig scheu. Aber zugeben würde es niemand. Vor allem ihren Namen darf man nicht nennen. Und deshalb verweigern die Behörden jede Auskunft und stellen sich dumm, und keine Zeitung brächte je einen noch so winzigen Artikel über die Nixe.

Ich finde mich selbst sehr mutig, weil ich hier zum ersten Mal dieses ungeschriebene Gesetz breche, aber ihren Namen gäbe auch ich nicht preis, obwohl ich einer der wenigen bin, die ihn kennen. Denn ich möchte nicht gern unversehens in die Tiefe gezogen werden. Oder ist das jetzt Schulz, der sich davor fürchtet?

Er sitzt direkt am Ufer auf einem großen Stein und freut sich, weil er den See ganz für sich allein hat und ungestört von der Nixe träumen kann. Sie müsste ein bisschen wie auf dem Bild von Böcklin aussehen, verrucht und mit sündhaft schönen Brüsten. Eine richtige Hexe. Den Ruf hat sie auch. Sie liebt ihren See, aber sie liebt die Menschen nicht, die darin baden, mit Segelbooten drüber hingleiten, mit Surfbrettern seine Oberfläche zerkratzen und am Ufer Papier, Flaschenscherben und Zigarettenstummel hinterlassen. Vor allem Kinder verscheucht sie. Die machen nämlich, kaum sind sie im Wasser, Pipi. Da wird die Nixe fuchsteufelswild, und je mehr Kinder im See baden, desto mehr Gewitter ziehen auf. Manchmal geht das so rasch, dass man nicht einmal Zeit findet, ans Ufer zu schwimmen und die Kleider vor dem Platzregen zu retten. Eben hat noch die Sonne am blauen Himmel gestanden, schon ziehen finstere Wolken von Westen oder Süden über die bewaldeten Hügel, und kaum sieht man sie und will an Land, patscht es. Schulz bleibt dann immer gleich im Wasser, die Kleider sind sowieso nass.

Pure Bosheit ist das, denn ringsherum scheint weiter die Sonne, über Höchenschwand und Häusern und Sankt Blasien und auch schon wieder über Bernau und Menzenschwand. Nur der Schluchsee ist ein schwarzes Wetterloch geworden. Die Nixe gibt nicht Ruh, bis sie das Menschengeschmeiß vertrieben hat.

Die wenigen, die sich nicht vertreiben lassen, können sie nun zu Gesicht bekommen, denn natürlich will sie ihren Triumph genießen, will Wanderer und Badegäste flüchten sehen. Sie springt, als wär sie ein Fisch, aus lauter Jux und Tollerei über die Wasseroberfläche und lacht. Es klingt wie Entengekecker, und wer's hört, fast immer am gleichen Ort, im Nordwesten, weiß, das kann nur die Nixe sein, und nickt und sagt: Aha! So heißt auch das Dorf unten am Ufer, mitsamt seinem Bahnhof.

Das schlechte Wetter vertreibt die Kurgäste. Gewitter nämlich gehen oft in Landregen über, und deshalb sind die Behörden der Nixe gram. Zuerst hat man den Prior von Sankt Peter auf sie angesetzt. Der kam mit einem großen Weihwasserkessel, besprengte den See, als sei nicht genug Wasser drin, und murmelte Beschwörungsformeln. Aber die Nixe schickte ihm einen so plötzlichen Regenguss, dass der patschnasse Pater den Sieg des heidnischen Zauberwesens über das christliche anerkannte und auch keine weiteren exorzistischen Versuche mehr unternahm. Er riet den Tourismusmanagern, zum heiligen Nikolaus zu beten. Der wirke manche Wunder, habe es mit den braven Jungfrauen und sei, ergo, sicher gegen die bösen. Vielleicht sind Tourismusmanager nicht gerade fleißige Beter. Jedenfalls änderte sich nichts zum Guten, und deshalb beschlossen diese Herren, den Heiligen höchstselbst übers Wasser patrouillieren zu lassen. Seitdem marschiert er also unermüdlich über den See, im Stundenrhythmus, aber weil man Kurgästen so viel Religion und Wunder nun auch wieder nicht zumuten darf (noch weniger als einer Nixe), sieht es für die Nichteingeweihten aus, als pflüge ein Schiff, das Seerundfahrten macht und Sankt Nikolaus heißt, das Wasser. Der Heilige hält fleißig Ausschau, und wenn er irgendwo ein Stück schuppigen Schwanzes zu sehen vermeint oder gar die sündlichen Brüste, dann ruft er laut: Da ist sie!, was aber wegen seiner tiefen Stimme so klingt, als hupe das Schiff.

Es sitzen innen drin und oben auf dem Verdeck immer viele Ausflügler und helfen dem Heiligen spähen, zum Teil mit Feldstechern, und wenn Nikolaus in Aha eine neue Ladung Nixenforscher aufgenommen hat und wendet und schräg über den See zum Südufer stößt, dann rufen die Späher oft ganz aufgeregt: Da ist sie! Aber leider ist's immer nur eine ganz irdische Frau vom Nacktbadestrand, und leider hat sie statt eines Fischschwanzes zwei Beine und einen sauber geteilten weißen Hintern. So geht denn die Suche weiter und nimmt nie ein Ende.

Ein Ende machen aber wollten ihr schließlich, im Jahr 1983, die verärgerten Behörden. Da ließ man den See ab, um nachzusehen, ob die Staumauer noch in Ordnung sei. Angeblich. Aber das war nur ein Vorwand. Nein, die Nixe wollte man fangen und ihrem Wetterspuk ein Ende machen und mit mehr Sonne und wärmerem Wasser mehr Kurgäste herbeilocken. Sie hat sich freilich nicht erwischen lassen. Es heißt, sie sei bachaufwärts in den Wald geflüchtet, die ganze Südseite ist ja mit Wald bewachsen, und habe sich in einem Tümpel versteckt, bis der Schluchsee wieder voll Wasser war.

Schulz in seiner, was Nixen betrifft, beträchtlichen Unerfahrenheit, glaubte, sie könne nicht aus dem Wasser und sei in dem kleinen ursprünglichen Restsee geblieben, habe da drinnen mächtig Angst und werde höchstens in der Nacht an die Oberfläche kommen und Luft schnappen. Das wollte er sehen, begab sich nach Mitternacht zum gewesenen Schluchsee und stellte zu seiner Überraschung fest, dass er nicht allein war. Viele Lichter bewegten sich über den Seegrund, Leute mit Laternen, Taschenlampen und sogar mit lodernden Fackeln. Was suchten die? Aber was suchte denn er selbst? Die Nixe würde er im Dunkeln ja doch nicht erkennen können, trotz des Mondscheins. Es ist alles wie am Tag, dachte er, nur ein bisschen gespenstischer. Auch die gelbe Postkutsche fährt wie tagsüber Leute auf den ehemaligen Straßen entlang; ihre beiden Lampen schimmern nur schwach, sodass der Mann auf dem Kutschbock den Pferden mit einem Scheinwerfer den Weg ausleuchten muss. Schulz war am Nachmittag schon da gewesen, zusammen mit einem Waldshuter Antiquitätenhändler, der sich ebenso viel kindliche Naivität bewahrt hatte, allerdings nicht in puncto Nixen, sondern auf eine etwas materialistischere Weise: Mit einem Gerät bewaffnet, das piepst, wenn es im Boden Metall aufspürt. Los, kommen Sie mit!, hatte er Schulz abgeschleppt, jetzt werden wir Kisten voll Gold finden, der Detektor meldet nicht nur Eisen. Den Einwand, es seien doch in der kurzen Geschichte des Schluchsees nie Schiffe untergegangen und schon gar keine mit Schätzen an Bord, denn wohin hätten die denn transportiert werden sollen, etwa von Seebrugg nach Aha?, ja, es habe außer dem Sankt Nikolaus seines Wissens überhaupt nie ein Schiff auf dem Schluchsee gegeben – all diese Bedenken tat er ab: Ach was, Schiffe gibt es auf jedem See, Schiffe gehören auf Seen wie Butter aufs Brot, und von den untergegangenen redet man natürlich nicht, wer redet denn gern von so was? Auf geht's, Sie werden schon sehen.

Natürlich hat Schulz Recht behalten. War ja auch nicht schwer. Doch er dachte an den Mann, der den Bodensee abließ, und an seinen Kupferpfennig und wie er, Schulz, dem nächsten Tag entgegengefiebert hatte. Unvernünftig, die Vorstellung von untergegangenen Schiffen, unvernünftig und schön! Ein paar versunkene Wracks auf dem Grund des Schluchsees, alte Dreimaster mit kupfernen Beschlägen, die inzwischen Grünspan angesetzt hatten – das wär's gewesen. Und er beneidete seinen Antiquitätenhändler, weil der dran glaubte.

Sie fanden neunzehn in den Schlamm eingesunkene Bier- und Coladosen, vier rostige Nägel, ein Hufeisen, eine Aluminiumlasche von einem Bootsriemen, zwei Haarnadeln, Reste eines Schlittenkufens und ein Koppelschloss. »Gott mit uns« war noch gut zu lesen.

Als er nun ohne seinen Schatzgräber wiederkam mitten in der Nacht und die unzähligen Lichter kreuz und quer über den See wandern sah und sich fragte, was die vielen Menschen hier suchten, da dachte er an die Sagen von wandelnden Seelen auf nächtlichen Friedhöfen, also an all die andern, die man nicht sehen konnte, die früher hier gegangen waren in den Jahrhunderten, als sich hier noch richtiger Landboden breitete. Waren die vielen nächtlichen Besucher auch ihretwegen gekommen? Denn es erinnerte ja alles an sie, die Brücke, die Reste der Straßen und Wege, der Hausmauern, selbst die nachgebaute Postkutsche. Er konnte sich des Gedankens nicht erwehren, es gingen und führen die einstigen Bewohner immer noch herum wie ehedem und die Nachgeborenen seien nur gekommen, um sie gehen und fahren zu sehen, ja, man habe den See nur ihretwegen abgelassen und es gelte vieles an ihnen gutzumachen, weil man ihnen den Grund, auf dem sie einst gegangen und gefahren waren, genommen und ihr Dorf im Wasser ertränkt hatte.

Ein Schauder packte ihn. Er fuhr nach Hause und

besuchte den Schluchsee erst ein halbes Jahr später wieder, als der aufs Neue wohl gefüllt dalag, wie wenn er nie abgelassen worden wäre.

Warum hat er sich jetzt dieser fast zwanzig Jahre alten Geschichte erinnert? Weil es dunkel wird. Die Sonnenfinsternis. Sie fängt an. Kühler wird es auch. Schnell noch ins Wasser, baden ohne Sonne ist nicht so schön.

Sind Sie ganz allein hier?, fragt die Frau. Er hat sie gar nicht kommen hören. Sie muss über den See geschwommen sein, hier am Ufer war ja niemand. Anderthalb Kilometer, für einen geübten Schwimmer ein Leichtes. Den See überqueren, er hat es auch immer schon einmal tun wollen, aber nur, wenn ihn jemand im Boot begleitet, man kann einen Wadenkrampf kriegen.

Die Frau ist nackt, ragt halb aus dem Wasser, hat die Arme auf einen Stein gelegt und den Kopf darauf. Er steht vor ihr, schaut von oben auf sie hinab und kann den Blick nicht von ihr wenden.

Warum starren Sie mir eigentlich immerzu auf die Beine?

Weil da, wo doch einer sein müsste, kein Fischschwanz ist.

Wollten Sie einmal Pfarrer werden?

Wieso?

Weil nur Theologen und solche, die es mal waren, immer noch das Weib dämonisieren.

Ich dämonisiere nicht. Eine Nixe ist für mich nichts Böses, eher so etwas wie ein Ausbund an Schönheit. Aber verführerisch ist sie auch schon. Ach was, auch – ganz besonders verführerisch.

Ich rege Sie also auf?

Ja, beträchtlich.

Na, na, beträchtlich. Ich seh nix.

Und dabei guckt sie energisch und ohne jede Hemmung dorthin, wo sich die Aufregung hätte zeigen müssen.

Ich kann mich eben beherrschen, sagt Schulz tapfer und schluckt.

Finden Sie das gut? Wir Nixen – ich will ja nicht leugnen, dass ich eine bin –, wir halten nicht viel davon, wenn der Kopf dem Körper vorschreibt, was er darf und was nicht. Übrigens – es stinkt hier ziemlich. Haben da etwa Badegäste in den Büschen Geschäfte verrichtet?

Nein, das wäre ein andrer Gestank. Den hier kenne ich genau. Das ist der Phallus impudicus.

Der was?

Zu Deutsch Stinkmorchel. Ein Pilz. Es muss einer ganz in der Nähe sein.

Wie nennen Sie ihn?

Stinkmorchel.

Nein, diese andere Bezeichnung.

Phallus impudicus. Sein lateinischer Name.

Und das heißt auf Deutsch?

Wenn Sie darauf bestehen – wörtlich heißt es: schamloser Penis.

Und warum schamlos? Weil er so stinkt?

Weil er kerzengerade aufgerichtet und sehr groß ist.

Aber ein Pilz sieht doch nicht aus wie ein Penis? Ein Pilz sieht doch eher aus wie ein Regenschirm.

Der eben nicht. Der hat keinen Hut, ich meine: kein Schirmdach. Er sieht aus wie – kennen Sie den Bodensee?

Die Nixe schaut ihn merkwürdig an und sagt Ja.

Also, er sieht aus wie ein Stöpsel, ich meine: wie ich mir den Stöpsel vorstelle, mit dem man den Bodensee wieder zugestöpselt hat, nachdem man ihn abgelassen hatte, vor vielen Jahren. So wie man ja auch den Schluchsee abgelassen hat, das ist noch gar nicht so lange her, es war 1983.

Und Schulz muss jetzt dorthin gucken, wo der Stöpsel, also wo der hingehörte, wenn die Nixe eine richtige Nixe wäre oder vielmehr keine richtige, sondern eine, deren Fischschwanz-Strumpfhose durch – ach was, denkt er, ist das kompliziert. Und doch auch wieder so einfach. Und schaut jetzt zerknirscht dorthin, wo sein Stöpsel zu sein hätte, wenn er einer wäre.

Die Nixe tut das auch und lacht. Eher ein Phallus pudicus, meint sie.

An diesem Punkt wird Schulz das Gespräch peinlich. Noch peinlicher freilich ist ihm, dass sich sein Phallus von einem pudicus in einen impudicus zu wandeln beginnt, aber am allerpeinlichsten ist doch, dass die Nixe fröhlich mit ausgestrecktem Zeigefinger auf diesen Tatbestand weist und sagt: Jetzt können wir uns verlustieren.

Als alte Regel für solche Fälle gilt an Nacktbadestränden: entweder auf den Bauch drehen oder rasch ins Wasser. Schulz tut das Zweite, aber die Nixe scheint es ganz anders aufzufassen.

Ja, ruft sie, komm zu mir.

Schulz taucht unter, schwimmt ein paar Züge, und als er den Kopf wieder überm Wasser hat, ist er allein. Keine Nixe weit und breit. Einen Augenblick lang fürchtet oder hofft er, sie könne ebenfalls untergetaucht sein und er werde sie gleich wenn schon nicht sehen, so doch spüren. Verlustieren! Aber nein, nichts.

Da bin ich noch einmal davongekommen, denkt er. Zwar weiß er nicht genau, ob er froh sein soll oder enttäuscht. Wäre sie noch da, wie ginge das denn weiter? Etwa mit der Sonnencreme-Methode? Sicher nicht, Nixen sind ungeheuer gelenkig, und überhaupt, die brauchen doch keinen Schutz vor Brandblasen. Also, sei eben froh.

Er steigt ans Ufer, geht zu seiner Matte und merkt,

wie kühl es ist und wie düster. Die Sonnenfinsternis! Rasch die Spezialbrille.

Der Mond hat die Sonne schon zu drei Vierteln aufgefressen. Die Vögel singen nicht mehr. Über dem See kommt Wind auf und kräuselt das Wasser. Kräuselt? Nein, das sind richtige Wellen. Plötzlich berührt ihn etwas Nasses.

Darf ich auch mal gucken?

Die Nixe. Da ist sie wieder, jetzt ganz an Land, steht hinter ihm auf ihren zwei Nichtnixenbeinen und nimmt ihm die Spezialbrille von der Nase. Sie hat sich an seinen Rücken gedrückt, und obwohl ihr Leib eher kalt ist, wird ihm ganz heiß. Er spürt deutlich ihre harten Brustwarzen, und jetzt kommen ihre Nixenarme um ihn herum und machen sich an seinem Stöpsel zu schaffen, der sofort sehr impudicus wächst.

Ist das vielleicht eine von den Toten aus dem ehemaligen Schluchseedorf, und verwechselt sie die Mitternachtsfinsternis mit dieser Sonnenfinsternis, oder ist es die Frau vom letzten Herbst, die mit ihrem Marienkäfer? Er weiß es nicht. Es stimmt auch gar nicht, sie fühlt sich überhaupt nicht kalt an, kalt ist nur die Luft geworden und jetzt auch ganz fahl, der Mond verdeckt die Sonne.

Die feiern Hochzeit, die da droben, sagt die Frau, zieht ihn auf die Matte und legt sich auf ihn. Diese Dunkelheit! Ihm ist, er falle in einen Bottich mit schwarzem Schlamm. Der Schlamm umgibt ihn warm und weich.

Ich weiß, lieber Adrian, warm und weich, das klingt abgedroschen, und das mit dem Schlamm eher ungeschickt, aber ich hab dir gesagt, ich kann's halt nicht besser. Wie soll ich denn beschreiben, was mir, ich meine, was meinem Schulz da widerfuhr, es war wie Weihnachten und Geburtstag und Tausendundeinenacht auf einmal, er hatte so was nie erlebt, und soweit er noch denken konnte, dachte er: Pflupp, wenn ich jetzt ganz im Schlamm versinken würde, das wäre nicht schlimm, das wär sogar schön.

Als er wieder zu sich kommt, ist er allein. Weit draußen auf dem See entfernt sich ein Punkt. Könnte der Kopf des Marienkäferchens sein. Die Finsternis ist zu Ende, aber die Sonne hat sich hinter Wolken verkrochen, schwarzen Wolken. Es ist dunkler als vorher, sie kommen rasch über den Südhang. Das gibt eins dieser Schluchseegewitter, gleich wird der Regen losprasseln. Dem entgeht er auch mit dem Fahrrad nicht mehr. Zumal Schulz doch noch ins Wasser muss, den vielen Schlamm von sich abwaschen. Welchen Schlamm? Er schaut an sich hinunter. Da ist keiner, nur der Phallus hängt wieder sehr pudicus. Du wirst noch viel mehr zusammenschrumpeln, sagt Schulz und wirft sich in den See, in der leisen Hoffnung, die Nixe könnte doch noch da sein und nicht der Punkt da draußen. Aber nix. Vorbei die Finsternis, vorbei diese Geschichte, die er besser niemandem erzählen wird, weil sie ihm sowieso keiner glaubt. Also raus aus dem Wasser und nix wie heim (zum letzten Mal nix!). Als er sein Fahrrad durchs Gebüsch schiebt, kommt er an der Stinkmorchel vorbei und tritt sie um. Vielleicht war sie schuld, ein giftiger Gestank, denkt er später, nachdem er die Geschichte aufgeschrieben, nachdem ich sie aufgeschrieben und dir geschickt habe.

Ich habe mit allen möglichen Reaktionen deinerseits gerechnet: unwahrscheinlich, unglaubwürdig, fad, schlecht geschrieben sowieso, nur mit deinem Anruf nicht: du Flunkerer! Was denn Sonnenfinsternis, niemand hat sie gesehen hier, vom Bodensee bis Freiburg stand eine dichte Regenfront.

Dietmar Bittrich

Wie man den Urlaub in den Alltag rettet

Meine Tante Gertrud war eine empfindsame Weltreisende. Jetzt habe ich »das Kostbarste, was ich besitze«, von ihr geerbt: eine umfangreiche Seifensammlung. Gertrud folgte der Gewohnheit, auf jede Reise eine andere Seife mitzunehmen. Sie wusch sich in Umbrien die Hände mit einem anderen Duft als auf Korfu, befuhr die Donau mit einem anderen Duschgel als den Nil. Und sie erntete den Lohn für diese Mühe nach der Rückkehr: Sooft sie dann an der Mandelseife roch, tauchte ganz Andalusien samt weißen Städten und Steineichen in ihrer Seele wieder auf. Um ihr Griechenlanderlebnis aufsteigen zu lassen, genügte ihr ein Griff zur Jasmin-Seife. Und so fort.

Für mich, der ich jetzt an ihren Seifen schnuppere, stellt sich dieser Effekt natürlich nicht ein. Es war ihr persönlicher Kunstgriff, das Urlaubsgefühl zu bewahren. Wie machen Sie es oder ich? Wie verlängern wir die Reise in den Alltag hinein? Als Erstes haben wir unsere Fotos. Neuerdings spielen wir sie via CD über den Fernseher ab, was den Schrecken vorzeitlicher Diaabende vollgültig wiederherstellt. Es ist nicht unser Schrecken, sondern der unserer Gäste, die wir bis zur Halskrause mit unseren Erinnerungen abfüllen. Mögen sie innerlich abschalten – uns dient es zur Auffrischung unseres Urlaubsgefühls.

Apropos Fernseher: Nach der Reise suchen wir das Programm nach Sendungen über unseren Urlaubsort ab. Wenn wir gerade von den Malediven heimgekehrt sind, fragen wir uns, warum nicht mehr Sendungen über die

Malediven gebracht werden. Wozu zahlen wir Gebühren? Wir könnten solche Sendungen kompetent kommentieren: Ja, die Ecke kennen wir! Oh, das sieht aber in Wirklichkeit ganz anders aus!

Und wir können die Musik aus unserem Reiseland hören. Wir haben CDs oder Kassetten mitgebracht, die man hier garantiert nicht bekommt. Sobald wir sie einlegen, ahnen wir auch, weshalb: Vielleicht ist die Musik gar nicht so toll, wie sie uns zwischen Pinien oder mit Pyramidenblick vorkam. Wir spielen sie Freunden vor. Die reagieren höflich.

Es ist so ähnlich wie mit dem Wein aus der Gegend. Beim ersten Schluck nicken wir uns glücklich zu, beim zweiten werden wir nachdenklich, beim dritten seufzen wir: Man muss ihn wohl doch da unten trinken. Auch der sonderbare Likör vom Balaton oder der Pisco Sour aus Chile machen uns hier nicht halb so glücklich wie am Ursprungsort. Der Alltag ist ein strengerer Richter als der Urlaub. Aber nun kochen wir, was wir dort unten gegessen haben. Kommen wir aus Spanien zurück, essen wir von nun an nur noch Tapas. Waren wir in Israel, kochen wir aufopfernd Kichererbsen, um Humus herzustellen, mit reichlich Knoblauch, der hier leider mehr auffällt als am Mittelmeer.

Aus Dänemark bringen wir die sonderbare Gewohnheit mit, Fisch süß zu verspeisen. Zehn Tuben Maronencreme aus Florenz sollen uns das Toskanagefühl über den Winter retten. Wenn wir in Thailand waren, verirren wir uns daheim in bislang unbekannte düstere Viertel, wo es die einzigen Asialäden mit den erforderlichen Zutaten gibt. Nach dem Lakritzeis aus Finnland brauchen wir gar nicht erst zu suchen. Wir backen am laufenden Meter Rüblitorten oder kochen Kaffee auf marokkanische Art.

All das hilft zur Reanimation des Urlaubs, jedenfalls

eine Zeit lang. Anfangs wecken diese Genüsse dank ihrer sinnlichen Kraft das Feriengefühl. Doch allmählich versiegt diese Wirkung. Vielleicht fehlt der Balkon, unter dem das südliche Meer rauscht.

Nun bleiben uns nur untilgbare Mengen verdächtig bunter Gewürze, exotische Rezeptbücher und Kichererbsen. Anderen Ankern unserer Erinnerung geht es ähnlich. Eine Weile zeigen wir stolz den Sari-Stoff herum, den wir günstig in Indien erworben haben. Dann verschwindet er im Schrank. Weil wir zu lange in den Alpen waren, sind wir dort der Idee verfallen, auch zu Hause würden wir bestimmt gern Dirndl und Lederhosen tragen.

Gleich nach der Rückkehr haben wir uns damit vor dem Spiegel gedreht und das totale Gipfelgefühl genossen. Nach dem schallenden Gelächter des ersten Besuchers ziehen wir die teure Tracht nur noch bei Dunkelheit und geschlossenen Vorhängen an. Wir beeindrucken unsere Besucher durch mitgebrachte Redewendungen wie *»mange tak«* oder *»de nada«*, bis uns ihr gequältes Lächeln auffällt.

Die Gewohnheit, jeden Morgen schwimmen zu gehen wie auf den Kanaren, halten wir im heimischen Nieselregen auch nicht lange aufrecht. Mit der einheimischen Familie, die wir da unten kennen gelernt haben, tauschen wir einen Brief und zwei Fotos. Das war's.

Vielleicht hatte Gertrud Recht? Vielleicht lässt sich das Urlaubsgefühl tatsächlich am besten mit Seife in den Alltag retten? Wenn Sie interessiert sind – ich habe 76 Stück, gebraucht, altersbedingt rissig, sonst gut erhalten.

Autorenverzeichnis

Armin Ayren, geboren 1934 in Friedrichshafen am Bodensee, studierte Germanistik, Romanistik, Kunstgeschichte und Philosophie, war jahrelang Lektor des Deutschen Akademischen Austauschdienstes an verschiedenen Universitäten, später Gymnasiallehrer und freier Autor. Er hat zahlreiche Romane, Erzählungen, Essays und Hörspiele veröffentlicht. Er lebt im Hochschwarzwald und ist mit der Autorin Eva Berberich verheiratet.

(Abdruck mit freundlicher Genehmigung des Rowohlt Taschenbuch Verlags GmbH, Reinbek bei Hamburg. Aus: Feuer und Flamme. Ein erotisches Lesebuch, herausgegeben von Bettina Hesse, Reinbek bei Hamburg 2000)

Samuel Beckett, geboren 1906 in Dublin, gilt als einer der bedeutendsten Schriftsteller des zwanzigsten Jahrhunderts und wurde 1969 mit dem Nobelpreis für Literatur ausgezeichnet. Sein bekanntestes Werk ›Warten auf Godot‹ wurde 1953 in Paris uraufgeführt, wo Beckett seit 1937 dauerhaft lebte. Dort starb er 1989.

(Abdruck mit freundlicher Genehmigung des Suhrkamp Verlags, Berlin. Aus: S. Beckett, Mehr Prügel als Flügel. Deutsch von Christian Enzensberger. Frankfurt/Main 1989)

Eva Berberich lebt mit Katze und Ehemann, dem Schriftsteller Armin Ayren, im Hochschwarzwald. Mit ihren zahlreichen Katzengeschichten hat sie sich in die Herzen vieler Katzenfreunde geschrieben. Zuletzt erschien von ihr ›In der Blauen Stunde kommen die Katzen‹ (dtv 25295, 2009).

(Aus: E. Berberich, Das Glück ist eine Katze. Deutscher Taschenbuch Verlag GmbH & Co. KG, München 2005)

Dietmar Bittrich wurde als Kind Hamburger Auswanderer in Triest geboren und lebt heute als freier Autor in Hamburg. 1999 erhielt er den Hamburger Satirepreis. Mehr über den Autor unter: www.dietmar-bittrich.de.

(Abdruck mit freundlicher Genehmigung des Hoffmann und Campe Verlags, Hamburg. Aus: D. Bittrich, Urlaubsreif. Hamburg 2006)

T. Coraghessan Boyle, geboren 1948 in Peekskill/New York im Hudson Valley, entdeckte seine Liebe zum Schreiben während des Geschichtsstudiums. Heute zählt er zu den bekanntesten und produktivsten amerikanischen Autoren. Für seinen Roman ›World's End‹ erhielt er 1987 den PEN/Faulkner-Preis. Er lebt mit seiner Familie in Kalifornien und unterrichtet an der University of Southern California in Los Angeles.
›Zähne und Klauen‹ 7
(Abdruck mit freundlicher Genehmigung des Carl Hanser Verlags, München. Aus: T. C. Boyle, Zähne und Klauen. Deutsch von Annette Grube und Dirk van Gunsteren. München 2008)

Katinka Buddenkotte, Jahrgang 1976, lehrte nach langen Lehr- und Wanderjahren die Betreiber von Call-Centern, Jugendherbergen und Messeständen das Fürchten. Nach Aufenthalten in Berlin, Hamburg, Los Angeles und Düsseldorf lebt die Autorin mittlerweile in Köln. Mehr über Katinka Buddendkotte unter: www.la-buddenkotte.de
›Mein Lieblingsbuch‹ 229
(Abdruck mit freundlicher Genehmigung des Verlags Die Muschel, Köln. Aus: K. Buddenkotte, Mit leerer Bluse spricht man nicht. Köln 2009)

Alex Capus, geboren 1961 in Frankreich, studierte Geschichte und Philosophie in Basel. Er arbeitete als Journalist bei verschiedenen Schweizer Tageszeitungen und bei der Depeschenagentur SDA in Bern. Alex Capus lebt heute als freier Schriftsteller in Olten, Schweiz.
›Eigermönchundjungfrau‹ 149
(Aus: A. Capus, Eigermönchundjungfrau. Deutscher Taschenbuch Verlag GmbH & Co. KG, München 2004. Originalveröffentlichung: Zürich 1998)

Julio Cortázar, 1914 in Brüssel geboren und 1984 in Paris gestorben, argentinischer Schriftsteller, gehörte neben Jorge Luis Borges zu den wichtigsten Vertretern der neofantastischen Literatur. Er war Professor für französische Literatur an der Universität in Mendoza, emigrierte 1951 aber in Opposition zum Regime Juan Peróns nach Frankreich. Die Erzählung ›Teufelsgeifer‹ inspirierte 1966 Michelangelo Antonioni zu seinem weltberühmten Film ›Blow up‹.
›Teufelsgeifer‹ 90
(Abdruck mit freundlicher Genehmigung des Suhrkamp Verlags, Berlin. Aus: J. Cortázar, Südliche Autobahn. Die Erzählungen, Band 2. Deutsch von Rudolf Wittkopf. Frankfurt/Main 1998)

Irene Dische, deutsch-amerikanische Schriftstellerin, wurde 1952 in New York geboren. Sie lebt in Berlin und Rhinebeck/USA. Ihre Bücher schreibt sie auf Englisch. Ihr Roman ›Großmama packt aus‹ (2005) wurde ein

Bestseller. 1991 erhielt Irene Dische als erste Preisträgerin den Jeannette-Schocken-Preis.

›Fährnisse der Schönheit‹ 39
(Abdruck mit freundlicher Genehmigung des Hoffmann und Campe Verlags, Hamburg. Aus: I. Dische, Loves/Lieben. Erzählungen. Deutsch von Reinhard Kaiser und anderen. Hamburg 2006)

Moritz Fichtner lebt in Braunschweig, schrieb Kurzgeschichten für Radio und Zeitungen und ist als Herausgeber und Autor für Literaturzeitschriften tätig.

›Die Espe hat geflüstert‹ 187
(Erstveröffentlichung. Abdruck mit freundlicher Genehmigung des Autors, © Moritz Fichtner 2009)

Anna Gavalda, 1970 geboren, hat in Paris Literatur studiert, ist Lehrerin und Schriftstellerin. ›Ich wünsche mir, daß irgendwo jemand auf mich wartet‹ wurde in Frankreich zum Kultbuch und machte die Autorin zum Star der jungen französischen Literaturszene. Anna Gavalda lebt mit ihrer Familie bei Paris.

›The Opel touch‹ 57
(Abdruck mit freundlicher Genehmigung des Carl Hanser Verlags, München. Aus: A. Gavalda, Ich wünsche mir, daß irgendwo jemand auf mich wartet. Deutsch von Ina Kronenberger. München 2002)

Arno Geiger wurde 1968 in Bregenz geboren, studierte Literaturwissenschaft und lebt in Wolfurt und Wien. Er ist Schriftsteller und Videotechniker bei den Sommerfestspielen Bregenz. Mit seinem Roman ›Es geht uns gut‹ war er 2005 der erste Preisträger des Deutschen Buchpreises.

›Abschied von Berlin‹ 110
(Abdruck mit freundlicher Genehmigung des Carl Hanser Verlags, München. Aus: A. Geiger, Anna nicht vergessen. München 2007)

Elke Heidenreich, geboren 1943 in Korbach/Waldeck, verbrachte ihre Jugend im Ruhrgebiet, studierte Germanistik, Theaterwissenschaft und Publizistik in München, Hamburg und Berlin. Arbeitet seit 1970 als freie Autorin und Moderatorin für Funk, Fernsehen und verschiedene Zeitungen.

›Frau Janowiak, Frau Janowiak, ich kann Sie sehen!‹ 159
(Abdruck mit freundlicher Genehmigung des Carl Hanser Verlags, München. Aus: E. Heidenreich/B. Schroeder, Rudernde Hunde. Geschichten. München 2002)

Dora Heldt, 1961 auf Sylt geboren, ist gelernte Buchhändlerin und arbeitet als Verlagsvertreterin. Nachdem sie die Lust am Schreiben entdeckte, eroberte sie mit ihren Romanen ›Urlaub mit Papa‹ (dtv 24641, 2008) und ›Tante Inge haut ab‹ (dtv 24723, 2009) sofort die Bestsellerlisten. Die Autorin lebt in Hamburg. Alle Bücher von Dora Heldt sind beim Deutschen Taschenbuch Verlag erschienen.

›Helgoland oder Der Anfang vom Ende‹ 124

(Erstveröffentlichung. Abdruck mit freundlicher Genehmigung der Autorin, © Dora Heldt 2009)

Gabriela Jaskulla, 1962 geboren, studierte Kunstgeschichte und Literatur und lebte einige Jahre in Santiago de Compostela. Sie arbeitete beim Norddeutschen Rundfunk und leitete anschließend die Hörbuchabteilung eines großen deutschen Verlags. 2003 erschien ihr erster Roman ›Ostseeliebe‹, der gleich ein großer Erfolg wurde. Weitere Romane: ›Glückstadt‹ (2005), ›Die Geliebte des Trompeters‹ (dtv 21058, 2008). Gabriela Jaskulla lebt in Berlin.

›Martines Augenstern‹ 212

(Abdruck mit freundlicher Genehmigung der Autorin, © Gabriela Jaskulla 2008)

Wladimir Kaminer wurde 1967 in Moskau geboren, war Toningenieur für Theater und Rundfunk und studierte Dramaturgie am Moskauer Theaterinstitut. Seit 1990 lebt er mit seiner Familie in Berlin. Neben seinen Büchern veröffentlicht er auch regelmäßig Texte in Zeitungen und Zeitschriften und organisiert Veranstaltungen, wie die mittlerweile international berühmte »Russendisko«.

›Mein Leben im Schrebergarten‹ 235

(Abdruck mit freundlicher Genehmigung des Manhattan Verlags, München, in der Verlagsgruppe Random House GmbH. Aus: W. Kaminer, Mein Leben im Schrebergarten. München 2007)

Christopher Kloeble, geboren 1982, wuchs im oberbayerischen Königsdorf auf und gehörte dem Tölzer Knabenchor an. Er studierte in München, Dublin und am Deutschen Literaturinstitut Leipzig, schrieb Theaterstücke und Erzählungen und veröffentlichte in Zeitungen und Zeitschriften. Sein Romandebüt ›Unter Einzelgängern‹ (dtv 24665, 2008) wurde mit dem renommierten Literaturpreis der Jürgen Ponto-Stiftung ausgezeichnet. Christopher Kloeble lebt heute in Berlin.

›Wenn es klopft‹ 66

(Aus: C. Kloeble, Wenn es klopft. Erzählungen. Deutscher Taschenbuch Verlag GmbH & Co. KG, München 2009)

Siegfried Lenz, geboren am 17. März 1926 in Lyck/Ostpreußen, zählt zu den bedeutendsten und meistgelesenen Autoren der deutschen Nachkriegs- und Gegenwartsliteratur. Sein Werk wurde mit zahlreichen Preisen und Auszeichnungen geehrt, u. a. dem Goethe-Preis der Stadt Frankfurt und dem Friedenspreis des Deutschen Buchhandels. Er lebt als freier Schriftsteller in Hamburg.

›Der Usurpator‹ 45
(Abdruck mit freundlicher Genehmigung des Hoffmann und Campe Verlags, Hamburg. Aus: S. Lenz, Das serbische Mädchen. Erzählungen. Hamburg 1985)

Primo Levi, 1919 in Turin geboren, studierte Chemie. 1944 wurde er als Jude und Mitglied der Resistenza verhaftet und nach Auschwitz deportiert. Er überlebte und kehrte nach Italien zurück, wo er bis 1977 in der chemischen Industrie arbeitete. Danach war er freier Schriftsteller. Er starb durch Selbstmord am 11. April 1987 in Turin.
›Vilmy‹ 171
(Abdruck mit freundlicher Genehmigung des Carl Hanser Verlags, München. Aus: P. Levi, Das Maß der Schönheit. Erzählungen. Deutsch von Joachim Meinert. München 1997)

Jutta Profijt wurde 1967 in Ratingen geboren. Nach dem Abitur ging sie ins Ausland, arbeitete als Exportmanagerin im Anlagenbau und war jahrelang selbstständige Unternehmerin. Mit ihren Büchern über den vorlauten Geist Pascha und den schüchternen Rechtsmediziner Dr. Gänsewein (›Kühlfach 4‹, dtv 21129, 2008, und ›Im Kühlfach nebenan‹, dtv 21185, 2009) hat sie eine riesige Fan-Gemeinde erobert. Jutta Profijt lebt heute als freie Autorin in der niederrheinischen Provinz.
›Cappuccino mit einem Fremden‹ 180
(Erstveröffentlichung. Abdruck mit freundlicher Genehmigung der Autorin, © Jutta Profijt 2009)

Asta Scheib, geboren 1939 in Bergneustadt/Rheinland, arbeitete als Redakteurin bei verschiedenen Zeitschriften. In den Achtzigerjahren veröffentlichte sie ihre ersten Romane und gehört heute zu den bekanntesten deutschen Schriftstellerinnen. Sie lebt mit ihrer Familie in München.
›Eine unmögliche Frau‹ 203
(Abdruck mit freundlicher Genehmigung der Autorin, © Asta Scheib 2009)

Uwe Timm, geboren 1940 in Hamburg, absolvierte erst eine Kürschnerlehre, bevor er Philosophie und Germanistik in München und Paris studierte. Seit 1971 lebt er als freier Schriftsteller in München. Er erhielt zahlreiche Preise und Auszeichnungen. Uwe Timms gesamtes literarisches Werk ist beim Deutschen Taschenbuch Verlag erschienen.
›Versuch über eine Ästhetik des Spaghetti-Essens‹ 209
(Abdruck mit freundlicher Genehmigung des Verlags Kiepenheuer & Witsch GmbH & Co. KG, Köln. Aus: U. Timm, Vogel friss die Feige nicht. Römische Aufzeichnungen. Köln 1989, 1996)